COMUNICAR
A FÉ

Dados Internacionais de Catalogação na Publicação (CIP)
(Câmara Brasileira do Livro, SP, Brasil)

Sbardelotto, Moisés
   Comunicar a fé : por quê? para quê? com quem? / Moisés Sbardelotto. – Petrópolis : Vozes, 2020.

   Bibliografia.
   ISBN 978-85-326-6340-5

   1. Catequese 2. Comunicação – Aspectos religiosos – Cristianismo 3. Cristianismo 4. Fé 5. Pastoral – Cristianismo I. Título.

19-31427   CDD-253.78

Índices para catálogo sistemático:
1. Comunicação e pastoral : Cristianismo   253.78
2. Pastoral e comunicação : Cristianismo   253.78

Maria Alice Ferreira – Bibliotecária – CRB-8/7964

MOISÉS SBARDELOTTO

PREFÁCIO DE JAMES MARTIN, SJ

COMUNICAR A FÉ

POR QUÊ?

PARA QUÊ?

COM QUEM?

Editora Vozes

Petrópolis

2020, Editora Vozes Ltda.
Rua Frei Luís, 100
25689-900 Petrópolis, RJ
www.vozes.com.br
Brasil

Todos os direitos reservados. Nenhuma parte desta obra poderá ser reproduzida ou transmitida por qualquer forma e/ou quaisquer meios (eletrônico ou mecânico, incluindo fotocópia e gravação) ou arquivada em qualquer sistema ou banco de dados sem permissão escrita da editora.

CONSELHO EDITORIAL

Diretor
Gilberto Gonçalves Garcia

Editores
Aline dos Santos Carneiro
Edrian Josué Pasini
Marilac Loraine Oleniki
Welder Lancieri Marchini

Conselheiros
Francisco Morás
Ludovico Garmus
Teobaldo Heidemann
Volney J. Berkenbrock

Secretário executivo
João Batista Kreuch

Projeto gráfico e diagramação: Victor Mauricio Bello
Revisão: Nilton Braz da Rocha / Fernando S.O. da Rocha
Capa: Rafael Nicolaevsky

ISBN 978-85-326-6340-5

Editado conforme o novo acordo ortográfico.

Este livro foi composto e impresso pela Editora Vozes Ltda.

SUMÁRIO

PREFÁCIO 7

INTRODUÇÃO 11

PARTE I

COMUNICAÇÃO E FÉ HOJE: POR QUÊ? PARA QUÊ? COM QUEM? 15

1. Raízes da comunicação 17
2. Sejam comunicativos como Deus é comunicativo 20
3. O que a Anunciação-Encarnação nos revela sobre a comunicação 31
4. A comunicação encarnada de Jesus 36
5. A espiritualidade encarnada do comunicador cristão 42
6. Não à mundanidade comunicacional 46
7. Evangelizar não é mercadejar 50
8. Limites de um catolicismo de massa 54

PARTE II

A ALEGRIA DE COMUNICAR: O PAPA FRANCISCO E A COMUNICAÇÃO 59

9. A comunicação do Papa Francisco, dos gestos às palavras 61
10. *Evangelii Gaudium*: um estilo evangelizador para a comunicação da fé hoje 69
11. *Laudato Si'*: desafios e possibilidades de uma ecologia comunicacional 83
12. *Amoris Lætitia*: como comunicar o Evangelho da família hoje 94
13. *Gaudete Et Exsultate*: a santidade na comunicação do cotidiano 112
14. *Christus Vivit*: por uma comunicação eclesial jovem e com Os jovens 124

PARTE III

COMUNICAR O EVANGELHO EM TEMPOS DE REDES 133

15. Revolução da ternura: a necessidade de uma comunicação encarnada 135

16. Samaritanos comunicacionais: como superar a intolerância com a proximidade 138

17. Comunicar a família: escola, ambiente e sujeito de comunicação 148

18. Uma opção comunicacional pelos pobres 155

19. O pão perfumado da boa comunicação 160

20. As *fake news* e o sentido relacional da verdade 165

21. Rede, comunidade, corpo: sinais da Igreja em saída no ambiente digital 172

REFERÊNCIAS 185

PREFÁCIO

Entender o discernimento é fundamental para entender a comunicação da fé hoje

James Martin, SJ*

Uma palavra que tem surgido repetidamente durante o papado de Francisco é "discernimento". Para os jesuítas como o papa, a palavra não é uma expressão genérica, mas tem um significado específico. Entender o discernimento, então, é fundamental para entender o convite do pontífice a uma nova etapa evangelizadora marcada pela alegria do Evangelho, assim como a sua abordagem global ao cuidado pastoral em uma Igreja mais "em saída". Seu uso do discernimento está intimamente ligado à ideia de consciência, destacada em muitos de seus principais documentos, discursos e homilias, particularmente para aquelas pessoas que enfrentam decisões espirituais e pastorais complexas – como na missão de comunicar a fé hoje. Portanto, é também um conceito-chave para entender este importante livro.

"Discernimento", no imaginário popular e no uso comum, é a capacidade de julgar sabiamente e de poder escolher cuidadosamente entre muitas opções. Para um jesuíta, no entanto, significa muito mais. É a arte da tomada de decisão em oração, que usa práticas espirituais específicas. A tradição jesuíta do discernimento está enraizada nos *Exercícios Espirituais*, o clássico manual de oração escrito por Santo Inácio de Loyola, o fundador dos jesuítas, no século XVI. De fato, um dos principais objetivos dos *Exercícios Espirituais* é ensinar as pessoas a discernir.

---

* Padre jesuíta estaduniense, colunista da revista *America*, uma das principais publicações católicas dos Estados Unidos, e consultor do Dicastério para Comunicação do Vaticano. É autor de vários livros sobre religião e espiritualidade, incluindo, em português, *Jesus: A peregrinação* (Harper Collins) e o *best-seller A sabedoria dos jesuítas para (quase) tudo* (Sextante). Escreve também para o *The New York Times* e o *Wall Street Journal*, e atua como comentarista na mídia estaduninense e internacional, com participação em programas de diversas redes de rádio e TV, como a *National Public Radio*, a *FOX TV*, o *Comedy Central*, a *BBC*, o *The History Channel* e a *Rádio Vaticano*.

Discernimento, para Santo Inácio, significa estar ciente de que Deus quer que tomemos boas decisões, de que Deus nos ajuda a tomar boas decisões – mas que, muitas vezes, somos movidos por forças concorrentes: aquelas que nos puxam para Deus e aquelas que nos afastam dele. Quem já tomou uma decisão importante conhece essa experiência. Você se sente muito pressionado por uma variedade de forças interiores: motivações egoístas *versus* generosas, motivações livres *versus* não livres, motivações saudáveis versus não saudáveis.

O discernimento, então, é a capacidade de ver claramente quais são essas forças; ser capaz de identificá-las, sopesá-las e julgá-las; e, finalmente, escolher o caminho mais alinhado com os desejos de Deus para você e para o mundo. O discernimento leva em consideração a riqueza e a complexidade da vida de uma pessoa e – o mais importante – assume que Deus está ativo no processo de tomada de decisão. Como diz Inácio, "o Criador atua imediatamente com a criatura".

Portanto, não é tão simples quanto seguir cegamente certas regras e regulamentos. É desnecessário dizer que os Evangelhos e o magistério da Igreja são essenciais para formar a própria consciência, mas, particularmente em tempos de complexidade, é preciso confiar também nas motivações e ações de Deus no próprio coração.

Como se discerne? Existem muitas práticas e métodos descritos nos *Exercícios Espirituais*. Deixe-me destacar alguns mais gerais.

Primeiro, você tenta ser "indiferente" – isto é, livre de qualquer coisa que o impeça de seguir os desejos de Deus. Por exemplo, se você está discernindo se deve ou não visitar um amigo doente no hospital, mas está muito preocupado em ficar doente, você não é "livre". Algo o está impedindo de fazer uma coisa boa. "Indiferente" não significa que você não se importa, mas sim que é livre para seguir os desejos de Deus.

Segundo, você pede a ajuda de Deus. O discernimento não é feito por conta própria. Você precisa da ajuda de Deus para escolher o caminho certo. Você também precisa refletir sobre os Evangelhos e sobre o magistério da Igreja, com um modo de começar com um bom fundamento (ou seja, você nunca "discerniria" se deve matar alguém). Tudo isso é feito no contexto da oração. Mas o intelecto também está totalmente envolvido. Como os jesuítas gostam de dizer, "confie no seu coração, mas use a cabeça".

Terceiro, você sopesa os vários "movimentos" dentro de si mesmo, para ver quais podem estar vindo de Deus e quais não. Para alguém que progride na vida espiritual, diz Santo Inácio, o "bom espírito" trará apoio, encorajamento e paz de espírito. Pense em alguém que decide perdoar outra pessoa e que sente uma sensação de calma e consolação quando pensa nisso. O oposto também é verdade para o "mau espírito". Esse espírito causa uma "ansiedade angustiante" e lança "falsos obstáculos" projetados para impedir o próprio progresso espiritual. Geralmente, isso se manifesta pela voz do egoísmo. No caso da pessoa que procura perdoar outra, o "mau espírito" dirá: "Se você perdoar, as pessoas vão lhe ver como um capacho!"

Curiosamente, diz Inácio, para a pessoa que segue o caminho oposto (do bem para o mal), as coisas se invertem. O "bom espírito" não é encorajador, mas em vez disso, desperta você com um sobressalto. Esse é o aguilhão da consciência. O "mau espírito", por outro lado, é encorajador do mau comportamento. "Não se preocupe... Continue proclamando uma coisa e praticando outra. Todo mundo faz isso. Siga em frente..." A pessoa que é experiente no discernimento logo se torna hábil em identificar esses movimentos frequentemente sutis no próprio coração.

Quarto, se não houver uma resposta clara, você pode confiar em outras práticas, também sugeridas por inácio. Você pode imaginar alguém na mesma situação em que você se encontra e pensar que conselho lhe daria (isso pode ajudar a diminuir a influência dos nossos próprios desejos egoístas no discernimento). Ou imagine o que você gostaria de dizer a Jesus no Juízo Final (isso não funciona para todas as decisões, mas, particularmente para decisões éticas complexas, pode ser esclarecedor). Ou pense como você julgaria a sua própria decisão no seu leito de morte (isso pode ajudar a priorizar o que é mais importante na sua vida).

Finalmente, depois de fazer um bom discernimento, você sentirá aquilo que Inácio chama de "confirmação" ou senso de retidão. Você se sente alinhado com os desejos de Deus por você, porque você *está* alinhado com eles. E isso naturalmente traz paz.

Nem toda pessoa fará uso de todas as práticas tradicionais de discernimento. Mas a perspectiva geral que o discernimento oferece – de que Deus quer nos ajudar a tomar boas decisões e de que, ao prestar atenção no nosso coração, podemos ouvir a voz de Deus – é útil em todos os casos.

Embora as regras sejam importantes, nas ações pastorais, como por exemplo nos esforços de comunicar a fé – tema deste livro –, há algo mais necessário e no qual devemos confiar – a ação de graça de Deus no coração dos fiéis, que os ajuda a tomar decisões boas, saudáveis e que comunicam vida.

INTRODUÇÃO

O ser humano é um ser comunicacional. Relacionando-se consigo mesmo, com os outros e com o ambiente ao seu redor, a sua existência se desenvolve e adquire sentido.

Ao longo da história, as expressões dessa comunicação foram mudando, se diversificando e se complementando. Esse percurso passou pelo reconhecimento da existência do corpo individual como meio de comunicação entre a própria pessoa e o ambiente ao seu redor; pelo reconhecimento do corpo alheio e pela imitação de seus gestos e atitudes; pelo surgimento da fala como meio de comunicação abstrato com o outro; pela escrita, que possibilitou a externalização das ideias para fora da mente humana e o seu armazenamento ao longo do tempo; pela imprensa, que mecanizou o processo da escrita, ampliando o seu alcance e reduzindo os custos e o tempo de produção de textos; até chegarmos, bem mais recentemente, aos meios eletrônicos e digitais, em uma evolução cada vez mais rápida e difusa.

Em cada um desses períodos, o ser humano desenvolveu o seu próprio modo de perceber o mundo e de expressar a si mesmo e a realidade ao seu redor. Interagindo com os outros, elaborou linguagens e estilos sempre novos e renovados. Construiu culturas, civilizações, sociedades e história.

Comunicar, hoje, é uma ação repleta de possibilidades, mas também de desafios. Neste período histórico, os processos de comunicação são os mais diversos e interagem entre si de modo cada vez mais complexo. No meio de tanta conectividade, com tamanha potencialidade para estabelecer relações e se comunicar, o esperado era que as pessoas fossem mais felizes e realizadas em seus vínculos, que as sociedades fossem mais coesas e harmônicas, que o mundo fosse mais solidário e pacificado.

Mas, infelizmente, a realidade, com frequência, se mostra distante disso. O que vem à tona é uma sociedade muito marcada pelo individualismo, pela depressão e pela ansiedade, já considerados como o "mal do século".

E qual o papel da Igreja e de cada cristã e cristão em relação a isso?

Como reanimar nas pessoas de hoje a alegria de viver e de conviver?

Uma resposta parece estar nesta pequena palavrinha que aponta para a imensidão e para o mistério: *fé*. É preciso reavivar "aquela estranha mania de ter fé na vida", como canta Milton Nascimento. Reavivá-la em nós e em quem convive conosco.

Falar em *"transmissão da fé"* – expressão recorrente no vocabulário eclesial –, entretanto, parece simplificar, enrijecer, congelar, coisificar uma ação muito mais viva. É como se a fé fosse uma "coisa", algo pronto, já dado, manipulável, que a pessoa pega em um lugar e deposita em outro (do latim, *trans-mittere*).

Mas a fé cristã é "vida, e vida em abundância" (João 10,10), é caridade, serviço, testemunho, escuta, diálogo, anúncio, celebração, partilha. É fé em *Alguém*, em uma pessoa. É fé na Vida. Como afirma o Papa Francisco, "a fé nasce no encontro com o Deus vivo, que nos chama e revela o seu amor (...) é luz que vem do futuro, que descerra diante de nós horizontes grandes e nos leva a ultrapassar o nosso 'eu' isolado abrindo-o à amplitude da comunhão" (*Lumen Fidei*, LF, n. 4). A fé se comunga: *comunica-se*.

Nestes anos, com o Papa Francisco, a Igreja tem à sua frente uma pessoa que, ao mesmo tempo, entusiasma e realimenta a fé e também desafia a própria noção eclesial de comunicação. Ele mesmo costuma repetir uma frase atribuída a São Francisco de Assis: "Anunciem o Evangelho sempre. Se necessário, usem palavras". Portanto, é alguém que busca comunicar a fé com todo o seu ser, mediante seus gestos, suas palavras, seus silêncios. E que põe a ênfase da sua comunicação, desde o início, na "alegria do Evangelho".

Foi assim já no seu primeiro documento, a exortação apostólica intitulada justamente "A alegria do Evangelho" (*Evangelii Gaudium*, EG), na qual o papa convoca a Igreja a uma nova etapa evangelizadora marcada por essa alegria, que "renasce sem cessar" com Jesus Cristo e "que se renova e comunica" (EG, n. 1). Diante da realidade contemporânea, ressoa ainda mais forte o convite do papa a experimentar "a suave e reconfortante alegria de evangelizar" (EG, n. 10) e "uma nova alegria na fé e uma fecundidade evangelizadora" (EG, n. 11).

Essa "alegria do Evangelho" se desdobrou – do ponto de vista da reflexão e do magistério de Francisco em seus principais documentos – no feliz louvor pela beleza da criação (*Laudato Si'*, "Louvado sejas"), na exaltação do deleite do amor conjugal e familiar (*Amoris Lætitia*, "A alegria do amor"), na exultação diante da santa felicidade a que o Senhor nos convida (*Gaudete et exsultate*, "Alegrai-vos e exultai"), no júbilo de saber que Cristo está vivo (*Christus vivit*, "Cristo vive").

É a partir desse "Evangelho da alegria" que este livro quer, acima de tudo, favorecer um diálogo com você, cara leitora, caro leitor, sobre a alegria de comunicar a fé, de evangelizar hoje. Estas páginas nasceram a partir de um *caminho comunicacional* de escuta, acompanhamento e diálogo sobre a

INTRODUÇÃO

missão e a pastoral de cristãs e cristãos em várias regiões do Brasil. Conversando e convivendo com diversos agentes de pastoral, especialmente da Pastoral da Comunicação, espalhados pelo país, pude perceber a importância e a necessidade de se aprofundar a reflexão sobre o agir da Igreja a partir do olhar da comunicação, para que esta seja o *eixo articulador e propulsor* das várias pastorais e de suas várias expressões.

Inspirando-me na *práxis comunicacional* do Papa Francisco, que se explicita em suas *ideias encarnadas em ações*, quero refletir junto com você sobre a comunicação cristã, eclesial e pastoral. Faremos isso a partir daquilo que o primeiro pontífice latino-americano da história propõe nos principais documentos do seu pontificado. Essas mensagens de Francisco, tão ricas em significado, não precisariam ser comentadas – e seu exemplo de vida as torna ainda mais diretas e eloquentes. No máximo, poderíamos nos inspirar no personagem "Pierre Menard, autor do Quixote", do conto homônimo do escritor Jorge Luis Borges, conterrâneo de Francisco, e reconstruir "palavra por palavra e linha por linha" a íntegra dos próprios textos pontifícios...

Entretanto, antes que comentários, quero propor aqui algumas *releituras* dos textos do papa a partir do olhar comunicacional sobre a ação evangelizadora da Igreja. Deixando-nos guiar pelo pensamento-ação de Francisco, seremos convidados a experimentar a alegria do Evangelho e também a *aprender e apreender* o estilo cristão de comunicar a fé, com alegria, ao mundo de hoje.

Para isso, a primeira parte deste livro oferece uma degustação inicial sobre a relação entre *"Comunicação e fé hoje: por quê? Para quê? Com quem"*. São provocações que buscam repensar a ação evangelizadora como ação de comunicação.

Na segunda parte, já com a "mesa posta", teremos um verdadeiro banquete reflexivo – muito mais abundante e saboroso – que o próprio Papa Francisco vai nos brindar. A partir das releituras que proponho sobre seus principais documentos, convido você a desfrutar *"A alegria de comunicar: o Papa Francisco e a comunicação"*.

Por fim, na terceira parte, como sobremesa, saborearemos os saberes de Francisco mais voltados ao ambiente comunicacional contemporâneo, como convite final a *"Comunicar o Evangelho em tempos de rede"*.

Com isso, quero oferecer intuições para fomentar a partilha e a construção conjunta de *saberes-fazeres comunicacionais* para o anúncio do Evangelho. A missão da Igreja, comunidade dos que seguem o Ressuscitado, é precisamente anunciá-lo "de cima dos telhados" (cf. Mateus 10,27), sem vertigens temerosas nem falsas autoconfianças, mas com consciência, discernimento e responsabilidade diante das pessoas e da realidade.

Na exortação *Evangelii Gaudium*, Francisco resume as atitudes centrais de um verdadeiro comunicador-evangelizador cristão: "Proximidade, abertura ao diálogo, paciência, acolhimento cordial que não condena" (EG, n. 165). Missão nada fácil. Mas é o próprio papa, em uma homilia no dia 8 de maio de 2013, quem nos incentiva, entusiasma e encoraja: *"Avante! Se erras, levanta-te e segue em frente: esse é o caminho. Aqueles que não caminham para não errar, cometem um erro mais grave".*

Caminhemos juntos, portanto, pelas trilhas da alegre comunicação da fé.

PARTE I

COMUNICAÇÃO E FÉ HOJE: POR QUÊ? PARA QUÊ? COM QUEM?

RAÍZES DA COMUNICAÇÃO

1

Para pensar a comunicação e praticá-la a partir da vivência da fé é importante recorrer a certa "radicalidade". Isto é, buscar o fundamento dessa ação na experiência humana, ir ao encontro das suas raízes mais profundas.

Partindo de um ponto de vista cristão, podemos encontrar algumas pistas sobre o sentido original da comunicação no texto bíblico, no livro dos Atos dos Apóstolos. Ao relatar como era a vida das primeiras comunidades cristãs, o texto nos diz que "todos os que abraçaram a fé eram unidos e *colocavam em comum* todas as coisas" (Atos 2,44). Algumas páginas mais adiante, conta-se que "a multidão dos fiéis era um só coração e uma só alma. (...) tudo era *posto em comum* entre eles" (Atos 4,32).

O que caracterizava aquelas comunidades era, principalmente, o fato de "colocarem em comum" tudo, todas as coisas. Pondo tudo em *comum*, construíam *comunidade*, geravam *comunhão*. E tudo isso graças a gestos de comunicação, ou seja, a uma *ação (de tornar) comum*, que é uma *ação comum* entre duas ou mais pessoas que, ao mesmo tempo, *torna algo comum* entre elas.

Comunidade, comunhão, comunicação: todas essas palavras vêm do latim *cum-munus*. O prefixo *"cum-"* indica inter-relação, a condição de companhia, de estar "junto a". Já a palavra latina *munus* se refere a uma ação realizada no sentido de um *dom ofertado*, de uma *tarefa partilhada* ou de um *dever público*. O múnus é um dom ofertado, quando diz respeito àquilo que uma pessoa tem a oferecer à sociedade, as suas capacidades pessoais, que só ganham sentido ao serem ofertadas a outros. É uma tarefa partilhada quando envolve o ofício específico de alguém, seu encargo, sua função, sua profissão, que é sempre um "fazer junto", como em um mutirão, em que todos unem as suas capacidades e as põem a serviço de um determinado objetivo. Por fim, o múnus é ainda um dever público, pois tudo o que fazemos demanda a responsabilidade pelos nossos atos e pelas suas consequências perante as pessoas envolvidas e à sociedade em geral.

Assim também é a comunicação, que favorece a partilha (*"cum-"*) de um dom/tarefa/dever (*munus*) entre os membros de uma dada sociedade, promovendo inter-relação e interação. *"Sem essa ação, não há nem comunhão, nem comunidade"* (*Diretório de Comunicação da Igreja no Brasil*, DCIB, n. 13). Quando nos comunicamos, ofertamos o dom da nossa contribuição para dar sentido às coisas e à realidade. Quando nos comunicamos, fazemo-lo junto com os outros, partilhando a mesma tarefa de dar sentido às coisas e à realidade. Quando nos comunicamos, devemos assumir a responsabilidade sobre o sentido que damos às coisas e à realidade perante as pessoas com quem nos comunicamos.

E aqui articulamos a segunda "raiz" da comunicação. Ao nos comunicarmos, criamos um "ambiente comum" entre nós, a partir das nossas inter-relações e do sentido que damos ao mundo. Este próprio livro pode ser um exemplo disso: enquanto eu escrevo este texto que está sendo lido por você, construímos juntos um "ambiente comum" de partilha de ideias. No grego, a palavra que expressa isso é *oikos*, que significa casa, morada, lar. A comunicação, portanto, é aquilo que favorece a construção e a manutenção desse ambiente comum (o grupo, a família, a comunidade, a sociedade...).

É por meio da comunicação que se constitui uma *ecologia* interpessoal (*oiko logos*), mediante a palavra/fala/discurso/lógica (*logos*) em reciprocidade sobre o ambiente comum e a sua preservação, para que seja cada vez mais uma casa comum para todos e todas. É por meio da comunicação que se lançam as bases para uma *economia* nas relações (*oiko nomos*), isto é, a definição conjunta de normas e regras (*nomos*) para habitar essa casa comum, para que a inter-relação entre os seus membros seja a mais harmoniosa possível. É por meio da comunicação que se constrói o *ecumenismo* social (*oiko umene*), ou seja, a inter-relação entre toda a humanidade, o mundo inteiro (*umene*), unidos em um mesmo ambiente comum, na busca da paz e da compreensão mútuas.

Além de ser uma ação que envolve um dom/tarefa/dever na relação com o outro (*cum-munus*) para a construção de um ambiente comum (*oikos*), a comunicação também remete à *polis,* ao modo de vida compartilhado de uma sociedade, à organização das relações interpessoais e sociais. Os mais variados grupos e coletivos sociais surgem a partir de processos de comunicação. Por isso, comunicar é fazer *política*: é afirmar identidades e alteridades, harmonizar as diversas diferenças entre as pessoas envolvidas, compartilhar necessidades, desejos e interesses específicos, tudo para que a vida em comum seja viável e possível.

A comunicação é uma ação que se faz nas condições sociais, culturais, econômicas e políticas específicas da pólis em que as pessoas se encontram, dentro de seus limites e possibilidades. E, ao mesmo tempo, é a comunicação que constitui a própria pólis como fruto das inter-relações entre essas pessoas e do sentido que é dado à realidade.

Essas três raízes da comunicação – *cum-munus*, *oikos* e *polis* – nos remetem de volta ao texto dos Atos dos Apóstolos. O texto bíblico nos apresenta o principal fruto daquele "pôr em comum" das primeiras comunidades cristãs: a perseverança na "comunhão fraterna" (*koinonia*; cf. Atos 2,42).

Comunicando-nos, comungamos de um mesmo pão e de um mesmo cálice que são os aspectos humanos, materiais e espirituais da nossa vida cotidiana e da nossa existência pessoal e social. Uma comunicação *koinônica*, articulada em torno desses três aspectos, se expressa na partilha, na solidariedade, na irmandade, na união. É aquilo que a tradição da Igreja, em termos mais contemporâneos, também chama pelo nome de "bem comum".

Para isso, a comunicação demanda o esforço de gerar inter-relações significativas (*cum-munus*), de construir um ambiente comum favorável (*oikos*), harmonizando e organizando diferenças (*polis*). Assim, as diversas "multidões" com as quais convivemos podem se tornar "um só coração e uma só alma".

SEJAM COMUNICATIVOS COMO DEUS É COMUNICATIVO

2

Quando se conta um conto, o modo de contá-lo não é indiferente. Não apenas as palavras, mas também a forma de dispor uma narrativa são portadoras de significações, a fim de "prender" e de surpreender quem a ouve.

Podemos encontrar uma bela história sobre a comunicação no Livro do Gênesis, no relato da criação do universo. O teólogo belga André Wénin propõe que é possível ler o primeiro livro bíblico como uma "narrativa mítica", como literatura, como conto. E o modo como ele é construído, as palavras escolhidas, a forma de dispor os eventos, os personagens envolvidos são portadores de significados.

Assim, podemos perceber na própria narrativa do Gênesis, no modo como a história é contada, alguns aspectos que revelam a ação *criadora e criativa* de Deus em seus gestos de comunicação com o ser humano. A partir dessa leitura comunicacional do livro bíblico, encontramos três expressões principais da comunicação: como *ação cosmogênica*, como *ação ecológica* e como *ação alterizante*.

Comunicação, ação cosmogênica

Retomemos, primeiramente, o próprio texto bíblico:

> *No princípio, Deus criou o céu e a terra. A terra estava sem forma e vazia; as trevas cobriam o abismo e um vento impetuoso soprava sobre as águas. Deus disse: "Que exista a luz!" E a luz começou a existir. Deus viu que a luz era boa. E Deus separou a luz das trevas: à luz Deus chamou "dia", e às trevas chamou "noite". Houve uma tarde e uma manhã: foi o primeiro dia. Deus disse: "Que exista um firmamento no meio das águas para separar águas de águas!" Deus fez o firmamento para separar*

> *as águas que estão acima do firmamento das águas que estão abaixo do firmamento. E assim se fez. E Deus chamou ao firmamento "céu". Houve uma tarde e uma manhã: foi o segundo dia. Deus disse: "Que as águas que estão debaixo do céu se ajuntem num só lugar, e apareça o chão seco". E assim se fez. E Deus chamou ao chão seco "terra", e ao conjunto das águas "mar" (Gênesis 1,1-9).*

Nessa abertura do relato é possível ver que Deus diz e faz muita coisa: cria, diz, separa, chama, faz... Na comunicação divina, fala e ação formam uma unidade. Dizendo determinadas coisas e fazendo determinados gestos, Deus cria os elementos, separando alguns deles e ajuntando outros em uma coisa só.

Deus vê que existe a luz e existem as trevas, mas Deus não destrói as trevas. Deus organiza luz e trevas, separando estas da luz. Em relação àquilo que está unido, juntado, amontoado, como as águas, Deus separa, formando coisas diferentes. *Deus separa o que está ligado e liga o que está separado.* Deus preza pela diversidade e não a aniquila. Deus preza pela convivência das diferenças e, para isso, as harmoniza.

Esse texto nos inspira a dizer, em primeiro lugar, que toda comunicação é uma *ação cosmogênica*, ou seja, é dar forma ao mundo. É gerar um "cosmos" de sentido (uma fala, um gesto, um texto, uma foto, um som, um vídeo) a partir do "caos" do mundo (dados e informações soltos e incompreensíveis, fatos e eventos que ocorrem sem parar). O comunicador busca reunir aquilo que está separado e desconectado, e busca distinguir aquilo que está amontoado e ajuntado. Procura transformar a diversidade em uma unidade, ou gerar diversidade onde há apenas uniformidade.

Comunicar promovendo uma ação cosmogênica é dar sentido (*cosmos*) àquilo que não tem sentido, ao "sem sentido", ao absurdo da vida (*caos*). Os nossos gestos criativos, nas mais diversas ações, nos mais diversos momentos, nos mais diversos lugares, organizam e dão sentido ao mundo – *comunicam*. Trata-se de um *processo criativamente organizador.*

O relato do Gênesis continua:

> *Deus disse: "Que a terra produza relva, ervas que produzam semente, e árvores que deem frutos sobre a terra, frutos que contenham semente, cada uma segundo a sua espécie". E assim se fez. E a terra produziu relva, ervas que produzem semente, cada uma segundo a sua espécie, e árvores que dão fruto com a semente, cada uma segundo a sua espécie (Gênesis 1,11-12).*

Deus cria a terra e dá a ela a capacidade de produzir relva, de produzir sementes, cada uma segundo a sua espécie. Deus cria a terra para que ela também possa *cocriar* relva e sementes e árvores. Ele não se apropria de modo egoísta da sua força criativa, mas também a doa e a entrega à sua própria criação. É a terra que produz relva e sementes, não mais apenas Deus. Ele, portanto, *capacita* a terra, para que esta produza relva e sementes.

Do mesmo modo, a comunicação é a manifestação da *força criadora e criativa inerente à vida*, a toda forma de vida. Assim como a evolução parece lançar-se para a frente, em uma inesgotável variedade de formas peculiares, sem repetição, irreversíveis, indetermináveis, assim também a criatividade possui essa força vital, renovando constante e continuamente os processos comunicacionais. Surge daí uma teia de vida, de símbolos e de sentidos.

Comunicação, ação ecológica

Na sequência do relato da criação, o texto bíblico chega à criação do ser humano primordial:

> *Então Deus disse: "Façamos o ser humano* ['ādām] *à nossa imagem e semelhança. Que ele domine os peixes do mar, as aves do céu, os animais domésticos, todas as feras e todos os répteis que rastejam sobre a terra". E Deus criou o ser humano à sua imagem; à imagem de Deus Ele o criou; e os criou homem e mulher (Gênesis 1,26-27).*

Antes de aprofundar a leitura comunicacional desse trecho é importante enfatizar que, no hebraico original, usa-se o termo *'ādām* para se referir ao ser humano. Essa expressão é genérica, incluindo tanto o sexo masculino quanto o feminino, e é também coletiva, aproximando-se mais do sentido de "humanidade", de "gênero humano". Portanto, não se trata apenas do "homem", como ser humano do sexo masculino. Isso é importante para não simplificar e enviesar a leitura e a compreensão comunicacional que aqui quero propor.

O termo *'ādām* está ligado a outra expressão hebraica, *'ādāmâ*, que – como aprofundaremos em seguida – significa terra ou solo arável e cultivável. Essa relação também aparece nas palavras "humano/humanidade", que vêm de *humus*, em latim, que indica o solo úmido, denso em matéria orgânica, fértil, propício à agricultura. Nesse sentido, o ser humano – como *'ādām* e *humus* – é um ser *aberto para acolher o outro, disponível para a relação*, assim como a terra cultivável e o solo fértil se abrem e se disponibilizam para acolher a semente e as raízes dos vários vegetais, assim como a água das chuvas e os diversos nutrientes do ambiente.

Voltando ao texto bíblico, vemos que o relato destaca três vezes o verbo "criar" em uma só frase: Deus "criou" o ser humano; à imagem de Deus Ele o "criou"; e os "criou" homem e mulher. Portanto, qual é a principal característica, a imagem de Deus? A de um *Deus que cria*, que dá vida às coisas, dizendo e fazendo coisas.

E o ser humano é justamente criado em relação a esta imagem específica: a imagem de um Deus que cria, de um Deus criador, de um Deus criativo. A criatividade é expressão da presença de Deus em nós, da sua imagem estampada em tudo aquilo que fazemos, dizemos e somos.

Um pouco mais adiante, no mesmo livro bíblico, a criação do ser humano é narrada de outra forma:

> *Então o Senhor Deus modelou o ser humano* ['ādām] *com a argila do solo* ['ādāmâ], *soprou-lhe nas narinas um sopro de vida, e o ser humano tornou-se um ser vivente (Gênesis 2,7).*

Trata-se de um versículo muito interessante. É aqui que aparece o termo hebraico *'ādāmâ*, terra ou solo arável e cultivável, a partir do qual Deus "modela" o ser humano, filho e fruto da terra (*'ādām*). E essa "modelagem" remete também a um gesto de cuidado, de delicadeza, de arte. Não é mais simplesmente um "disse e fez" por parte de Deus, como em relação aos outros seres criados. Trata-se agora de um *trabalho* de Deus, de uma *obra* que envolve uma dedicação mais atenciosa, de uma relação mais profunda.

Deus não só modela o ser humano com suas mãos, mas vai mais fundo, deixando uma marca indelével da sua presença nesse novo ser: sopra-lhe em suas narinas um "sopro de vida". E, assim, o ser humano torna-se um "ser vivente". Há um forte sentido comunicacional nesse gesto. Vários autores dizem que, em sentido antropológico, o ser humano só se diferenciou dos demais animais quando inventou a sua primeira técnica. E qual foi a primeira técnica humana? A *fala*, isto é, o poder de "dar forma" ao ar, inspirado da natureza, passando-o por um "meio", a própria estrutura óssea e muscular (nariz, boca, cordas vocais etc.), moldando-o e expirando-o na forma de sons significativos.

Segundo o relato bíblico, o que Deus faz? Deus "sopra nas narinas um sopro de vida". Portanto, a própria comunicação humana é *dom de Deus*, que sopra em nós o ar necessário para que nos tornemos humanos (seres *falantes*), que nos capacita a dar forma ao mundo, graças a um movimento de *expiração divina* e de *inspiração humana*. Tornamo-nos seres viventes, seres criativos, seres comunicativos, quando participamos do ritmo da *respiração de Deus*, inspirando o sopro de vida que Ele expira sobre nós continuamente.

Portanto, a criatividade comunicacional é "expiração" sobre nós de algo que não nos pertence, de um dom que vem de Deus. Mas não é um dom individualista, exclusivista, elitista, que só alguns "privilegiados" recebem. Ao contrário, é um dom que Deus concede com abundância ao ser humano, sobre o qual Ele sopra esse ar divino. Nesse sentido, todos os seres humanos são cocriadores do mundo em que vivem, de diversas maneiras e em diversos graus.

Mais adiante, o texto continua:

> *O Senhor Deus tomou o ser humano [ādām] e o colocou no jardim de Éden, para que o cultivasse e guardasse. (...) Então Deus formou do solo todas as feras e todas as aves do céu. E as apresentou ao ser humano para ver com que nome ele as chamaria: cada ser vivo levaria o nome que o ser humano lhe desse. O ser humano então deu nome a todos os animais, às aves do céu e a todas as feras" (Gênesis 2,15.19-20a).*

Vemos aqui que a comunicação, além de dom e convite divinos, é também uma *necessidade e uma resposta humanas*. Desde o princípio – e por princípio – o ser humano é um *ser de relação*. Como afirma Paulo Freire (1921-1997), esse ser de relação vive e existe em um mundo de relações e, por isso, o mundo humano é um mundo de comunicação.

Segundo o Gênesis, Deus coloca o ser humano no jardim, isto é, junto de outros seres, com os quais precisa interagir, estabelecer relação, conviver, a partir de uma lógica do cuidado ("cultivar") e da responsabilidade ("guardar"). Deus mesmo "apresenta" as feras e as aves, e esse verbo explicita o modo carinhoso e reverente, quase ritualístico e litúrgico, com que o Senhor estabelece essa proximidade entre os seres, como em uma apresentação das oferendas, como as que realizamos na celebração eucarística.

Depois dessa apresentação, Deus se coloca em posição de receptor: Ele deseja "ver" o ser humano em relação. É como se Deus cedesse o espaço necessário para que o ser humano possa efetivamente "ser". E esse "ser" do ser humano passa por um processo de comunicação: "Cada ser vivo *levaria o nome que o ser humano lhe desse*". A narrativa não relata nenhuma ordem divina explícita, mas apenas que, de modo quase natural, o ser humano passou a "dar nome" às coisas, para poder *chamar as coisas pelo nome*, para poder estabelecer relação. Comunicando-se, o ser humano colabora na organização do seu próprio mundo, da sua realidade, da sua vida, transformando o caos e o absurdo em um cosmos habitável e significativo.

Por isso, a comunicação também é uma *ação ecológica*, por meio da qual o ser humano se relaciona com o ambiente em que vive (*oikos* = casa, lar). Ele interage com os demais seres dando-lhes um nome, uma identidade, estabelecendo relação. Reconhecendo-os em sua diversidade, consegue organizar a realidade e dar sentido ao mundo. A comunicação traz consigo essa *lógica relacional e interacional* com as coisas e os seres. É ela que possibilita a geração e a conservação da *memória* humana (o ser humano como "guardador" do Éden) e a própria construção da *cultura* social e histórica (o ser humano como "cultivador" do jardim).

O desenvolvimento humano só se dá na interação com o meio em que vive e com os demais seres que aí habitam (humanos e não humanos). Portanto, a criatividade e a comunicação demandam *abertura e sensibilidade*. Isto é, precisamos perceber e reconhecer o outro, o diferente, e agir e reagir consequentemente, em troca constante com o ambiente ao nosso redor. O ser humano primordial só conseguiu dar nome às feras e às aves do céu porque se abriu para elas. Percebeu-as. Reconheceu-as. Deixou-se tocar por elas. E quantas vezes hoje, nos centros urbanos ou na correria da vida cotidiana, deixamos de ver tantos "outros". Por quê? Porque não exercitamos mais essa capacidade de abertura e de sensibilidade. Não nos deixamos tocar pela realidade do mundo e das pessoas. Falta-nos interação, relação, *religação*.

Em síntese, como afirma o Diretório de Comunicação da Igreja no Brasil (DCIB, n. 36), o ser humano, criado à imagem e semelhança de Deus, "se comunica não por uma exigência, mas por um dom natural; não por uma ordem, mas por uma vocação. No ato da criação, Deus o constitui comunicador, dotando-o de imaginação, talento, inteligência e criatividade artística".

A própria "criação" humana sempre estará incompleta enquanto não for comunicada aos outros e ao mundo. Criatividade e criação são gestos de comunicação, de um *"comunicar-se com"*, que envolve sair de si mesmo e ir ao encontro dos outros para com eles comungar a própria existência.

Comunicação, ação alterizante

O relato do Gênesis não se encerra na criação do ser humano, na colocação dele no jardim e na sua apresentação às feras e às aves. Ao relatar o texto bíblico anterior, suprimimos deliberadamente um trecho do relato. Leiamos agora, então, a íntegra daquela passagem:

> *O Senhor Deus disse: "Não é bom que o ser humano* ['ādām] *esteja sozinho. Vou fazer para ele uma auxiliar que lhe corresponda". [Então o Senhor Deus formou do solo todas as*

feras e todas as aves do céu. E as apresentou ao ser humano para ver com que nome ele as chamaria: cada ser vivo levaria o nome que o ser humano lhe desse. O ser humano deu então nome a todos os animais, às aves do céu e a todas as feras.] Mas o ser humano não encontrou uma auxiliar que lhe correspondesse (Gênesis 2,18-20).

Aqui aparece uma das afirmações mais importantes, essenciais, fundamentais, radicais de Deus sobre o ser humano: *"Não é bom que o ser humano esteja sozinho"*. Até aqui, na narrativa do capítulo anterior do Gênesis, Deus havia criado muitas coisas. E, em nada menos do que cinco vezes, após criar determinados elementos, o texto bíblico nos diz: "E Deus viu que era bom" (Gênesis 1,10, 12, 18, 21, 25), e o versículo 31, que encerra o primeiro capítulo, relata que "Deus viu tudo o que havia feito, e tudo era *muito bom*".

Contudo, no trecho acima, Deus mesmo diz, de sua própria boca, que algo *não é bom*. E o que não é bom, diante de Deus? "Que o ser humano *esteja sozinho*". A solidão humana desfigura a ordem da criação, a sua organização, o seu cosmos. Se o ser humano é um ser de relação, a falta de relação é o caos, o absurdo, a falta de sentido – é, no fundo, a própria morte. Para tirar o humano desse *isolamento mortal*, Deus diz que fará para ele um "auxílio", uma ajuda, um socorro. Como afirma Wénin, o vocábulo, em hebraico, sugere que se trata justamente de um meio para escapar de um perigo de morte.

Esse auxílio deverá *co-responder* ao ser humano. Este não ficará "falando sozinho", girando em torno de si mesmo, mas receberá uma resposta, ficará "face a face" com um outro ser. Será questionado, será confrontado por esse outro, que o auxiliará e o ajudará a sair de si mesmo, socorrendo-o daquilo que pode matá-lo: o *egoísmo*, como causa ou consequência da solidão. E a comunicação é justamente essa ação de saída do próprio "eu" para entrar em relação com os outros.

Mas o ser humano primordial não encontra essa resposta nem nas feras, nem nas aves do céu. Estas não estão à altura dessa *missão comunicacional*. Por isso, o Gênesis (2,21-22) continua:

Então o Senhor Deus fez cair um torpor sobre o ser humano ['ādām], e ele dormiu. Tomou então uma costela do ser humano e no lugar fez crescer carne. Depois, da costela que tinha tirado do ser humano, o Senhor Deus modelou uma mulher ['îša], e apresentou-a para o ser humano.

Para criar outro ser humano (a "mulher", mas a questão de gênero aqui não é o mais importante), Deus faz o ser humano primordial "cair no sono", entrar

PARTE I – COMUNICAÇÃO E FÉ HOJE: POR QUÊ? PARA QUÊ? COM QUEM?

em estado de torpor, de inconsciência, de perda de sentidos. Ele *não sabe* o que acontece durante esse torpor. Isso nos revela, em uma leitura comunicacional, que o "outro" emerge como algo desconhecido para o ser humano. Por si só, o saber humano não dá conta de entender a alteridade (de *alter*, no latim, "outro") em sua plenitude e totalidade. Vamos ao encontro do outro sempre em um estado de torpor, de desconhecimento. Na comunicação, *o outro é sempre um mistério insondável.*

E é durante esse sono do ser humano que Deus toma uma de suas "costelas" (segundo Wénin, seria melhor falar em "lado"). Gera-se aí uma *falta*: uma ferida, uma cicatriz, uma perda, um "a menos". O ser humano, portanto, não é um "todo" independente e autossuficiente. Falta-lhe "um lado", uma parte do seu ser. Ele nada é sem o outro. Desde o princípio – e por princípio – o ser humano *precisa do outro para ser quem ele é.*

O outro revela em nós a marca dessa falta. Mais do que de "pecado original", podemos falar aqui de uma *incompletude original*: "Eu não sou nem tenho tudo para poder ser e viver". O outro me auxilia e me socorre daquilo que não é bom diante de Deus: a falta de relação. O outro desperta em mim a minha *capacidade de transcendência*, de me abrir ao outro (e ao "Outro") e de me deixar transformar por ele.

Deus, então, preenche a falta, trata a ferida, cuida da cicatriz, supre a perda, oferece um "a mais". *E faz algo novo.* A "carne" que cresce no lado do ser humano primordial não é dele próprio, mas é *obra nova*, é *criação nova de Deus*. Com o mesmo gesto cuidadoso, delicado, artístico, Deus modela esse outro ser em uma nova "fôrma", com uma modelagem totalmente nova. Há um lado que une esses dois seres na mesma carne, mas há outro lado que os diferencia completamente.

O outro faz emergir a aventura da comunicação. Diante de quem eu sou, o outro me *co-responde*, primeiro porque me diz respeito (compartilhamos a mesma "carne") e, depois, porque tem uma palavra própria a me dizer, me replica, me contesta. É um "tu", um "não eu". O outro me escapa e me ultrapassa radicalmente. *É a alteridade radical, a diferença irredutível, a identidade indiscernível, a singularidade irrepetível.* É outro. E comunicar é justamente reconhecer o outro na sua alteridade.

Depois, Deus "apresenta" esse outro ser ao ser humano primordial, em um mesmo gesto quase ritualístico e litúrgico, com carinho e reverência. *O outro é dom de Deus*, é oferta sua, é dádiva divina. E eu sou chamado a ser um novo dom aos outros. O que o texto nos revela, do ponto de vista da comunicação, é que *só a relação nos tira da solidão*, cura a nossa ferida primordial, preenche a nossa incompletude original, o nosso vazio de sentido. Desde o princípio – e por princípio – o ser humano é um *ser-com-o-outro* e, ao mesmo tempo, um *ser-para-o-outro*.

27

O relato bíblico continua:

> Então o homem exclamou: "Esta sim é osso dos meus ossos e carne da minha carne! Ela será chamada mulher ['îša], porque foi tirada do homem ['îš]!" (Gênesis 2,23).

Primeiramente, é importante destacar que, agora, os termos mudam. Pela boca do próprio "ādām", ele se chama de "îš". Este último termo, no hebraico original, explicita com mais força a diferença, a distinção e a contraposição do *homem*, como ser humano masculino, em relação a Deus, à mulher e aos animais. É uma diferença importante na postura do ser humano primordial, de acordo com a lógica da narrativa.

Como afirma Wénin, essa frase afirmada pelo ser humano, geralmente, é lida de forma positiva, como a exclamação maravilhada e poética diante da recém-chegada, em quem ele reconhece uma companheira ("osso dos meus ossos e carne da minha carne"), embora diferente (que demanda outro nome: "mulher"). Não se trata de uma leitura errada, mas também são possíveis outras leituras, que seguem outros caminhos, como os propostos por Wénin, mais ricos e instigantes do ponto de vista comunicacional.

A primeira coisa que chama a atenção é o tratamento usado pelo ser humano em relação ao outro ser humano: *"Esta"*. No palco da narrativa, Deus acaba de apresentar os dois seres, coloca-os frente a frente. Mas a exclamação do ser humano primordial se dá na terceira pessoa. Ele não se dirige a um "tu": nem ao Deus que acaba de lhe presentear com uma obra nova, nem ao novo ser humano. Com quem ele está falando? Continua falando sozinho, *em solidão*, apesar do outro?

A exclamação continua e diz que "esta sim é osso dos meus ossos e carne da minha carne". Embora pareça não estar se dirigindo a ninguém, ao menos ele percebe que há um outro ser na sua presença e que, *agora sim*, ao contrário das feras e das aves, está à sua altura. Mais do que isso: o modo como se constrói narrativamente a afirmação do ser humano indica que ele percebeu a "cicatriz" em sua pele e reconhece semelhanças da carne do outro com a sua própria carne. Entretanto, o que o ser humano percebe no outro não é a alteridade, a diferença, a singularidade. É, paradoxalmente, a *semelhança com ele mesmo*: "É osso dos *meus* ossos e carne da *minha* carne". Mas, se ele acaba de sair de um torpor, de um sono profundo, como pode ter tanta certeza disso?

Ele se crê onisciente. Não reconhece a ação de Deus nele nem no outro, não agradece a dádiva divina do outro. Ele poderia, ao menos, em primeiro lugar, ter reconhecido o seu desconhecimento e a sua ignorância do que havia acabado de ocorrer, e, depois, se interrogado sobre o ocorrido. Mas, em vez disso,

PARTE I – COMUNICAÇÃO E FÉ HOJE: POR QUÊ? PARA QUÊ? COM QUEM?

faz imediatamente uma afirmação categórica sobre o outro, que, além disso, define-o como uma mera "extensão" de si mesmo, tomando posse ("meus", "minhas") de algo que não lhe pertence, mas que é dom de Deus. Como afirma Wénin, o ser humano primordial fala como se soubesse de tudo, como se nada escapasse ao seu saber. Esse é um dos maiores obstáculos para a comunicação.

Na sequência, o ser humano dá um nome a esse novo ser ("*'îša*"), que, novamente, não o reconhece em sua alteridade. Esse nome, a identidade desse novo ser, de acordo com o ser humano primordial, está diretamente ligado a ele mesmo, gira em torno dele mesmo: "Ela será chamada mulher [*'îša*], porque *foi tirada* do homem [*'îš*]!" Agora, "*'ādām*" não reafirma a comum humanidade com o novo ser: o fato de terem sido criados por Deus a partir do mesmo barro, do mesmo húmus, e de terem sido entregues reciprocamente como dom um ao outro. Ele se apropria até do nome usado por Deus anteriormente para chamar o outro ("*'îša*") e assume, por conta própria, uma nova identidade para si mesmo ("*'îš*"). Aqui também ele não percebe a diferença radical do outro, mas tenta não simplesmente se assemelhar ao outro, mas sim *assimilá-lo, igualá-lo a ele mesmo*, removendo toda e qualquer diferença, corrompendo toda e qualquer alteridade. O ser humano, assim, se torna *in-diferente* em relação ao outro.

Ao contrário do dom divino que lhe foi apresentado carinhosamente, o ser humano percebe uma perda, uma falta ("foi tirada"). Ao contrário de manifestar acolhida ao novo ser, o ser humano exclama possessividade ("meus", "minhas"). Ao contrário de expressar gratidão a Deus, o ser humano se eleva como centro de tudo e de todos. A fim de não assumir a sua incompletude e a sua ignorância, o ser humano tenta dominar a situação nova e surpreendente. Age como se nada escapasse do seu controle. O outro é "dele", está sob a sua posse, sob o seu domínio. Não permite nem aceita que o outro seja "outro".

Nesta releitura comunicacional aqui proposta, tudo isso revela que o *egoísmo*, o *egocentrismo* e o *narcisismo* estão presentes no ser humano desde o princípio. E esses são os verdadeiros "pecados originais comunicacionais", que corrompem a abertura ao outro e o seu reconhecimento, que rompem a relação e a reciprocidade.

Para superar esses pecados, é preciso reconhecer que o outro é dom divino, e que estabelecer relação com ele ou ela agrada a Deus. A relação nos salva da solidão. A relação nos ajuda a ser aquilo que Deus sonhou para cada um de nós. "O outro que me olha *me afirma*", como disse o filósofo francês Emmanuel Lévinas (1906-1995). Não existe identidade isolada, mas toda identidade se constrói *em relação* com alteridades diversas e diferentes, harmonizando as diferenças e transformando a diversidade em unidade. *A identidade nasce da alteridade.* É aquilo que, em várias partes da África, se expressa na filosofia *ubuntu*, que defende a interdependência e a inter-relação de todos os seres humanos. Esta expressão significa algo como: "Eu sou porque você é". Ou ainda: "Eu sou porque *nós somos*". Eu só posso ser tudo aquilo que sou se todos puderem ser tudo aquilo que são.

Por isso, a comunicação é fundamental para a vida pessoal e social, pois permite a abertura do "eu" ao "tu", que, juntos, constroem um "nós". Mas, como afirma Lévinas, "'nós' não é o plural de 'eu'". A comunicação não se estabelece em um somatório de egos, mas sim na abertura recíproca ao outro, cujos frutos não são de propriedade nem do "eu" nem do "tu", mas só existem *em relação*. Na comunicação, forma-se sempre um *"nós-outros"*, uma comunidade de diferentes e nas diferenças.

Identidade, alteridade e comunidade, portanto, se articulam e se constituem reciprocamente. Disso também decorre a minha responsabilidade pelo outro: "O outro é aquele por quem eu sou responsável", continua Lévinas. O outro me responde, como diz o Gênesis, mas eu também respondo ao outro e pelo outro: trata-se da *co-responsabilidade*, muito necessária também à comunicação, a fim de reconhecer que a minha humanidade está intimamente ligada com a humanidade dos outros. Aquilo que eu comunico e o modo como me comunico pode salvar ou destruir vidas.

Então, desde o princípio – e por princípio – o chamado de Deus ao ser humano convida a uma resposta livre e a uma abertura para o reconhecimento, o encontro e o diálogo com o outro. Fomos criados à imagem de um *Deus criador e criativo, comunicador e comunicativo*. Cabe a nós *co-respondermos* a esse chamado.

O QUE A ANUNCIAÇÃO--ENCARNAÇÃO NOS REVELA SOBRE A COMUNICAÇÃO

3

O relato da Anunciação e da Encarnação de Jesus (Lucas 1,26-38) – cuja festa é celebrada pela Igreja no dia 25 de março, exatamente nove meses antes do Natal – é um sinônimo de comunicação por excelência. O diálogo entre o Anjo Gabriel e Maria revela pistas sobre como construir a cultura do encontro, que "requer que estejamos dispostos não só a dar, mas também a receber de outros", como afirmou o Papa Francisco em sua mensagem para o Dia Mundial das Comunicações Sociais de 2014. Se "quem comunica faz-se próximo", então a proximidade entre o anjo e Maria é pura comunicação.

Nesse relato bíblico estão presentes cinco eixos que nos ajudam a aprofundar a compreensão sobre comunicação.

Comunicação é construção de sentido

O diálogo entre o anjo e Maria é uma bela metáfora da comunicação entendida no contexto da construção de uma cultura do encontro.

Em uma aldeia desconhecida (Nazaré) de uma região desconhecida (Galileia) à época – uma verdadeira "periferia existencial" – Deus, por meio do anjo, vai ao encontro de Maria "onde ela estava" e lhe oferta uma grande alegria, dando sentido à sua vida: *"Alegre-se, cheia de graça! O Senhor está com você!"*

No mais íntimo do seu ser, ela se sente tocada, acolhe a presença divina, que depois conceberá ao mundo em seu ventre. Mas se preocupou ao ouvir essa saudação e começou a se fazer perguntas. O anjo, então, a chama pelo nome: *"Não tenha medo, Maria, porque você encontrou graça diante de Deus"*, reconhecendo-a como pessoa, como mulher, reiterando a saudação inicial e confirmando a presença da graça de Deus, o Senhor, em sua vida. Então, tudo começa a fazer sentido para ela.

Dizendo "sim" ao convite do anjo, a existência de Maria ganha significado, direção, rumo. E, ao acolher e receber no seu coração aquilo que Deus lhe prometia, realiza-se em Maria a construção de "Sentido" por excelência, a encarnação divina na vida humana.

Sentido é aquilo que a Tradição cristã chama de *lógos*, ou seja, aquilo que dá significado, razão, ordem, direção às coisas. Nos processos inter-relacionais, estamos constantemente construindo sentido, dando significado à realidade, ao outro e à nossa presença comum no mundo. E isso seja quando produzimos conteúdos (quando "falamos"), seja quando os recebemos (quando "escutamos"). Cada pessoa constrói e oferta sentidos a partir do seu ponto de vista, do seu lugar de fala específico, da sua visão de mundo. E quem recebe também reconstrói os sentidos recebidos, porque faz algo com aquilo que recebe: concorda, discorda, aprofunda, refuta, amplia etc. Portanto, comunicar é sempre *comunicar-se*.

Por outro lado, a construção de sentido também depende do ambiente em que se dá essa construção. A comunicação é sempre conjuntural. Ninguém fala ou escuta em um "limbo", mas sim em um ambiente físico, cultural e social específico: "onde nós estamos", em um verdadeiro ecossistema comunicacional formado por pessoas, símbolos, meios, contextos concretos.

Em suma, *o sentido só faz sentido se for sentido*: isto é, quando nos afeta, nos toca, nos envolve, nos leva à ação, nos leva a dizer "sim" às surpresas da vida.

Comunicação é uma dinâmica alterizante

No relato da Anunciação, o anjo se aproxima de Maria, faz-se-lhe próximo, vai ao seu encontro onde ela estava. No ventre de Maria, Deus também se faz "outro", revela sua face em Jesus. Na Encarnação, Deus se "alteriza" (*alter* = outro) de forma plena na pessoa de seu Filho que se faz humano.

Toda comunicação depende de um "outro", como víamos. Quando eu falo, o outro que me escuta é tão comunicador quanto eu: quem me ouve também age sobre o que ouve, e é só a partir dessa sua ação que a comunicação como tal se efetiva. A comunicação se efetiva no outro. O que eu comunico se "alteriza" e, portanto, se "altera": não é mais só meu, é também construção do outro.

Até mesmo antes de me comunicar, o outro já se faz presente na comunicação como inspiração para a minha comunicação. A iniciativa é sempre do outro. A comunicação não é definida por quem fala: ela começa no outro. Eu só consigo falar o que falo porque sei para quem eu estou falando: em certo sentido, é o outro quem "produz" a minha comunicação. Trata-se de uma relação de reciprocidade, de *co-operação*, em que ambos os interagentes operam conjuntamente sobre o processo de comunicação. Por isso, as influências, os impactos, os efeitos da comunicação são sempre recíprocos, e não de mão única.

A dinâmica alterizante da comunicação nos leva a reconhecer o outro como agente da nossa própria comunicação. A comunicação não se faz nem sobre o outro, nem para o outro: mas *com o outro*. Esse "outro" inclui também os meios tecnológicos e o ambiente em que a comunicação se dá – todos esses elementos são agentes da comunicação, podendo favorecê-la ou prejudicá-la.

A comunicação também não termina no outro, mas continua em frente, como processo, como fluxo, rumo a outros "outros". O anúncio do anjo a Maria foi apenas um primeiro passo de uma longa Paixão, que não acabou na morte de Jesus na cruz, mas ganhou nova vida com a ressurreição, desdobrando-se até o fim dos tempos.

Comunicação é diálogo e discurso em tensão criativa

No relato da Anunciação, o anjo traz a Maria – por meio de um diálogo – o "discurso" divino, o Verbo que se fará carne. Para poder acolher esse discurso, Maria busca aprofundar o diálogo, tem dúvidas, faz perguntas, responde questionando, algo quase impensável para uma jovem mulher naquela época e naquela cultura: *"Como vai acontecer isso, se não vivo com nenhum homem?"*

No diálogo entre o Mensageiro divino e uma simples jovem nazarena, o "magistério" divino (*magis* = mais, acima) se encarna no "ministério" de Jesus (*minus* = menos, abaixo). Ouvindo a resposta do anjo (*"O Espírito Santo virá sobre ti... Para Deus nada é impossível"*), Maria acolhe a promessa dele e aposta a sua própria vida: *"Eis a escrava do Senhor. Faça-se em mim segundo a tua palavra."*

O filósofo tcheco-brasileiro Vilém Flusser (1920-1991) afirmava que só há comunicação quando há um equilíbrio entre discurso e diálogo. Para que um diálogo tenha início, é preciso recorrer a informações e conteúdos que foram recebidos em discursos anteriores. E, por outro lado, para que um discurso aconteça, são necessárias as informações e conteúdos produzidos em diálogos anteriores.

Em suma, um diálogo se dá com base em uma série de discursos, e os discursos são a base para qualquer diálogo. Portanto, a comunicação está sempre marcada por um processo de *reciprocidade*. Deus, de certo modo, recorre a uma jovem mulher para trazer a salvação ao mundo, e Maria nada faria sem o poder do Altíssimo: é a partir dessa tensão que se recria a história, sobre a qual Jesus "reinará para sempre".

Comunicação é processo em "beta permanente": complexo, histórico, infinito

Na Anunciação, o anjo não controla Maria, mas a ouve, respeita-a. Maria, por sua vez, não controla o anjo, mas o questiona, oferece-lhe o seu ponto de vista.

Os desdobramentos desse diálogo eram imprevisíveis. Maria não sabia o que poderia acontecer a partir do seu "sim": tudo seria "beta permanente" em sua vida, como aqueles aplicativos ou programas de computador que, logo que são lançados, encontram-se em "versão beta", ou seja, em construção. Ainda não é a "versão alfa", acabada, definitiva.

A comunicação do anjo também abria possibilidades gigantescas a Maria: ela – justamente ela, que, como judia, conhecia as promessas do passado – seria a mãe do Messias tão esperado. Maria não compreendia, nem podia compreender, o significado de tudo isso. Ela "conservava todos esses fatos e meditava sobre eles em seu coração" (Lucas 2,19).

Toda comunicação é imprevisível, irrepetível, indeterminada, sempre artesanal e tentativa. Ao nos comunicarmos, sabemos que algo acontece, mas não sabemos muito bem o que, nem como, porque não controlamos o sentido da nossa mensagem, nem o nosso interlocutor, nem os meios técnicos, nem o ambiente em que a comunicação se dá. A comunicação está sempre em "beta", nunca chega à sua potencialidade total.

Eu posso controlar o que eu *transmito*, mas não o que eu *comunico*. Sei que estou escrevendo um texto em português para você, que sabe ler e que entende português – isso é o que eu *transmito*, o "conteúdo". Mas não posso controlar o que você irá fazer com esse conteúdo, se está concordando, discordando, acrescentando ideias, refutando outras etc. – e isso é o que estamos *comunicando juntos*, a "mensagem", que não é só minha, mas também depende da sua coparticipação, como leitor e leitora.

Trata-se de um processo complexo, em que nada é estático, não há uma causa nem uma consequência únicas, e tudo está sempre em movimento. Toda comunicação tem final aberto. É "um processo dinâmico, dialógico, interativo e multidirecional", como afirma o Diretório de Comunicação da Igreja do Brasil (DCIB, n. 10).

Comunicação é transformação da realidade

No relato da Anunciação e da Encarnação, a partir do diálogo entre o anjo e Maria, também nasce a transformação de Maria como pessoa e como mulher, da sua vida, da sua história e, a partir disso, a transformação de toda a vida e história humanas. A Encarnação de Jesus é anúncio que nasce da Vida e que gera vida, é Palavra que se faz carne. É encontro e proximidade entre o divino e o humano, graças à acolhida, à doação, ao "sim" de uma jovem comunicadora audaz e corajosa.

A comunicação não é "mera transmissão de mensagens, mas sim ressignificação constante do mundo" (DCIB, n. 12). Se comunicação é construção de sentido, ao darmos significado às coisas, transformamos a realidade. A comunicação nunca é neutra.

Todo encontro de diálogo transforma a realidade, porque, juntos, emissor e receptor produzem processos cognitivos diversos que alteram a conexão entre as informações que já têm, reorganizando-as, modificando suas formas de pensar e de agir no mundo. Em toda comunicação, a própria mensagem também se transforma, como construção de sentido conjunta.

Comunicação é um processo de transformação constante, do emissor e do receptor em sua inter-relação, da mensagem que vai sendo gerada, do contexto inicial de onde partiu uma determinada troca simbólica, dos seus desdobramentos etc. *Construir sentidos sobre o mundo já é um modo de transformá-lo.*

A comunicação, portanto, é um fazer que gera saber, é um saber que se encarna em um fazer: é *práxis*. Como dizia Paulo Freire, o aprendido só ganha sentido na vida de uma pessoa se for *apre-endido*. Ou seja, é preciso que a informação se transforme em conhecimento, em carne, em vida concreta, transformando a própria vivência cotidiana. *Apreender* os sentidos em jogo sobre a realidade é o primeiro passo para *compreender* o que está em jogo e, assim, *empreender* as mudanças necessárias.

O "fazer-se carne" de Jesus, portanto, foi perpassado por um fluxo comunicacional cuja origem está no infinito amor de Deus, mas que só pôde continuar fluindo porque a jovem Maria não o bloqueou fechando-se a ele, mas inseriu-se inteiramente nele. Ela pode ser um símbolo da transformação comunicacional do mundo na direção da beleza e da ternura. Como afirmou Francisco, Maria é aquela que "sabe transformar um curral de animais na casa de Jesus, com uns pobres paninhos e uma montanha de ternura" (*Evangelii Gaudium*, EG, n. 286).

Depois da crucificação de Jesus, esse fluxo também só pôde continuar graças a outra Maria, de Magdala, que não se fechou na tristeza e na melancolia, mas teve a coragem de anunciar a "loucura" da ressurreição. Hoje, ela é reconhecida como "a apóstola dos apóstolos", porque *"foi e anunciou aos discípulos: 'Eu vi o Senhor'. E contou o que Jesus tinha dito"* (João 20,18).

A COMUNICAÇÃO ENCARNADA DE JESUS

4

"E o Verbo se fez carne..." A fé cristã celebra o mistério da encarnação de Deus na pessoa de Jesus, do próprio Ser divino que se faz ser humano. Nesse "fazer-se carne" de Jesus, ao longo de toda a sua vida, podemos contemplar também a construção da sua humanidade nas relações que Ele ia estabelecendo com as pessoas, com as coisas, com os lugares, com os instantes. Entre os ditos e os feitos de Jesus, revela-se um *jeito* de comunicar próprio e específico. Ele vivia uma comunicação "encarnada" no espaço (o "lugar" a partir de onde Ele falava, na mesma cultura dos seus conterrâneos) e no tempo (o "momento" em que Ele falava, na mesma história dos seus contemporâneos), que também iam moldando a sua própria comunicação.

No Evangelho de Marcos, Jesus faz uma pergunta aos discípulos que questiona a sua própria prática comunicativa pessoal: "Quem dizem as pessoas que eu sou?" (Marcos 8,27). Com essa simples pergunta, Jesus parece querer medir a sua comunicação a partir de outra comunicação: aquilo que as pessoas em geral dizem dele. É uma pergunta qualitativa, e não quantitativa. Não interessa "quantas pessoas" estão falando dele, mas sim "quem" elas estão reconhecendo nesse falar.

A comunicação de Jesus, portanto, não é retórica, bastando a si mesma e se satisfazendo consigo mesmo, nem é panfletária, para chegar ao máximo de pessoas possível apenas para "fazer número", nem é um "dizer solto", abstrato e desvinculado da vida real das pessoas. Ao contrário, é um dizer diretamente relacionado com a vida do povo. É um dizer que busca ouvir e se constituir a partir daquilo que o povo diz sobre esse dizer. É um dizer que só se satisfaz e cumpre o seu papel quando é recebido pelas pessoas e também é "dito de novo" por elas: ou seja, quando gera relação, "religação" (*religatio, religio* = religião).

Hoje, só podemos dizer algo sobre a comunicação de Jesus, porque essa comunicação chegou até nós também comunicada por outros, a começar pelos próprios evangelistas e pelas primeiras comunidades cristãs. E o que essas pessoas, especificamente, dizem sobre Jesus e sua comunicação? Tentemos "dizer de novo", aqui, alguns registros principais do Novo Testamento que caracterizam a comunicação encarnada de Jesus. Mas façamos isso não a partir daquilo que Ele disse sobre si mesmo, mas a partir da comunicação de outras pessoas sobre Jesus.

No início do seu Evangelho, João narra o seguinte fato:

> *Jesus decidiu partir para a Galileia. Encontrou Filipe e disse: "Siga--me". (...) Filipe se encontrou com Natanael e disse: "Encontramos aquele de quem Moisés escreveu na Lei e também os profetas: é Jesus de Nazaré, o filho de José". Natanael disse: "De Nazaré pode sair coisa boa?" (João 1,43-46).*

Em um tom que parece quase irônico, Natanael se espanta com a proveniência de Jesus. De Nazaré, dificilmente poderia "sair coisa boa". A fama do lugar parece não ser das melhores. Nessa época, o centro do mundo era Roma, capital do Império Romano. Toda a região que hoje conhecemos como Oriente Médio era a periferia desse império, explorada para fins econômicos e militares. Nazaré, por sua vez, era a "periferia da periferia", uma cidade perdida no interior da Galileia. E é a partir desse lugar que Jesus fala. O seu *"lugar de fala"* era a periferia, distante dos grandes centros políticos, econômicos ou intelectuais da época. Uma comunicação marginal, portanto, encarnada nas margens da sociedade e da cultura do seu tempo.

O Evangelho de Marcos nos ajuda a aprofundar ainda mais essa característica da comunicação de Jesus. Ele narra que, no início de sua missão, *"Jesus foi para Nazaré, sua terra, e seus discípulos o acompanharam. Quando chegou o sábado, Jesus começou a ensinar na sinagoga. Muitos que o escutavam ficavam admirados e diziam: 'De onde vem tudo isso? Onde foi que arranjou tanta sabedoria? (...) Esse homem não é o carpinteiro?"* (Marcos 6,1-3).

A admiração e a surpresa das pessoas diante daquilo que Jesus dizia e fazia baseiam-se, aqui, no "lugar social" desse carpinteiro. Jesus era reconhecido pelos seus conterrâneos como alguém que vinha das camadas mais baixas da sociedade. Havia uma brecha perceptível, quase uma incoerência: como um trabalhador braçal como Jesus podia falar daquele jeito? Também em nível socioeconômico, Ele se comunicava a partir da periferia e das margens. Alguns estudiosos, como o teólogo australiano Peter Horsfield, sustentam até que Jesus provavelmente era analfabeto, assim como a maioria dos seus primeiros discípulos, a maioria pescadores (nada surpreendente em um contexto social como o de Jesus, com uma população de 95-97% de analfabetos).

Independentemente disso, o certo é que Jesus encarnou a sua comunicação na *cultura oral* da sua época. Daí a sua ênfase nas conversas, discursos, sermões, parábolas. Jesus não deixou nada por escrito, nenhuma grande obra literária. Seu único "texto" redigido de próprio punho perdeu-se com o vento, por ter sido escrito na areia (cf. João 8,6). Sua comunicação, nesse sentido, foi "iletrada", distante da comunicação dos grandes "literatos" da época (os escribas e os mestres da Lei).

Era uma comunicação *normal* para os padrões da época, mas, ao mesmo tempo, extremamente *original* em termos históricos, mantendo-se viva e desafiando a humanidade milênios depois.

Linguagem do povo

Por não termos nenhum registro direto de Jesus, foram os relatos orais e, posteriormente, os registros escritos daqueles e daquelas que ouviram esses relatos que chegaram até nós. A Igreja e a experiência de fé dos cristãos são fruto dessa comunicação, que surge, no princípio, do amor de um Deus que se comunica encarnando-se. Como afirma o Diretório de Comunicação da Igreja no Brasil (DCIB, n. 41-43),

> *a imagem de Jesus é a imagem viva do amor de Deus e de seu desejo de relacionar-se com o ser humano, expresso nos gestos, nas emoções e nos comportamentos que caracterizam Jesus: o amor misericordioso e primoroso para com os rejeitados, os pobres, os marginalizados, os sofredores, o que não é uma mera representação do amor de Deus, mas sua atualização.*

Daí também a singeleza da comunicação de Jesus. Como afirma ainda o Evangelho de Mateus, *"tudo isso Jesus falava em parábolas às multidões. Nada lhes falava sem usar parábolas"* (Mateus 13,34). Jesus não recorria aos mais elevados padrões da estilística retórica, nem às mais aprimoradas técnicas de expressão oral da época. Ele falava a *linguagem do povo*, com o gênero discursivo mais simples – as parábolas –, usando como referência elementos do cotidiano daquelas pessoas, como as próprias relações humanas, as festas, as ovelhas, o campo, a pérola, o fermento, a moeda, a videira, a figueira...

Mas o Evangelho de Mateus também anota: *"Os discípulos aproximaram-se, e perguntaram a Jesus: 'Por que usas parábolas para falar com eles?' Jesus respondeu: 'Porque a vocês foi dado conhecer os mistérios do Reino do Céu, mas a eles não. (...) É por isso que eu uso parábolas para falar com eles: assim eles olham e não veem, ouvem e não escutam nem compreendem"* (Mateus 13,10-17).

PARTE I – COMUNICAÇÃO E FÉ HOJE: POR QUÊ? PARA QUÊ? COM QUEM?

A parábola, ao buscar expor e revelar realidades complexas narrando coisas simples, diz tudo a quem se dispõe a ouvir, mas não diz nada a quem "fecha o ouvido". Não é o sentido literal da moeda, da ovelha, do campo, da pérola etc. que importa, mas sim o sentido que Jesus constrói na relação com aqueles que estão dispostos a ouvir e que conseguem ir além da superficialidade das coisas. Só "quem tem ouvidos para ouvir" é que ouve (cf. Mateus 13,9).

A parábola também é uma comunicação que questiona, surpreende, subverte: é outro olhar sobre a realidade. Basta pensar na parábola do Pai Misericordioso e do Filho Pródigo (cf. Lucas 15,11-32). O fim da história não é aquele que se esperaria na "vida real": qual pai, depois de tudo o que o filho lhe faz, não cobraria nada desse filho e, ao contrário, mandaria celebrar uma festa com um grande banquete? O que essa subversão das expectativas quer revelar sobre Deus e a sua relação conosco?

Para captar esse sentido oculto e, ao mesmo tempo, revelado por Jesus, é preciso que o ouvinte/leitor da parábola se engaje, se esforce, atue sobre a história. Pois a parábola é uma narrativa aberta, inconclusa, polissêmica, isto é, o sentido não está dado de antemão, mas depende do envolvimento do ouvinte/leitor. Não é uma comunicação pronta e definida. Jesus dá espaço ao ouvinte/leitor, que precisa ser ativo e criativo na construção conjunta do sentido da parábola. Só assim pode emergir uma *verdade dialogada*, e não imposta de cima para baixo.

Linguagem do corpo

Jesus não só "discursava", mas também comunicava com a própria vida, com a *linguagem do corpo*: seus gestos, toques, lágrimas, sangue, suor, saliva (e até "cuspe", cf. João 9,6). E também com os elementos do cotidiano das pessoas: barro, trigo, água, vinho, pães, peixes... Não era uma comunicação "desencarnada", mas, ao contrário, muito encarnada nos costumes e na cultura do seu povo, com grande riqueza de cheiros, cores, sabores. Uma comunicação viva e humana.

As primeiras palavras públicas de Jesus no Evangelho de Lucas são uma demonstração disso:

> *Abrindo o livro, Jesus encontrou a passagem onde está escrito: "O Espírito do Senhor está sobre mim, porque ele me consagrou com a unção, para anunciar a Boa Notícia aos pobres; enviou-me para proclamar a libertação aos presos e aos cegos a recuperação da vista; para libertar os oprimidos, e para proclamar um ano de graça do Senhor" (Lucas 4,17-19).*

O anúncio de Jesus é uma comunicação "encarnada", que passa pelo seu corpo e envolve o corpo das pessoas, sob a forma de unção, libertação, cura.

Com isso, nasce também uma teologia concreta, prática, acessível, e não uma "teorização" hermética sobre um Deus distante. Como afirma São Paulo na Carta aos Hebreus: *"uma vez que os filhos têm todos em comum a carne e o sangue, Jesus também assumiu uma carne como a deles. (...) Ele não veio para ajudar os anjos, e sim para ajudar a descendência de Abraão. Por isso, teve que ser semelhante em tudo a seus irmãos"* (Hebreus 2,14.16-17). Jesus não falava para os "anjos" lá em cima, mas para os "descendentes de Abraão" daqui debaixo, ou seja, para todos nós, "seus irmãos". Em Jesus, a "boa-nova" é algo palpável, sensível, experimentável.

E isso era bem acolhido e reconhecido pelas pessoas em geral, como apontam outros registros dos Evangelhos. De acordo com Mateus, logo após o Sermão da Montanha, *"as multidões ficaram admiradas com o seu ensinamento, porque Jesus ensinava como alguém que tem autoridade, e não como os doutores da Lei"* (Mateus 7,28-29). Isto é, Jesus era chamado de "mestre" ("rabi"), porque ensinava com a própria vida, com seus gestos e ações.

Há uma clara diferença, percebida pelas multidões, no modo de Jesus se comunicar em comparação com os doutores da Lei: justamente a sua autoridade. Mas que autoridade é essa? O Evangelista Lucas resgata o seu significado mais profundo, a partir daquilo que os discípulos de Emaús falam ao se referirem a *"Jesus, o Nazareno, que foi um profeta poderoso em ação e palavras, diante de Deus e de todo o povo"* (Lucas 24,19). A autoridade de Jesus vem da sua comunicação encarnada "em ação e palavras": é isso que o distingue como um "profeta poderoso". O seu testemunho coerente. Palavras que nascem da ação, ação que se desdobra em palavras. Não discursos "aéreos", nem meras palavras soltas. Jesus elabora o seu "magistério" a partir do seu "ministério", isto é, a partir do contato com as várias realidades humanas e sociais da sua época.

Em outras partes da Escritura, Paulo também apresenta algumas características da comunicação de Jesus. Em um dos trechos mais famosos e importantes da Carta aos Filipenses, ele escreve que Jesus *"tinha a condição divina, mas não se apegou a sua igualdade com Deus. Pelo contrário, esvaziou-se a si mesmo, assumindo a condição de servo e tornando-se semelhante aos homens. Assim, apresentando-se como simples homem, humilhou-se a si mesmo (...). Por isso, Deus o exaltou grandemente"* (Filipenses 2,5-9). Na Segunda Carta aos Coríntios, a mesma ideia aparece com estas palavras: *"Vocês conhecem a generosidade de nosso Senhor Jesus Cristo; ele, embora fosse rico, se tornou pobre por causa de vocês, para com a sua pobreza enriquecer a vocês"* (2Coríntios 9,9). Trata-se daquilo que, em teologia, se chama de "quenose" (*"kénosis"*) de Jesus, o seu "esvaziamento".

Em termos comunicacionais, também podemos dizer que Jesus viveu uma comunicação "esvaziada", na qual não lhe importavam a sua fama, a sua autoimagem, o seu sucesso. Ele sabia que tudo o que Ele comunicava, em palavras e gestos, era graça e dom que provinham do seu Pai. O primado da sua comunicação era do Pai. Era uma comunicação gratuita, sem interesses. Por puro amor a Deus e aos irmãos e irmãs. Portanto, embora "esvaziada", não era uma comunicação "vazia", mas repleta de sentido, permeada por um fluxo de amor divino transbordante, que o levava a comunicá-lo gratuitamente, desinteressadamente, sem esperar nada em troca.

Para os que creem, enfim, Jesus não apenas "foi" um grande comunicador, mas *continua se comunicando* com a humanidade no hoje da história. Ele segue "fazendo-se carne" nas realidades mais humanas que existem. "Cristo revela-se como autocomunicação do amor de Deus pelos seres humanos (...). Revelando-nos a perfeição do amor, Jesus põe-se também como perfeito comunicador" (DCIB, n. 41-43).

Jesus nos revela o que há de divino no humano, e é isso que devemos buscar e encontrar nas pessoas com quem nos comunicamos. E é nelas também onde podemos buscá-lo e encontrá-lo. Por isso, a comunicação cristã é chamada a ser sempre *cristocêntrica*, para que a pessoa de Jesus seja a inspiração de tudo aquilo que se comunica. É o Cristo crucificado e ressuscitado que deve nos iluminar para narrar o mundo da política, da economia, das artes, do entretenimento, dos esportes, da moda, da gastronomia e assim por diante. Mesmo quando não se esteja falando explicitamente de Jesus, são os valores do Evangelho que devem ser comunicados em tudo aquilo que os comunicadores cristãos escrevem e dizem, e também no modo como o escrevem e o dizem.

A ESPIRITUALIDADE ENCARNADA DO COMUNICADOR CRISTÃO **5**

"Comunicar, rezar e viver integram-se formando um todo tanto no estilo e na elaboração da mensagem quanto na forma de comunicar." É assim que o Diretório de Comunicação da Igreja no Brasil (DCIB, n. 61) apresenta a espiritualidade do comunicador e da comunicadora cristãos. Não se trata de uma vivência da fé que separa em polos quase contrapostos a atividade profissional e a experiência religiosa, o gesto comunicacional e o gesto espiritual. Para a Igreja, "comunicar, rezar e viver" formam um único processo, que caracteriza, justamente, *uma comunicação orante e viva, uma oração viva e comunicante, uma vida orante e comunicante*. Uma espiritualidade, parafraseando Santo Inácio de Loyola, "contemplativa na ação de comunicar".

A mística do comunicador se relaciona com seu processo criativo, de inovar as várias linguagens e estilos de comunicar. Essa dinâmica criativa se alimenta do encontro com a beleza da Palavra, mas também do encontro com a beleza na arte, na literatura, na poesia. "O comunicador é um místico, e o místico é um comunicador" (DCIB, n. 61). Não há cisão, não há separação. Ao acompanhar os acontecimentos da história, o comunicador relata e interpreta cotidianamente aquilo que o Concílio Ecumênico Vaticano II chamou de "sinais dos tempos", isto é, "as alegrias e as esperanças, as tristezas e as angústias das pessoas de hoje, sobretudo dos pobres e de todos aqueles que sofrem" (Constituição Pastoral *Gaudium et Spes*, GS, n. 1), assim como as "eternas perguntas das pessoas acerca do sentido da vida presente e da futura, e da relação entre ambas" (GS, n. 4).

Diante de tais realidades, o comunicador cristão é chamado a buscar e encontrar Deus em todas as coisas, e todas as coisas em Deus, como também dizia Santo Inácio. E o cotidiano torna-se uma das principais fontes de revelação do próprio Deus, que está sempre se manifestando e manifestando o seu amor e misericórdia às pessoas, em todos os tempos e lugares. O comunicador, assim, é chamado a ser um primeiro "sensor" da presença de Deus no hoje da história.

Sua espiritualidade está bem sintetizada naquilo que o grande teólogo protestante Karl Barth afirmou certa vez: "Um cristão precisa andar com a Bíblia em uma mão e com o jornal na outra". E também se afirma que o filósofo alemão Hegel teria dito: "A oração de um cristão deveria ser esta: ler o jornal". Isto é, o comunicador cristão encontra a Deus não apenas na Palavra, mas também nas "palavras" do cotidiano, nos fatos do dia a dia. Parafraseando o Papa Francisco, o comunicador cristão é chamado a ter "cheiro de mundo", a estar em contato com as realidades vividas pelas pessoas, caminhando pelo pó e pelo barro da história, sem medo de se "sujar" com as tristezas, as dores e as angústias das pessoas.

Para isso, é preciso superar uma visão do "espiritual" como algo que só pode ser encontrado em outros lugares, em outros momentos mais "elevados", mais distanciados do "pó da terra". É preciso ter a coragem de viver uma espiritualidade que procure, justamente, ir além de qualquer dicotomia rasteira entre espiritual e mundano, alma e corpo, interior e exterior, sagrado e profano. O próprio Livro do Gênesis nos revela que a vida é uma união entre o "pó da terra" e o sopro divino. O cardeal português José Tolentino Mendonça, arquivista do Arquivo Apostólico Vaticano e bibliotecário da Biblioteca Apostólica Vaticana, afirma que a criação estabeleceu uma "fascinante e inquebrável aliança: aquela que une *espiritualidade divina e vitalidade terrestre*". Segundo ele, nosso próprio corpo, criado à imagem e semelhança divinas, é "gramática de Deus".

Para o autor, nada é mais parecido com a eternidade do que o instante, e, por isso, deveríamos pensar simbolicamente nele como um sacramento, o oitavo. Segundo Tolentino, seria necessário até venerar a "espantosa santidade do momento presente". E o que mais faz um comunicador senão acompanhar os "instantes" da história, seus movimentos cronológicos? "Venerar" essa vitalidade, essa sacralidade, essa sacramentalidade do momento presente, dos fatos corriqueiros, dos acontecimentos cotidianos permitiria perceber as diversas e misteriosas manifestações da espiritualidade divina na cotidianidade humana.

Por isso, uma boa comunicação não é aquela que se preocupa apenas em dizer a realidade aos outros, mas aquela que primeiro se cala diante dela, aquela que silencia diante do mistério do mundo, que venera e contempla os seus abismos. É no silêncio que "o comunicador encontra a fonte do seu processo criativo. Na experiência do silêncio, a pessoa encontra Deus e o significado profundo da sua Palavra" (DCIB, n. 58). Nisso também o comunicador cristão é chamado a imitar Jesus, que, diante de situações decisivas de sua missão, procurava o silêncio e o recolhimento, retirando-se ao deserto ou subindo a montanha. E o silêncio está intimamente ligado ao valor e à pertinência de qualquer resposta possível. Como em uma corrida, exemplifica Tolentino, os atletas, antes de partirem, ficam atentos e prontos à espera do sinal. Por isso, afirma, a qualidade da escuta determina a qualidade da resposta.

O silêncio, contudo, ainda não é Deus. O silêncio é um lugar de procura e de espera do encontro. Em silêncio, diante do mistério do Outro e do outro, por um lado, experimentamos sempre o sentimento do vazio. "Deus se dá ausentando-se", afirma Tolentino. Deus se oculta no mais profundo daquilo que é humano. E o comunicador cristão é aquele que o busca incansavelmente, tentando reconhecê-lo e revelá-lo.

Mas, por outro lado, "o Senhor sempre nos 'primeireia', é o primeiro, está nos esperando", como afirmou o Papa Francisco aos movimentos eclesiais em maio de 2013. Segundo o pontífice, essa é a experiência que os profetas de Israel descreviam, ao dizer que o Senhor é como a flor da amêndoa, a primeira flor da primavera. Antes que as outras flores desabrochem, Ele já está lá, à espera. "E quando nós o buscamos – disse Francisco –, encontramos esta realidade: que é Ele que nos espera para nos acolher, para nos dar o seu amor."

O comunicador cristão também confia que sua comunicação é apenas um pequeno movimento que se une ao transbordante fluxo de amor que já provém do próprio Deus. A comunicação, em sentido cristão, é ir ao encontro de Deus na própria realidade de hoje e comunicar essa realidade sabendo que ela é a presença de Deus hoje. "Quando pensamos que vamos longe, a uma periferia extrema, e talvez temos um pouco de medo, na realidade, Ele já está ali", reiterou o Papa Francisco aos catequistas, em setembro de 2013: "Jesus nos espera no coração daquele irmão, na sua carne ferida, na sua vida oprimida, na sua alma sem fé".

Por isso, existe uma "porta santa" privilegiada para a experiência e a vivência da espiritualidade do comunicador. Deus vem ao nosso encontro por meio daquilo que é mais cotidiano, mais banal, mais humano. Para Tolentino, os cinco sentidos são as grandes entradas e saídas da nossa humanidade. Para o autor, trata-se de verdadeiros "lugares teológicos", não apenas da manifestação de Deus, mas da própria relação com Ele. E o comunicador trabalha cotidianamente com os seus cinco sentidos, tocando, vendo, ouvindo, degustando, cheirando, sentindo os fatos que ocorrem no mundo ao seu redor.

Se o Papa Francisco pede uma "Igreja em saída" e uma "Igreja de portas abertas", o comunicador cristão também é chamado a fazer esses mesmos movimentos, abrindo portas e janelas, e saindo para o mundo. Muitas vezes, o que falta no trabalho dos comunicadores cristãos é justamente essa abertura, para poder aspirar o "perfume do instante", como define Tolentino, para que se sinta o mundo como ele é, em suas alegrias e tristezas. Com essa abertura, o comunicador cristão também consegue contemplar as pequenas epifanias da graça na vida cotidiana, evitando que sua espiritualidade se encastele, se encasule, se entrincheire, fechando-se ao sopro do Espírito.

Ao contrário, a espiritualidade do comunicador cristão está permeada por um paradoxo que explicita essa abertura e essa saída: diante de uma Palavra que se *faz carne*, o comunicador é chamado, por sua vez, a se *fazer palavra*, a entrar em diálogo. Pois, como já afirmava São Paulo VI em 1964, na sua Encíclica *Ecclesiam Suam* (n. 38), "a Igreja deve entrar em diálogo com o mundo em que vive. A Igreja faz-se palavra, faz-se mensagem, faz-se colóquio", como expressão externa do impulso interno da própria caridade cristã.

NÃO À MUNDANIDADE COMUNICACIONAL

6

Dentre as inúmeras expressões típicas do Papa Francisco, está a "mundanidade espiritual", ou seja, "buscar, em vez da glória do Senhor, a glória humana e o bem-estar pessoal" (Exortação Apostólica *Evangelii Gaudium*, EG, n. 93). E o pontífice já alertou muitas vezes toda a Igreja a evitar essa tendência de cultivar o cuidado da aparência. Mas, em muitos casos, a mundanidade não se restringe ao âmbito espiritual e "transborda" negativamente também para outras dimensões da vida de fé. E quando isso ocorre na missão de um comunicador cristão, em constante contato com a vida pública, acaba sendo "infinitamente mais desastroso do que qualquer outra mundanidade meramente moral" (EG, n. 93).

Na *Evangelii Gaudium* encontramos duas expressões diferentes da mundanidade, que também podem prejudicar a comunicação pastoral. A primeira delas é o *"fascínio do gnosticismo"*, atitude fechada no subjetivismo, em que a pessoa fica "enclausurada na imanência da sua própria razão ou dos seus sentimentos" (EG, n. 94). É a tentação que pode levar a uma pastoral da comunicação "intimista", em que não interessam as pessoas e o mundo "lá fora". Não há impulso missionário, e a comunicação é vista apenas na dimensão "eu e Deus" ou "eu e os meus" (o meu pároco, o meu bispo, o meu fundador, o meu grupo, o meu movimento, a minha paróquia, a minha diocese...). Qualquer ação comunicacional "em saída" é vista com maus olhos.

A outra expressão de mundanidade é o *"neopelagianismo autorreferencial"*, que afeta pessoas que só confiam nas suas próprias forças e se sentem superioras às outras "por cumprirem determinadas normas ou por serem irredutivelmente fiéis a um certo estilo católico próprio do passado", abrindo espaço para um "elitismo narcisista e autoritário" (EG, n. 94). Essa forma de mundanidade, no âmbito da comunicação, pode se expressar naquela mentalidade resignada com os estilos de comunicação do passado: "Sempre se fez assim. Não é bom mudar". Porém, desse modo, a Igreja se transforma em um museu. Essa forma de mundanidade também se explicita naquela necessidade de medir a eficácia da ação comunicacional pastoral em termos quantitativos (em número de público, visualizações, tiragens, "curtidas"...), como se isso bastasse para reconhecermos os frutos da nossa missão. O importante, segundo esse ponto de vista, seria "aparecer".

Em ambos os casos – no gnosticismo e no neopelagianismo –, "nem Jesus Cristo nem os outros interessam verdadeiramente", afirma Francisco. "São manifestações de um imanentismo antropocêntrico. Não é possível imaginar que, dessas formas desvirtuadas do cristianismo, possa brotar um autêntico dinamismo evangelizador" (EG, n. 94).

Há ainda outras expressões da mundanidade, segundo a *Evangelii Gaudium,* que também podem se manifestar no âmbito comunicacional: o "cuidado exibicionista", sem uma real inserção no povo de Deus e nas necessidades concretas da história, o "fascínio de poder mostrar conquistas", as "dinâmicas de autoestima e de realização autorreferencial", uma "densa vida social cheia de viagens, reuniões, jantares, recepções", um "funcionalismo empresarial, carregado de estatísticas, planificações e avaliações, onde o principal beneficiário não é o povo de Deus, mas a Igreja como organização" (EG, n. 95).

Todo comunicador sincero diante de Deus, de si mesmo e da sociedade em geral sabe que todas essas tentações estão muito presentes na vida daqueles que assumem a prática da comunicação como missão pastoral e também como atividade profissional.

Pensemos nas tendências de assumir padrões estéticos e profissionais da grande indústria midiática, simplesmente seguindo a última moda comunicacional, sem qualquer problematização crítica em relação ao que se faz e ao por que se faz; de buscar, desenfreadamente e a qualquer custo, uma maior presença e espaço da Igreja nas mídias de massa locais e nacionais; de usar uma linguagem hermética, um "dialeto" próprio do meu grupo ou movimento, falando sempre para os mesmos, sem ir ao encontro das "periferias" comunicacionais; ou ainda da autopromoção, em que a pessoa se aproveita de toda e qualquer oportunidade para se exibir diante do chefe, do pároco, do bispo, ou se serve dos meios de comunicação católicos para construir carreira e criar uma fama pública junto à sua comunidade.

Essas atitudes não trazem o selo de Cristo encarnado, crucificado e ressuscitado: "Já não há ardor evangélico, mas o gozo espúrio de uma autocomplacência egocêntrica" (EG, n. 95).

Mas também há casos em que os comunicadores cristãos fazem um trabalho de qualidade, com profissionalidade. Nesses casos, o risco pode ser o de um excesso de zelo, substituindo a missão pastoral do comunicador – que se faz "em comunhão com o povo de Deus e em diálogo com a sociedade", como aponta o Diretório de Comunicação da Igreja no Brasil (DCIB, n. 176) – pelo mero planejamento, feito entre quatro paredes, com tudo minimamente calculado e esquematizado, sem deixar quaisquer brechas para os acasos e as surpresas. "Quantas vezes – critica o papa – sonhamos com planos apostólicos expansionistas, meticulosos e bem traçados, típicos de generais derrotados! Assim negamos a nossa história de Igreja, que é gloriosa por ser história de sacrifícios, de esperança, de luta diária, de vida gasta no serviço, de constância no trabalho fadigoso" (EG, n. 96).

Outro exemplo de mundanidade comunicacional é o clericalismo: nos meios de comunicação eclesial há quem acredite que só o clero tem direito de voz pública (ou, no máximo, mas sempre em segundo plano, uma religiosa ou religioso consagrados). O próprio Francisco, porém, criticou essa atitude no dia 4 de outubro de 2013, em visita a Assis, na Itália: "Quando os meios de comunicação falam da Igreja, pensam que a Igreja são os padres, as freiras, os bispos, os cardeais e o papa. Mas a Igreja somos todos nós. E todos nós devemos despojar-nos desta mundanidade: o espírito contrário ao espírito das bem-aventuranças, o espírito contrário ao espírito de Jesus".

A lista de exemplos de mundanidade comunicacional poderia seguir ainda indefinidamente. Contudo, no seu discurso à Associação Corallo, das emissoras católicas italianas, no dia 22 de março de 2014, Francisco resumiu os principais "pecados da mídia" em apenas três: a desinformação, a calúnia, a difamação. A calúnia é "sujar o outro" com mentiras. A difamação é dizer coisas que "tiram a boa fama" de alguém, remoendo coisas do passado que já foram superadas. E a desinformação, segundo o papa, é a mais perigosa: é "dizer as coisas pela metade, aquelas que são mais convenientes para mim, e não dizer a outra metade", como afirmou no dia 22 de março de 2014. Assim, o interlocutor não tem os elementos necessários para fazer um bom julgamento e discernimento.

Mas não são pecados "dos outros": um comunicador cristão também pode fazer o seu exame de consciência e averiguar se, naquela que chama de "comunicação cristã", não está também incorrendo nesses pecados. A calúnia, na comunicação cristã, pode acontecer quando sujamos tudo aquilo que não é cristão, a fim de proteger os interesses da Igreja: "Bons e santos somos nós, o mundo é apenas trevas e ranger de dentes".

A difamação, na comunicação cristã, pode acontecer quando tiramos a boa fama de quem não é cristão, ou é cristão diferente de nós, apenas para que o meu movimento, a minha paróquia, a minha diocese, "os meus" se sobressaiam e fiquem com toda a fama.

A desinformação, na comunicação cristã, pode acontecer quando dizemos apenas aquilo que interessa à instituição eclesiástica, à minha comunidade, ao fundador do meu movimento, ao meu pároco, ao meu bispo, deixando de lado ou acobertando aquilo que pode nos incomodar.

Aos comunicadores cristãos, vale, então, retomar o exame de consciência que o Papa Francisco propôs na homilia da missa matinal na Casa Santa Marta no dia 7 de novembro de 2014: nas minhas ações comunicacionais, "terei algo de mundanidade dentro de mim? Algo de paganismo? Gosto de me gabar? Agrada-me o dinheiro? Gosto do orgulho, da soberba? Onde estão as minhas raízes, ou seja, de onde sou cidadão? Do céu ou da terra? Do mundo ou do espírito mundano?"

Também na comunicação, é preciso pedir, como faz Francisco, que "Deus nos livre de uma Igreja mundana sob vestes espirituais ou pastorais! Essa mundanidade asfixiante cura-se saboreando o ar puro do Espírito Santo, que nos liberta de estarmos centrados em nós mesmos, escondidos em uma aparência religiosa vazia de Deus. Não deixemos que nos roubem o Evangelho!" (EG, n. 97).

Evangelho, aliás, cujo anúncio "à luz do dia e de cima dos telhados" (Mateus 10,27) é a missão de todo bom comunicador e comunicadora.

EVANGELIZAR NÃO É MERCADEJAR

7

Diante da competitividade e da lei do mais forte que marcam a vida social hoje, o Papa Francisco alerta para o risco de a pessoa ser considerada meramente como um bem de consumo, como uma mercadoria a mais que pode ser usada e depois jogada fora. É o que ele chama de "cultura do descartável". Por trás disso, há um sistema econômico desvirtuado, e "essa economia mata" (*Evangelii Gaudium*, EG, n. 53).

Mas um problema ainda maior é quando essa "economia que mata" se infiltra no âmbito do sagrado e da Igreja, confundindo a ação evangelizadora com práticas de um "mercado de bens religiosos", marcado pela "concorrência religiosa", pelas "ações de *marketing* religioso", pela "fidelização" de novos "adeptos", pelas "estratégias de *benchmarking*", pela busca de "visibilidade positiva" e de "aumento de popularidade" das Igrejas e de suas lideranças. Como álibi, costuma-se dizer até que o próprio Jesus foi "o maior *marketeiro* da história", e a cruz – de "escândalo para os judeus e loucura para os pagãos" (1Coríntios 1,23) – se converte no "maior logotipo que conhecemos na história"...

> *Uma das causas dessa situação está na relação estabelecida com o dinheiro, porque aceitamos pacificamente o seu domínio sobre nós e as nossas sociedades. (...) A ambição do poder e do ter não conhece limites. Nesse sistema que tende a fagocitar tudo para aumentar os benefícios, qualquer realidade que seja frágil (...) fica indefesa face aos interesses do mercado divinizado, transformados em regra absoluta. Por detrás dessa atitude, escondem-se a rejeição da ética e a recusa de Deus (EG, n. 55-57).*

Isso não significa que o dinheiro não tem o seu lugar na pastoral. Mas ele não pode ser o eixo central para se pensar a comunicação eclesial. A evangelização não é – nem pode ser – mero *marketing da fé*.

Marketing é uma palavra da moda. Vem de *market*, mercado em inglês. Em bom português, trata-se de "mercadejar". Um dos mais antigos e respeitados departamentos de estudos nessa área, o da Fundação Getúlio Vargas, por exemplo, afirma que o objetivo do *marketing* é "contribuir para ampliar a competitividade e a excelência das empresas", tendo em vista a "satisfação do cliente".

Mas a pergunta é se esse também deveria ser o objetivo da Igreja, que, como afirma o Concílio Ecumênico Vaticano II, na constituição pastoral *Gaudium et Spes* (GS, n. 3), não é movida por "nenhuma ambição terrena", mas unicamente pelo objetivo de "continuar, sob a direção do Espírito Consolador, a obra de Cristo que veio ao mundo para dar testemunho da verdade, para salvar e não para julgar, para servir e não para ser servido".

Como conjugar as perspectivas do *marketing* com o anúncio da Boa-nova, do Reino de Deus anunciado por Jesus, que "esvaziou-se a si mesmo, assumindo a condição de servo" (Filipenses 2,7)? Podemos "mercadejar" o "dom do amor com que Deus vem ao nosso encontro", oferecido "de modo misterioso e gratuito ao ser humano", como afirmou Bento XVI na Encíclica *Deus Caritas Est* (DCE, n. 1)?

As estratégias de "*marketing* religioso" também podem acabar manifestando aquilo que o Papa Francisco chama de "mundanismo espiritual", que, mesmo com "aparências de religiosidade e até mesmo de amor à Igreja", busca, no fundo, "a glória humana e o bem-estar pessoal" ou institucional (EG, n. 93). Ou seja, "uma maneira sutil de procurar 'os próprios interesses, não os interesses de Jesus Cristo'".

Isso não significa ignorar a importância de que a Igreja tenha e busque os recursos necessários para a prática concreta e efetiva da evangelização, que demanda fundos e estruturas materiais. Mas a comunicação da fé não envolve "produtos, preços, praças e promoções", os chamados quatro "Ps" do *marketing*.

Então, como entender a autêntica evangelização como comunicação cristã no contexto da "cultura do descartável", que corre o risco de "fagocitar" o próprio Evangelho como um "produto" a mais nas prateleiras do "mundo atual, com sua múltipla e avassaladora oferta de consumo" (EG, n. 2)?

Eis alguns pontos-chave, oferecidos pela própria tradição da Igreja.

A comunicação cristã é dom

A comunicação cristã não é uma heroica tarefa pessoal, mas sim "obra de Deus. Jesus é o primeiro e o maior evangelizador. Em qualquer forma de evangelização, o primado é sempre de Deus" (EG, n. 12).

Mesmo que tenhamos as melhores táticas, técnicas e estratégias, e até falemos a "língua dos homens e dos anjos", sem a iniciativa divina, tudo é em vão (cf. 1Coríntios 13). Já dizia Paulo VI, na sua encíclica *Evangelii Nuntiandi* (n. 75): "As técnicas da evangelização são boas, obviamente; mas, mesmo as mais aperfeiçoadas não poderiam substituir a ação discreta do Espírito Santo. A preparação mais apurada do evangelizador *nada faz sem Ele*".

A comunicação cristã é um encontro

A comunicação cristã nasce de um encontro com um "outro". Primeiro, um encontro com um "Outro" maiúsculo, "com um acontecimento, com uma Pessoa que dá à vida um novo horizonte" (DCE, n. 7). Um evento que transforma e dá sentido à vida, e a transborda com mais sentido e com mais vida.

E, depois, se alguém acolhe esse amor que lhe devolve o sentido da vida, não consegue deixar de comunicá-lo aos outros, principalmente com a própria vida. É vida que comunica vida.

Por isso, evangelizar é principalmente "testemunhar com alegria e simplicidade o que somos e aquilo em que acreditamos", como tuitou o Papa Francisco no dia 5 de maio de 2014. Ou seja, é fazer com que aquele primeiro encontro pessoal com Jesus se amplie e abrace também outras pessoas.

A comunicação cristã é gratuita

Gratia gratis data, a Graça é dada de graça. A salvação, o amor de Deus, o reino anunciado por Jesus, nada disso pode ser considerado um "produto", porque não demandam qualquer tipo de troca ou retorno. A salvação foi dada na gratuidade do dom e da entrega do próprio Filho. O amor de Deus é desinteressado, é dado "de maneira unilateral, isto é, sem pedir nada em troca", afirma Francisco na mensagem ao 1º Dia Mundial dos Pobres.

Por isso, o foco não deve estar no "melhor reposicionamento" da Igreja no "mercado religioso". A evangelização "tem o seu fundamento último na iniciativa livre e gratuita de Deus" (EG, n. 111) e deve ser "dirigida *gratuitamente*" aos pobres como "destinatários privilegiados do Evangelho" (EG, n. 48). Se acolhemos a Graça "de graça", somos convidados a dá-la também de graça, como diz Jesus (Mateus 10,8), sem interesses.

Deus também acolhe o nosso amor de graça, sem interesses. O dom é superabundante não no sentido do "retorno", da "valorização" ou da "acumulação", mas mediante a sua partilha no serviço a Deus e aos irmãos – estendendo o "dom primeiro" em toda a sua "largura e comprimento, altura e profundidade" (Efésios 3,18) aos outros, como gratuidade ampliada, sem a necessidade de um "contradom".

"A salvação não se compra, não se vende: se dá. É gratuita", afirmou o Papa Francisco em sua homilia do dia 25 de março de 2014.

A comunicação cristã é alterizante

É um movimento de saída ao encontro do Outro divino e também do outro humano. É estar atento ao outro. Mas não se trata de atender as "necessidades" de um "consumidor da fé", para a sua "satisfação completa", como poderia defender o *marketing*. Depois do encontro de Jesus com o jovem rico, este "ficou abatido e foi embora cheio de tristeza" (Mateus 19,16-30; Marcos 10,17-31; Lucas 18,18-30). Jesus subverteu as necessidades pessoais daquele jovem. Mostrou a ele que a "sua" necessidade não devia estar em si mesmo, como busca de uma salvação pessoal, mas devia ser descentralizada, devia estar nos pobres e no seguimento de Jesus. As "suas" necessidades deviam se voltar para as necessidades alheias.

Muitas vezes, evangelizar é frustrar as necessidades do outro, por serem autorreferenciais. A própria conversão, como evangelização pessoal, não é satisfazer as necessidades próprias, mas é colocar-se "em atitude constante de 'saída'" (EG, n. 27), mediante "a dinâmica do êxodo e do dom, de sair de si mesmo" (EG, n. 21).

Como afirma o Documento de Aparecida (n. 145), fruto da V Conferência Geral do Episcopado Latino-Americano e do Caribe, celebrada no Brasil em 2007, "quando cresce no cristão a consciência de pertencer a Cristo, em razão da gratuidade e alegria que produz, cresce também o ímpeto de comunicar a todos o dom desse encontro".

A conclusão é que as estratégias de *marketing* encontram-se em um extremo oposto da comunicação da fé, "que tem o seu fundamento último na iniciativa livre e gratuita de Deus" (EG, n. 111) e que deve ser "dirigida gratuitamente" aos pobres como "destinatários privilegiados do Evangelho" (EG, n. 48). A fé não é uma coisa a ser consumida.

Sabemos muito bem o que certo jovem de Nazaré fez com os vendedores e os compradores no templo de Jerusalém. Com um chicote de cordas derrubou as mesas dos cambistas e os expulsou dizendo: "Não transformem a casa de meu Pai em um mercado" (João 2,16; cf. Marcos 11,17; Lucas 19,46). É o único relato evangélico em que Jesus usa a força física. Por causa dessa sua atitude, "os chefes dos sacerdotes e os doutores da Lei começaram a procurar um modo de matá-lo" (Marcos 11,18; Lucas 19,47).

LIMITES DE UM CATOLICISMO DE MASSA

8

Atualmente, todos os canais abertos de televisão no Brasil transmitem sua programação pelo sinal digital, com "som e imagem de cinema". Essa grande evolução – ou revolução – da televisão brasileira pode nos ajudar a refletir também sobre a qualidade daquilo que é veiculado sobre a Igreja na TV brasileira e sobre a qualidade do "sinal" das próprias TVs católicas no Brasil, não apenas em termos de "som e imagem", mas principalmente de *testemunho cristão* (e alguns de seus possíveis "ruídos").

"Quem dizem as multidões que eu sou?", pergunta Jesus aos discípulos (Lucas 9,18). Não se trata apenas de uma preocupação egocêntrica com a sua autoimagem, mas sim um convite aos discípulos para reconhecerem os frutos da missão do Mestre. Hoje, em um contexto fortemente midiático, poderíamos questionar, parafraseando o Evangelho: "Quem dizem os meios de comunicação que a Igreja é?" Que frutos a Igreja colhe no campo midiático?

A mídia "transforma a maneira de perceber as coisas: a realidade cede lugar àquilo que é exibido por esses meios" (*Diretório de Comunicação da Igreja no Brasil*, DCIB, n. 142). Dizer Igreja, muitas vezes, ainda hoje, é dizer escândalos sexuais ou financeiros, pois, infelizmente, a realidade frequentemente é essa, mas também porque a cobertura de fatos eclesiais e a forma como as notícias são construídas e informadas fomentam uma opinião pública com esse teor, mesmo quando a realidade seja outra. Por isso, ganha importância a necessidade de estabelecer um diálogo com os meios de comunicação não católicos, como pedem os bispos brasileiros no Diretório.

Tal diálogo não é fácil. A grande mídia brasileira, historicamente, tem interesses político-econômicos muito específicos e, por isso, veicula principalmente aquilo que favorece a ela e os seus apoiadores e patrocinadores. O caráter público, muitas vezes, fica em segundo plano, em nome de interesses privados e corporativos. Predomina aquilo que "vende", sempre em favor da massa de "clientes" e "consumidores".

Diante disso, a Igreja sai em desvantagem, especialmente quando defende – nas mais diversas situações – os valores evangélicos do amor ao próximo e da pobreza. Há um choque cultural de fundo. Contudo, o Diretório recomenda uma busca constante de discernimento por parte da Igreja em diálogo com os profissionais da comunicação – muitos deles assumidamente católicos. Só assim será possível elaborar propostas significativas para a promoção dos valores humanos e cristãos, como defende o documento.

Para além da opinião das mídias, contudo, o próprio Jesus desafia a cada um de nós, na nossa comunicação cotidiana: "E vocês, quem dizem que eu sou?" É esse "dizer Jesus" com a nossa vida pessoal que realmente importa e faz a diferença.

Nesse sentido, até 1995, só havia uma emissora católica no Brasil, a Sudoeste, mantida pela Ordem dos Frades Menores, com cobertura no interior do Paraná. Naquele ano, foi inaugurado o primeiro canal católico de abrangência nacional, a Rede Vida. Depois disso surgiram inúmeras outras redes católicas de TV, que hoje ultrapassam uma dezena em todo o Brasil. Elas já alcançam milhões de telespectadores, contando com uma infraestrutura e um nível técnico das produções comparáveis ao dos demais canais comerciais. Hoje, o ambiente midiático católico está amplamente povoado, sendo bastante heterogêneo e complexo.

Um meio de comunicação massivo carrega consigo uma grande riqueza e, ao mesmo tempo, um grande limitador. Riqueza, porque lida com um alcance impressionante e com um poder simbólico gigantesco sobre a cultura nacional e sobre as várias culturas locais. Mas, para poder falar em uma linguagem que um público grande e diverso possa entender, um canal de TV precisa simplificar e padronizar seus conteúdos (neste caso, a fé cristã) em uma "média" que possa ser recebida por um telespectador médio (neste caso, um "católico médio").

E isso pode gerar muitos "ruídos" para a comunicação católica de massa.

Superficialismo e barateamento

Um primeiro ruído da comunicação católica, muitas vezes, é o risco de *superficialismo* nos conteúdos e no modo de construí-los. "Dilui-se" a mensagem cristã para atender ao grande público, o que pode acabar empobrecendo a própria ação evangelizadora dos canais católicos. Muitas vezes, eles oferecem aos telespectadores apenas "leite" e não "alimento sólido" sobre a fé (cf. Hebreus 5,11-14).

Também podem transformar em "norma" para todo o país certos modelos pastorais e litúrgicos ou certos estilos de "ser católico" demasiadamente específicos a uma determinada região ou a um determinado grupo eclesial. Isso pode levar ao esquecimento ou até ao menosprezo de outros modelos e estilos que enriquecem a diversidade característica do catolicismo, especialmente em um país continental como o Brasil.

55

Também não basta um bom conteúdo católico de um programa específico, se a grade de programação do canal como um todo denuncia uma ênfase em aspectos que se distanciam da fé cristã. Entra em jogo aqui a presença de intervalos entre os programas excessivamente voltados ao puro negócio e à venda de produtos.

É claro, manter um canal em TV aberta não é barato. Mas até que ponto vale a pena estabelecer parcerias publicitárias com certas empresas e produtos que barateiam e empobrecem a fé, que beiram o engodo, que desmentem a simplicidade e a veracidade daquele jovem galileu a quem a Igreja segue? Para que e, mais importante, *para quem* se busca manter um canal de TV católico no ar?

Proselitismo e sectarismo

Há ainda o risco dos ruídos provocados por um certo *proselitismo* na linguagem televisiva católica, quando esta só sabe falar "catoliquês", muitas vezes marcado pelo mero devocionalismo e por uma experiência religiosa individualista, fundamentalista, que pode beirar até a manipulação do sagrado. No extremo, pode-se chegar a um *"sectarismo católico"*, em que se fala "sempre o mesmo para os mesmos", em que cada movimento, cada congregação, cada diocese busca "traduzir" o catolicismo à sua maneira, segundo o seu linguajar, sem levar em conta a unidade na diversidade da Igreja. O risco é que isso gere dispersão (senão até divergência e confronto) entre católicos sobre questões comuns a toda a Igreja, o que pode ser um contratestemunho.

O principal desafio, portanto, é *falar a linguagem do mundo sem ser do mundo*. Falar "catoliquês" para católicos – quase sempre os mesmos – é fácil e, infelizmente, pouco cristão. Somos chamados pelo próprio Jesus a "ir por *todo o mundo*", não só ao "mundo católico". Bento XVI, na homilia de abertura da Conferência de Aparecida, no Brasil, em 13 de maio de 2007, já afirmou: "A Igreja não faz proselitismo. Ela cresce muito mais por *'atração'*".

Isso encontra uma interessante consonância com aquilo que a própria Constituição brasileira, em seu artigo 221, pede às emissoras de televisão, isto é, que a produção e a programação atendam também a finalidades educativas, artísticas, culturais e informativas, promovendo especialmente a cultura regional. Nesse sentido, uma programação "100% religiosa" e centrada apenas na cultura de uma região do Brasil estaria desrespeitando não só princípios constitucionais, mas também a própria missão da Igreja, como apontada pelo Papa Bento XVI.

Em tempos de uma "Igreja em saída", como deseja o Papa Francisco, a presença da Igreja em mídias não católicas também assume uma grande relevância. Mas tal presença "exige prudência, permanente atenção e competência"

(n. 143), aponta o Diretório, para que a mídia possa ser transfigurada em lugar de testemunho e anúncio do Evangelho, e não de autopromoção pessoal ou institucional.

Comparativamente, por um lado, existem mídias católicas que são tão *seculares* que a única diferença com as mídias não católicas é a transmissão da missa. Por outro, existem mídias católicas que são tão *sectárias* que a única semelhança com as mídias não católicas são as propagandas. Além disso, existem mídias católicas que são tão *"neopentecostais"* que a única diferença com os canais neopentecostais é a presença da imagem de Maria...

Para além do sectarismo religioso, as mídias católicas também não podem se deixar instrumentalizar pelo "sectarismo político" do partidarismo, mas também não podem negar a importância na vida social da própria política, a "mais alta forma de caridade", como dizia São Paulo VI. Nesse sentido, podemos questionar se, sobre questões-chave no contexto nacional, como a situação política brasileira, a Amazônia, os desempregados e os empobrecidos, existe uma sintonia entre os canais católicos, em termos de posicionamento editorial. A "lente" para ler os fatos é a Doutrina Social da Igreja? Segue-se o magistério do Papa Francisco e da CNBB, quando esta toma uma posição como colégio episcopal?

Clericalismo e exibicionismo

Existem ainda os riscos do *clericalismo* televisivo, como o fenômeno dos chamados "padres midiáticos". Sem dúvida, eles cumprem o seu papel na cultura católica brasileira (embora seja pertinente frisar que, em outros países, esse "sujeito eclesial" seria inconcebível). Eles ajudam a anunciar a fé católica e a traduzi-la para o grande público de uma forma mais próxima da vida comum do cidadão médio, "falando e cantando aos corações", como se costuma dizer.

O problema, novamente, é quando um certo estilo de "ser padre" começa a se impor como norma para toda a Igreja, tornando quase obrigatório socialmente que os demais sacerdotes assumam esse estilo. Isso pode até impedir que outros estilos sacerdotais sejam bem aceitos nas comunidades locais. Essa padronização é extremamente empobrecedora para a Igreja.

Por outro lado, há o problema da fama pessoal. O fato de alguém "aparecer na TV", para o senso comum, já indica certa "aura" de extraordinariedade nessa pessoa. Quando se trata de um presbítero, isso pode reforçar o imaginário popular do padre como uma "autoridade" em si mesmo, para além de suas verdadeiras qualidades pessoais e espirituais.

A relação padre-fiel – na mídia e fora dela – não deveria ser de "fanatismo", "idolatria" ou "veneração", pois é uma relação de fraternidade, de um caminhar juntos entre irmãos na fé. Todos os cristãos, clérigos ou não, compartilham o mesmo Batismo e a mesma vocação de discípulos-missionários, como afirma o Documento de Aparecida. Somos todos "servos inúteis" (cf. Lucas 17,10).

O "padre-estrela" ou o "católico-estrela" também é constantemente cercado pela tentação do *exibicionismo*. O risco é anunciar apenas a si mesmo (os gostos pessoais, a própria imagem, vestuário, corte de cabelo...), em uma "*eu*-vangelização" pouco cristã. Evangelizar é outra coisa, é inserir-se na ação comunicacional de um Outro, que nos precede e nos supera. Como disse o Papa Francisco em sua entrevista coletiva no voo de volta de Bangladesh, em novembro de 2017, evangelizar é "viver o Evangelho e testemunhar como se vive o Evangelho", nas telas e fora delas.

Uma comunicação católica, não apenas na TV, deve se explicitar tanto na sua abrangência (uma comunicação "universal", que dialoga realmente *com todos e todas*) quanto na sua unidade (e não uniformidade) de pensamento e prática, à luz do Evangelho. A Igreja, nesse sentido, é em si mesma uma "mídia", pois tudo o que ela faz (ou deixa de fazer) é comunicação, seja no âmbito televisivo ou fora dele.

As mídias não são nem essenciais nem acessórias à evangelização hoje. A televisão, por exemplo, pode *colaborar na missão*, mas a missão da Igreja *não é fazer televisão*. Se Gil Scott-Heron cantou nos anos de 1970 que "a revolução não será televisionada", pode-se dizer o mesmo sobre a salvação, porque a graça de Deus sempre supera, ultrapassa e suplanta toda e qualquer mediação.

PARTE II

A ALEGRIA DE COMUNICAR: O PAPA FRANCISCO E A COMUNICAÇÃO

A COMUNICAÇÃO DO PAPA FRANCISCO, DOS GESTOS ÀS PALAVRAS

9

Desde a sua eleição, o Papa Francisco tem sido um exemplo da íntima ligação entre palavra e gesto, discurso e ação, anúncio e testemunho, reflexão e prática – em suma, um exemplo da autêntica *práxis* comunicacional. Seus ditos e feitos revelam, por sua vez, um *jeito* de comunicar muito inspirador para cada cristã e cristão.

Com muitos gestos e palavras, já no seu primeiro ano de pontificado, Francisco foi revolucionando a comunicação da figura papal e da própria Igreja, convidando – pelo seu testemunho – a construir uma "cultura do encontro" e, dessa forma, a desconstruir a "globalização da indiferença".

Mas que dinâmicas e lógicas permeiam a comunicação do Papa Francisco?

São inúmeras as palavras e os gestos que explicitam o estilo comunicacional de Francisco, já nos seus primeiros momentos como pontífice, logo nos primeiros meses de 2013, e que continuam gravados em nossa memória. Além daqueles que destacaremos em seguida, podemos citar:

- o fato de ter pago a própria conta na Casa Santa Marta após o conclave que o elegeu e de ter ido embora no mesmo ônibus que os demais cardeais;
- sua primeira celebração da Quinta-feira Santa, na qual lavou os pés de jovens detentos italianos, incluindo dois muçulmanos;
- a coroa de flores lançada no Mar Mediterrâneo, em homenagem aos milhares de migrantes afogados, a maioria africanos, em sua busca desesperada de um futuro melhor na tentativa de alcançar a ilha de Lampedusa, no sul da Itália;
- os vários telefonemas diretos, sem passar por secretários ou telefonistas, a pessoas comuns que lhe enviaram cartas ou cuja situação lhe comoveu, como o irmão de um empresário italiano assassinado, ou

uma mãe solteira que desistiu de abortar, ou uma jovem argentina vítima de estupro;

- os tuítes frequentes e o seu reconhecimento pelo estudo *Twiplomacy* como o líder mundial mais influente e o segundo mais seguido no Twitter naquele ano (atrás apenas de Barack Obama);
- um vídeo gravado em primeira pessoa para os fiéis de Buenos Aires por ocasião da festa de São Caetano;
- a sua maleta preta, carregada por ele mesmo, ao subir no avião para a viagem ao Brasil para a Jornada Mundial da Juventude;
- a janela aberta pelo papa dentro de um carro popular pelas ruas do Rio de Janeiro, para desespero das equipes de segurança;
- a escolha de um papamóvel sem vidros blindados ("Eu não poderia vir ver este povo que tem um coração tão grande atrás de uma caixa de vidro", diria ele em entrevista);
- os *mates* tomados pelo caminho, oferecidos por pessoas comuns, aumentando o desespero das equipes de segurança;
- a vigília de jejum e oração pela paz na Síria e no mundo inteiro;
- os beijos e abraços dados com generosidade a crianças e doentes por todos os lugares em que passava. E...

A lista poderia seguir por páginas e mais páginas. E isso que estamos falando apenas dos primeiros momentos do pontificado...

O estilo comunicacional de Francisco também continua a se expressar naquilo que ele *pensa e fala* sobre a comunicação – ou a partir daquilo que ele pensa e fala em geral, mas que pode oferecer intuições valiosas para o agir comunicacional de toda a Igreja. Uma síntese desse estilo comunicacional do papa pode ser encontrada no tema proposto por ele para a sua primeira mensagem ao Dia Mundial das Comunicações Sociais, celebrado em 2014: *"Comunicação a serviço de uma autêntica cultura do encontro"*. Trata-se de uma cultura, segundo o texto, que "requer que estejamos dispostos não só a dar, mas também a receber de outros". Uma cultura da reciprocidade.

Tendo em vista o serviço a essa cultura, qual o papel da comunicação? E, a partir do exemplo do papa, quais são as dinâmicas e as lógicas comunicacionais que colaboram com a construção dessa cultura?

Retomar seus inúmeros e surpreendentes gestos e palavras ao longo dos anos renderia uma biblioteca inteira. Aqui, quero me deter sobre cinco momentos-chave, apenas no seu primeiro ano de pontificado, que explicitam intuições de Francisco para o agir comunicacional de toda a Igreja, encarnadas no *encontro-diálogo sem exclusão*.

O nome e a inclinação

Naquele dia 13 de março de 2013, com a eleição do então arcebispo de Buenos Aires, Jorge Mario Bergoglio (1936-), foi eleito um papa de "inéditos": o primeiro papa não europeu desde o ano 741, o primeiro papa latino-americano, o primeiro papa jesuíta. Mas o que mais sacudiu o mundo religioso – mas não só – foi o nome, também inédito em toda a história dos pontífices católicos, assumido por esse novo papa: *Francisco*.

Assumir esse nome significava uma referência direta a um dos santos mais populares do catolicismo, São Francisco de Assis. Não à toa, tal santo é também conhecido como o "Pobrezinho de Assis", dado o seu estilo de vida marcado pela pobreza, pela sobriedade, pela abnegação. Também é um santo reconhecido pela sua íntima relação com a natureza, tendo sido também o autor de uma das obras literárias mais famosas nesse âmbito, o *Cântico do Irmão Sol*.

De acordo com o próprio papa, o nome foi escolhido logo após o fim da eleição, ainda no conclave, quando o cardeal brasileiro Cláudio Hummes, frei menor franciscano e arcebispo emérito de São Paulo, grande amigo de Bergoglio, abraçou-o e beijou-o felicitando pela eleição, e lhe disse: "Não se esqueça dos pobres!" O pontífice recém-eleito, então, logo pensou em Francisco de Assis, "o homem da pobreza, o homem da paz, um homem que ama e cuida da criação", revelou ele aos jornalistas poucos dias depois do conclave.

Do ponto de vista comunicacional, a escolha e o anúncio desse nome também foi uma verdadeira revolução – antes mesmo da primeira aparição pública do novo pontífice e de qualquer palavra por ele proferida. Tratava-se não apenas de uma nomenclatura, de um apelativo, mas sim de um verdadeiro "programa de governo" ou, melhor, de um *programa comunicacional* do novo papado, ao buscar se identificar com os sentidos e significados ligados ao Santo de Assis. Tudo o que veio depois ao longo do pontificado foi consequência, primeiramente, dessa escolha disruptiva de um nome que "dava nome" a um novo jeito de ser papa e de praticar o papado – e, portanto, a uma nova identidade para o próprio catolicismo mundial.

Essa escolha, por sua vez, encontrou sua primeira "encarnação" comunicacional explícita na primeira aparição e nas primeiras palavras do novo papa. Minutos depois do anúncio de que havia sido eleito um novo pontífice, e de que o escolhido era Jorge Mario Bergoglio, e de que ele havia assumido como nome Francisco, eis que o recém-eleito pontífice romano aparece na varanda da Basílica de São Pedro, no Vaticano. Diante da ovação da multidão ali presente, Francisco a saudou simplesmente com um leve aceno com a mão direita, entre atônito, hesitante e emocionado.

Ao microfone, em seguida, ele disse as suas primeiras e históricas palavras: *"Fratelli e sorelle, buonasera"* ("Irmãos e irmãs, boa noite"). É nessas suas primeiras palavras – tão banais e pouco solenes à primeira vista quanto extremamente densas e significativas – que se explicita a potência comunicacional do papa, que já havia sido revelada com o anúncio do nome assumido.

Logo após essas primeiras palavras, ele continuou dizendo às pessoas ali presentes – e às milhões que acompanhavam mundialmente – que "começamos este caminho: bispo e povo", um caminho de "fraternidade, de amor, de confiança", juntos. Sua identificação com Francisco se mostrou com ainda mais força aqui, pois ele não se afirma como "papa", nem como "pontífice": é um *bispo*. Um bispo que não está isolado, nem entrincheirado, nem encastelado: é um bispo que *caminha com o povo*.

Em seguida, ele subverteu a tradicional bênção papal *Urbi et Orbi* (sobre a cidade e sobre o mundo): "E agora gostaria de dar a bênção, mas antes... antes, peço-lhes um favor: antes que o bispo abençoe o povo, peço-lhes que rezem ao Senhor para que me abençoe; a oração do povo, pedindo a bênção para o seu bispo. Façamos em silêncio essa oração de vocês por mim". E inclinou-se diante do povo. Com esse gesto, Francisco reconheceu esse "outro" multitudinário que estava à sua frente – o "povo" –, pessoas diferentes dele mesmo, que também têm algo a oferecer, que são *co-comunicadoras*, também e principalmente no silêncio orante.

E, ao encerrar a noite, disse um simples e natural "Boa noite e bom descanso!", estabelecendo uma comunicação direta e humana entre pessoas que compartilham os mesmos desejos e necessidades, como dormir e descansar. A mesma humanidade.

O primeiro encontro com comunicadores

Outro momento foi o encontro com os representantes dos meios de comunicação logo após o conclave, no dia 16 de março de 2013. Diante dos jornalistas de praticamente o mundo inteiro que acompanharam todo o desenrolar da eleição papal, desde a renúncia de Bento XVI até a escolha de José Mario Bergoglio, o Papa Francisco reconhece que os meios de comunicação se tornaram "indispensáveis para narrar ao mundo os acontecimentos da história contemporânea".

Para o pontífice, os acontecimentos da história exigem uma leitura complexa, e a dimensão da fé é uma perspectiva central, um importante "horizonte interpretativo" para bem entendê-los. E reconhece uma sintonia no trabalho dos comunicadores com a ação da Igreja, comunicadora da Boa-nova: o cuidado especial pela verdade, a bondade e a beleza – que, para a Igreja, são primordialmente uma pessoa, Jesus, e, por isso, não somos chamados a comunicar a nós mesmos.

Mas essas palavras se somaram a um gesto de extrema importância ao fim da audiência. O protocolo dizia que, terminado o encontro, o papa deveria conceder a sua bênção aos presentes traçando o Sinal da Cruz. Mas Francisco surpreendeu ao afirmar: "Eu disse a vocês que daria de coração a bênção. Como muitos de vocês não pertencem à Igreja Católica e outros não são crentes, de coração eu dou esta bênção *em silêncio*, a cada um de vocês, *respeitando a consciência de cada um*, mas sabendo que cada um de vocês é filho de Deus. Que Deus os abençoe!" E simplesmente levantou a mão direita para se despedir.

Assim, somando gesto e ação, Francisco reiterou a necessidade, para uma comunicação realmente humana, de reconhecer a existência de um "outro", que é totalmente diferente de nós, que não compartilha necessariamente tudo o que somos e pensamos, mas que merece o mesmo respeito de "filho de Deus". Por isso, o silêncio, às vezes, é a melhor comunicação.

E a ação evangelizadora da Igreja deve começar justamente a partir do reconhecimento dessa alteridade. Missão, no rastro de Francisco de Assis, é "encontrar, ouvir, dialogar, ajudar, espalhar fé e amor. Sobretudo amor", disse o pontífice na entrevista concedida ao jornal italiano *La Repubblica*, no dia 1° de outubro de 2013. Por isso, "o proselitismo é uma solene bobagem *[sciochezza]*. Não tem sentido", exclamou. "É preciso – continuou Francisco – conhecer-se, ouvir-se e fazer crescer o conhecimento do mundo que nos circunda."

Na sua homilia da missa matinal desse mesmo dia, Francisco reafirmou essa ideia: "A Igreja, dizia-nos Bento XVI, não cresce por proselitismo, cresce por atração, por testemunho. E quando as pessoas, os povos veem este testemunho de humildade, de mansidão, sentem a necessidade de que fala o Profeta Zacarias: 'Queremos ir com vocês!' As pessoas sentem essa necessidade diante do testemunho da caridade humilde, sem prepotência, não suficiente, que adora e serve".

O encontro, portanto, nasce do reconhecimento da existência de um "outro" com o qual se constrói um diálogo.

A primeira entrevista televisiva

Um terceiro momento foi a primeira entrevista concedida pelo papa a um canal de televisão, especificamente ao jornalista brasileiro Gerson Camarotti, exibida pela Rede Globo no dia 28 de julho de 2013. Nela, Francisco sintetiza os seus principais gestos desde o início do pontificado e especialmente ao longo da viagem ao Brasil.

Ao falar sobre o carro com o vidro abaixado andando pelas ruas do Rio de Janeiro, ele afirmou: "Ou tudo ou nada. Ou a gente faz a viagem como deve ser feita, com comunicação humana, ou não se faz. *Comunicação pela metade não faz bem*". E essa comunicação humana radical, segundo Francisco, encontra uma metáfora especial na figura da mãe: "A Igreja é mãe, e nem você nem eu conhecemos uma mãe por correspondência. A mãe dá carinho, toca, beija, ama. Quando a Igreja, ocupada com mil coisas, se descuida dessa proximidade, se descuida disso e só se comunica com documentos, é como uma mãe que se comunica com seu filho por carta. (...) Vou repetir esta imagem. A mãe faz assim com o filho: cuida, beija, acaricia e o alimenta. Não por correspondência".

O encontro, portanto, demanda uma entrega radical, sem escudos nem barreiras.

A primeira carta aberta

Um quarto momento foi a carta aberta endereçada ao diretor-fundador do jornal italiano *La Repubblica*, o jornalista Eugenio Scalfari. Personalidade proeminente da *intelligentsia* italiana e ateu assumido, Scalfari trava uma luta histórica em defesa da laicidade do Estado, tendo sido deputado pelo Partido Socialista Italiano e fundado um dos principais jornais italianos. Em diversas ocasiões, ele escreveu cartas abertas a Bento XVI e, em 2013, dois artigos dirigidos pessoalmente a Francisco, questionando – às vezes asperamente – alguns ensinamentos e posicionamentos da Igreja. Em um gesto histórico e sem precedentes, Francisco respondeu ao jornalista com uma carta aberta, publicada no mesmo jornal.

Nela, o pontífice abordou as diversas perguntas do jornalista, centrando-se nas dúvidas sobre a figura histórica de Jesus. E reconheceu a importância central do diálogo sobre a fé, "individualmente, mas também para a sociedade em que vivemos". E até abriu seu coração ao falar de sua experiência pessoal de Deus.

Retomando o Concílio Ecumênico Vaticano II, o papa afirmou que "chegou agora o tempo (...) de um diálogo aberto e sem preconceitos que reabra as portas para um sério e fecundo encontro" entre a Igreja e a cultura contemporânea. Para poder estabelecer tal diálogo, segundo Francisco, é preciso reconhecer a verdade não a partir de sua dualidade absoluta/relativa, mas sim como *relacional*: para a fé cristã, a verdade é "o amor de Deus por nós em Jesus Cristo. Portanto, a verdade é uma relação!", afirmou. Por isso, "para começar, eu não falaria, nem mesmo para quem crê, em verdade 'absoluta', no sentido de que absoluto é aquilo que é desvinculado, aquilo que é privado de toda relação".

Só a partir desse reconhecimento é possível estabelecer um "diálogo sereno e construtivo" com a cultura, sem aprioris que o engessem e o transformem em monólogo. Assim, a alteridade, a diversidade e a verdade do outro ajudam a descobrir a identidade, a unidade e a verdade do nosso próprio ser. Na conclusão, o papa convida o jornalista a acolher as suas reflexões "como a *resposta tentativa e provisória*, mas sincera e confiante, ao convite de fazer um trecho de estrada juntos".

E assim é toda comunicação: *tentativa* e *provisória*, visto que não controlamos nem o nosso próprio discurso – que sempre é posto em circulação em um caldo cultural que nos inclui, mas nos supera –, nem o nosso interlocutor – que sempre é um "outro" por excelência, que age de forma ativa, produtiva e criativa, jamais passiva, ao que lhe oferecemos.

O encontro, portanto, é abrir-se ao outro para dar sem perder, receber sem tirar e agir sem medo de errar.

A primeira entrevista impressa

Um quinto momento foi a sua longa entrevista concedida às principais revistas jesuítas do mundo, em conversa com o padre jesuíta italiano Antonio Spadaro, diretor da revista *La Civiltà Cattolica*, publicada no dia 19 de setembro de 2013. Em um tom extremamente pessoal ao longo de todas as suas respostas, Francisco explicita o seu estilo comunicacional de proximidade e encontro pessoal: "Não estou acostumado às massas. (...) Sem gente eu não posso viver. Eu preciso viver a minha vida junto dos outros".

Na conversa, Francisco retomou a importância do "diálogo com todos, mesmo com os mais distantes e os adversários". Por isso, afirmou, em termos eclesiais, "a primeira reforma deve ser a da *atitude*. Os ministros do Evangelho devem ser capazes de aquecer o coração das pessoas, de caminhar na noite com elas, de *saber dialogar* (...). O povo de Deus quer pastores e não funcionários ou clérigos de Estado".

Por outro lado, trata-se de um estilo humilde e aberto: "Se uma pessoa diz que encontrou Deus com certeza total e não aflora uma margem de incerteza, então não está bem. Para mim, esta é uma chave importante. Se alguém tem a resposta a todas as perguntas, esta é a prova de que Deus não está com ela. Quer dizer que é um falso profeta, que usa a religião para si próprio. (...) Deve-se entrar na aventura da procura do encontro e do deixar-se procurar e deixar-se encontrar por Deus".

Para o papa, a atitude deve mudar diante de contextos novos, pois "o homem, com o tempo, muda o modo de perceber a si mesmo (...). Também as formas de expressão da verdade *podem ser multiformes, e isto é necessário* para a transmissão da mensagem evangélica no seu significado imutável". Trata-se, assim, de uma comunicação que sabe atualizar e diversificar seus meios e mediações diante de cada novo contexto e situação.

O encontro, portanto, é uma atitude criativa e sempre nova.

Um quinto e último momento a ser destacado entre os primeiros gestos do papado de Francisco foi o discurso do papa na Plenária do então Pontifício Conselho para as Comunicações Sociais, no dia 21 de setembro de 2013. Diante dos principais responsáveis pela comunicação da Igreja Católica mundial, o papa reiterou a comunicação não como um "setor" da Igreja, mas sim como uma "dimensão existencial".

E lançou o convite: "Em cada situação, *para além das tecnologias*, acredito que o objetivo é o de saber se inserir no diálogo com os homens e as mulheres de hoje, para compreender as suas expectativas, dúvidas, esperanças". Nesse sentido, o desafio diante da Igreja não é de ordem técnica ou tecnológica: "No contexto da comunicação, é preciso uma Igreja que consiga levar calor, inflamar o coração. A nossa presença, as nossas iniciativas sabem responder a essa exigência ou permanecemos meros técnicos?", questionou Francisco.

A atenção e a presença da Igreja no mundo da comunicação devem estar voltadas para "dialogar com o homem de hoje e levá-lo ao encontro com Cristo", que é um encontro pessoal. É preciso lembrar que "a Igreja é mãe", como disse o papa, uma mãe que dá carinho, toca, beija. Para Francisco, portanto, uma comunicação plena, radical, "por inteiro", é aquela que envolve todos os sentidos humanos, não sendo apenas um contato teórico ou a distância, mas sim uma comunicação *encarnada na realidade, na ação e na relação.*

Ao contribuir com esse encontro entre as pessoas e Cristo, é preciso ter a consciência, segundo o papa, "de que nós somos meios e que o problema fundamental não é a aquisição de tecnologias sofisticadas, embora necessárias para uma presença atual e válida" da Igreja na cultura atual. A questão é sermos *coartífices* de uma comunicação em que o verdadeiro Artífice, segundo Francisco, é "o Deus em quem acreditamos, um Deus apaixonado pelo homem", que "quer se manifestar através dos nossos meios, ainda que pobres, porque *é Ele que opera, é Ele que transforma, é Ele que salva a vida do homem*".

O encontro, portanto, é um gesto humano que encarna o Amor divino.

O "Magistério comunicacional" de Francisco – centrado no diálogo com todos e encarnado em seus sorrisos, abraços, telefonemas, cartas, entrevistas... – nos desafia e nos serve de bússola para encontrar os caminhos, em cada contexto específico, que levem à construção de uma autêntica "cultura do encontro".

EVANGELII GAUDIUM: UM ESTILO EVANGELIZADOR PARA A COMUNICAÇÃO DA FÉ HOJE

10

Nos seus primeiros meses de pontificado e no encerramento do Ano da Fé, no dia 24 de novembro de 2013, o Papa Francisco publicou o primeiro documento magisterial de sua total autoria (já que a sua primeira encíclica, *Lumen Fidei*, havia sido deixada quase pronta por Bento XVI, que não conseguiu publicá-la antes da renúncia). Trata-se da Exortação Apostólica *Evangelii Gaudium*, "a alegria do Evangelho".

Nela, encontramos o "projeto" do pontificado de Francisco, não como um programa já pronto, mas como o passo inicial de um caminho coletivo, a ser feito como comunidade eclesial, de *conversão pastoral*. Por isso, trata-se de um texto muito inspirador também do ponto de vista da comunicação a ser praticada pela "Igreja em saída missionária" (EG, n. 17) sonhada pelo papa.

Antes de refletir sobre os aspectos comunicacionais da exortação, vejamos algumas de suas características principais.

O texto em seu contexto

A *Evangelii Gaudium* é fruto da 13ª Assembleia Geral Ordinária do Sínodo dos Bispos sobre a *"A nova evangelização para a transmissão da fé cristã"*, que reuniu 170 bispos do mundo inteiro em Roma em outubro de 2012. É uma verdadeira carta de princípios do papado de Francisco: um documento que tem um significado programático e consequências importantes para a Igreja.

Nele Francisco convida a Igreja a uma "nova etapa evangelizadora" marcada precisamente pela alegria do Evangelho. E essa alegria nasce do encontro com Jesus, que liberta a pessoa do isolamento: portanto, trata-se de uma "alegria que se renova e *comunica*" (EG, n. 1), afirma o papa.

A *Evangelii Gaudium* tem 288 parágrafos, distribuídos em mais de 200 páginas, divididas em cinco capítulos, além da introdução. Está dividida nos seguintes capítulos: 1) *"A transformação missionária da Igreja"*; 2) *"Na crise do compromisso comunitário"*; 3) *"O anúncio do Evangelho"*; 4) *"A dimensão social da Evangelização"*; e 5) *"Evangelizadores com espírito"*.

No documento, recolhe-se "a riqueza dos trabalhos do Sínodo", para expressar, segundo Francisco, "as preocupações que me movem neste momento concreto da obra evangelizadora da Igreja" (EG, n. 16), especialmente em torno da ação missionária, que é o paradigma de toda a obra eclesial, segundo o papa. Nesse contexto, o documento convida a Igreja a avançar no caminho de uma conversão pastoral e missionária, "que não pode deixar as coisas como estão" (EG, n. 25).

O objetivo é propor um *estilo evangelizador* para a Igreja, em toda e qualquer atividade que se realize, marcada por uma constante bem precisa: "Alegrai-vos sempre no Senhor! De novo vos digo: alegrai-vos!" (Filipenses 4,4; n. 18).

Muito além dos conteúdos abordados – que veremos em seguida, a partir de um olhar comunicacional – chamam a atenção o *estilo comunicativo do próprio texto papal*, a forma e a linguagem utilizadas por Francisco na exortação para falar sobre o anúncio do Evangelho.

Forma e linguagem

O papa assume que os documentos em geral não despertam o mesmo interesse que em outras épocas e são até rapidamente esquecidos. Diante dessas enormes e velozes mudanças culturais, é preciso tentar expressar as verdades de sempre em uma linguagem nova e inovadora. Portanto, se tudo na Igreja deve ser feito em chave missionária, isso também diz respeito à "maneira de *comunicar a mensagem*" (EG, n. 34) – começando pela própria *Evangelii Gaudium*. Vejamos alguns elementos centrais desse estilo comunicativo do texto.

Na *Evangelii Gaudium*, essa maneira de comunicar envolve, primeiramente, um *processo dialogal*. Para escrever o texto, Francisco afirma ter consultado várias pessoas. E também afirma que não se deve esperar do papa uma palavra completa, final e definitiva sobre tudo, pois ele não quer substituir os episcopados locais no discernimento de suas problemáticas específicas (cf. EG, n. 16).

Aí desponta um elemento dialogal inovador que se explicita também no documento: ao longo do texto, pois o papa não apenas não quer substituir os episcopados, mas também busca dialogar com eles, citando vários documentos de outras conferências episcopais. Dizendo e fazendo ao mesmo tempo,

Francisco põe em prática, textualmente, a "salutar descentralização" (EG, n. 16) que ele deseja para a Igreja e o papado. O papa não fala sozinho, do alto da sua "torre de marfim", mas sim na companhia, por exemplo, dos bispos da América Latina, da África, da Ásia, dos Estados Unidos, da França, da Oceania, do Brasil, das Filipinas, do Congo, da Índia.

Ao longo do texto, outros interlocutores de Francisco vão se destacando: os papas Bento XVI – o mais citado de todos –, Paulo VI, João Paulo II e João XXIII; os santos Tomás de Aquino, Agostinho, João da Cruz, Francisco de Assis, Pedro Fabro e Juan Diego; e o teólogo ítalo-alemão Romano Guardini, sobre o qual o então Padre Jorge Mario Bergoglio, nos anos de 1980, começou uma tese de doutorado na Universidade de Filosofia e Teologia Sankt Georgen, em Frankfurt, na Alemanha.

Com relação à linguagem do texto, as palavras mais usadas e repetidas revelam as ênfases dadas pelo papa para falar da evangelização sob o prisma da alegria do Evangelho: a palavra mais citada é "vida" (293 vezes), seguida por "Deus" (260), "Igreja" (240), "povo" (163), "todos" (142), "Jesus" (134), "fé" (128), "Evangelho" (120), "amor" (120) e "Cristo" (106).

Além do aspecto dialogal, Francisco convida a prestar uma atenção especial à "via da beleza" (*via pulchritudinis*). O desafio do anúncio da fé, nesse sentido, é comunicá-la em uma nova *linguagem parabólica*: "É preciso ter a coragem de encontrar os novos sinais, os novos símbolos, uma nova carne para a transmissão da Palavra, as diversas formas de beleza que se manifestam em diferentes âmbitos culturais" (EG, n. 167).

E aqui também Francisco é pródigo no dizer e no fazer, por meio de novas parábolas e figuras de linguagem que ajudam a aprofundar a reflexão. Apenas alguns exemplos:

- "Há cristãos que parecem ter escolhido viver uma 'Quaresma sem Páscoa'" (EG, n. 6).
- "Um evangelizador não deveria ter constantemente uma 'cara de funeral'" (EG, n. 10).
- "Aos sacerdotes, lembro que o confessionário não deve ser uma 'câmara de tortura', mas o lugar da misericórdia do Senhor que nos incentiva a praticar o bem possível" (EG, n. 44).
- "A Eucaristia (...) não é um 'prêmio' para os perfeitos, mas um 'remédio' generoso e um 'alimento' para os fracos" (EG, n. 47).
- "Muitas vezes agimos como controladores da graça e não como facilitadores. Mas a Igreja não é uma "alfândega"; é a casa paterna, onde há lugar para todos com a sua vida fatigante" (EG, n. 47).
- "'A psicologia do túmulo' (...) pouco a pouco transforma os cristãos em 'múmias de museu'" (EG, n. 83).

- "Uma das tentações mais sérias que sufoca o fervor e a ousadia é a sensação de derrota que nos transforma em pessimistas lamurientos e desencantados com 'cara de vinagre'" (EG, n. 85).
- "Deus nos livre de uma Igreja mundana sob 'vestes espirituais ou pastorais!'" (EG, n. 97).

Em tais expressões, é possível perceber a visão da experiência e da comunidade cristãs que permeia a proposta do papado de Francisco.

A forma do documento também está muito embebida em um ponto extremamente relevante da sua substância comunicativa, aquilo que Francisco chama de "renovação eclesial inadiável" e de "conversão pastoral". "Sonho com uma opção missionária capaz de transformar tudo, para que os costumes, os estilos, os horários, a linguagem e toda a estrutura eclesial se tornem um canal proporcionado mais à evangelização do mundo atual que à autopreservação". E, segundo Francisco, a própria reforma da Igreja, em suas várias estruturas, só pode ser entendida assim: fazer com que a pastoral, em todas as suas instâncias, "seja *mais comunicativa e aberta*" (EG, n. 27), colocando os agentes de pastoral em atitude constante de "saída".

A alegria de comunicar Jesus Cristo também leva a Igreja a uma saída constante para as periferias e para os novos âmbitos socioculturais. Do ponto de vista comunicacional, essa pastoral em saída emerge na *Evangelii Gaudium* principalmente na tensão e inter-relação entre três movimentos de comunicação e abertura eclesiais ressaltados pelo pontífice ao longo do documento: o *encontro*, o *diálogo* e o *anúncio*.

Queremos aqui repassar algumas especificidades comunicacionais de cada uma dessas realidades.

Encontro: sair do isolamento

O documento nasce de uma reflexão sobre a nova evangelização para a transmissão da fé cristã, portanto, sobre o anúncio do Evangelho hoje. Um anúncio alegre que desperta alegria nos demais, um anúncio de vida digna, plena, abundante, que jorra do coração de Deus.

Esse anúncio só é possível quando surge de um *primeiro encontro*, de um *encontro primordial*, segundo Francisco: "Não me cansarei de repetir estas palavras de Bento XVI que nos levam ao centro do Evangelho: 'Ao início do ser cristão, não há uma decisão ética ou uma grande ideia, mas o *encontro com um acontecimento, com uma Pessoa* que dá à vida um novo horizonte e, desta forma, o rumo decisivo'" (EG, n. 7).

PARTE II – A ALEGRIA DE COMUNICAR: O PAPA FRANCISCO E A COMUNICAÇÃO

Se alguém acolhe esse amor divino que devolve o sentido e a alegria da vida, como pode conter o desejo de comunicá-lo aos outros?, pergunta Francisco. O (re)encontro com o amor de Deus nos resgata da nossa "consciência isolada e da autorreferencialidade" (EG, n. 8).

O mundo atual, ao contrário, é marcado por uma tristeza individualista, segundo o papa. Assim, a pessoa se fecha nos próprios interesses e não abre espaço para os outros, muito menos para os pobres e para Deus. Mas a comunicação da fé leva a sair do isolamento e a se abrir ao encontro. "Sair de si mesmo para se unir aos outros faz bem. Fechar-se em si mesmo é provar o veneno amargo da imanência, e a humanidade perderá com cada opção egoísta que fizermos" (EG, n. 87).

Seja na sua origem, seja também no seu desdobrar-se, a ação evangelizadora mantém seu vigor no encontro: com Deus e com os outros. Não se trata de uma heroica tarefa pessoal, mas, acima de tudo, de uma *obra de Deus*, um anúncio que nasce e se mantém no encontro com Ele, e ao qual nos somamos como prolongadores junto às pessoas que nos rodeiam. Porque Jesus mesmo é o primeiro e o maior evangelizador. "Em qualquer forma de evangelização, o primado é sempre de Deus" (EG, n. 12).

Nesse processo de comunicação da fé, para superar o isolamento e o individualismo que marcam a cultura contemporânea, é preciso criatividade e liberdade, ou, poderíamos dizer, uma "criatividade livre" e uma "liberdade criativa". São dons que o Espírito nos infunde, a partir do próprio agir de Jesus.

Ele mesmo sempre rompe os "esquemas enfadonhos em que pretendemos aprisioná-lo e surpreende-nos com a sua constante *criatividade divina*" (EG, n. 11). E, assim como a semente que é lançada na terra cresce por si mesma, mesmo quando o agricultor está dormindo (cf. Marcos 4,26-29), a Palavra também se manifesta pela sua *liberdade incontrolável (...) que é eficaz a seu modo e sob formas tão variadas que muitas vezes nos escapam*, superando as nossas previsões e quebrando os nossos esquemas" (EG, n. 22).

Como prolongadores da comunicação divina, estamos em relação com um Deus que é sempre "Outro", que é sempre novidade, que sempre nos surpreende.

A Igreja em saída, pedida pelo papa, é uma Igreja que tem o "cheiro das ovelhas", porque "entra na vida diária dos outros, encurta as distâncias, abaixa-se – se for necessário – até à humilhação e assume a vida humana, tocando a carne sofredora de Cristo no povo" (EG, n. 24).

Para isso, é uma Igreja "com as portas abertas", para poder sair em direção aos outros e para chegar às periferias humanas, existenciais, geográficas. Entre as periferias destacadas na *Evangelii Gaudium*, três "outros" se destacam. Em primeiro lugar, o *pobre*.

73

Diz o papa: "Hoje e sempre, os pobres são os destinatários privilegiados do Evangelho, e a evangelização dirigida gratuitamente a eles é sinal do Reino que Jesus veio trazer. Há que afirmar sem rodeios que existe um vínculo indissolúvel entre a nossa fé e os pobres. Não os deixemos jamais sozinhos!" (EG, n. 48). Por isso, continua Francisco, "desejo uma Igreja pobre para os pobres. Estes têm muito para nos ensinar" (EG, n. 198). Sem a opção preferencial pelos pobres, o anúncio do Evangelho corre o risco de se afogar em um mar de palavras que nada diz à sociedade contemporânea, já "afogada" em um oceano de informações.

A *opção pelos últimos*, por aqueles e aquelas que a sociedade descarta, exclui, joga fora, é um sinal e uma presença que nunca deve faltar quando se busca manifestar a beleza do Evangelho. Em primeiro lugar, "é necessário que todos nos *deixemos evangelizar por eles*. A nova evangelização é um convite a reconhecer a força salvífica das suas vidas, e a colocá-los no centro do caminho da Igreja" (EG, n. 198). Por isso, continua o papa, a Igreja é chamada a escutá-los, a descobrir Cristo neles, porque existe uma "misteriosa sabedoria que Deus nos quer comunicar através deles".

Um segundo "outro" é a *mulher*. As mulheres, segundo Francisco, são duplamente pobres, ao padecer situações de exclusão, maus-tratos e violência e tendo frequentemente menores possibilidades de defender os próprios direitos. A Igreja, por sua vez, reconhece a indispensável contribuição da mulher na sociedade, com sua sensibilidade e sua intuição próprias. "Mas ainda é preciso ampliar os espaços para uma presença feminina mais incisiva na Igreja" (EG, n. 103), especialmente nos âmbitos em que se tomam as decisões sobre a vida eclesial, assim como nos próprios meios e processos de comunicação da Igreja.

Por fim, um terceiro "outro" são os *migrantes*. Junto com os sem-teto, os toxicodependentes, os refugiados, os povos indígenas, os idosos, os migrantes "representam um desafio especial para mim – afirma Francisco –, por ser pastor de uma Igreja sem fronteiras que se sente mãe de todos" (EG, n. 210). O papa exorta as comunidades a uma abertura generosa, sem desconfiança e sem medo de que suas identidades locais possam ser destruídas. Ao contrário, o convite é valorizar a criação de novas sínteses culturais, a partir da integração dos que são diferentes.

Em suma, também nas práticas de comunicação, é preciso aprender a aceitar e a acolher os outros no seu jeito de ser, de pensar, de se expressar e de viver, mesmo que diferente. Aceitar a alteridade na sua diferença. Viver esse encontro com os outros como "*fraternidade mística*, contemplativa, que sabe ver a *grandeza sagrada do próximo*" (EG, n. 92) e que nos cura do nosso egoísmo e egocentrismo.

Diálogo: comunicação entre corações

Para Francisco, a comunicação da fé implica também um caminho de diálogo. E o diálogo "é muito mais do que a comunicação de uma verdade. Realiza-se pelo prazer de falar e pelo bem concreto que se comunica através das palavras entre aqueles que se amam. É um bem que não consiste em coisas, mas *nas próprias pessoas que mutuamente se dão no diálogo*". Trata-se de uma "comunicação entre os corações" (EG, n. 142).

Em um anúncio respeitoso e amável do Evangelho, o papa afirma que o primeiro momento é um *diálogo pessoal*, no qual cada um pode se expressar e compartilhar as suas alegrias, as suas tristezas, as suas esperanças, as suas preocupações e tudo aquilo que preenche o seu coração. Só depois dessa conversa é que se pode apresentar a Palavra. Afinal, "somos peregrinos, e peregrinamos juntos. Para isso, devemos abrir o coração ao companheiro de estrada sem medos nem desconfianças" (EG, n. 244).

Tudo começa com um diálogo propriamente *humano*, a partir do húmus que constitui a todos nós: ou seja, uma conversa sobre a vida humana, estando aberto aos outros para compartilhar a mesma humanidade que nos une. "Assim aprendemos a aceitar os outros, na sua maneira diferente de ser, de pensar e de se exprimir" (EG, n. 250).

Para dialogar, é preciso desenvolver a *arte de escutar*, que, segundo Francisco, é mais do que ouvir. Escutar, na comunicação com o outro, "é a capacidade do coração que torna possível a proximidade, sem a qual não existe um verdadeiro encontro espiritual" (EG, n. 171). Portanto, não se trata de ficar numa mera condição de espectador: escutar é ação ativa, respeitosa, compassiva, paciente, para identificar o gesto e a palavra oportunos diante daquilo que escutamos.

Essa escuta do outro permite descobrir principalmente aquilo que as pessoas precisam ouvir. "Um pregador é um contemplativo da Palavra e também um contemplativo do povo (...) Nunca se deve responder a perguntas que ninguém se põe" (EG, n. 154-155). O diálogo, portanto, *começa no outro*, na expressão do outro.

Como desdobramento da escuta, Francisco destaca duas grandes modalidades de diálogo para a Igreja. Um primeiro diálogo necessário é o *intraeclesial*. Como exemplo concreto e litúrgico, o papa faz uma longa reflexão sobre a homilia (EG, n. 135-159), que é justamente uma retomada do diálogo já estabelecido entre o Senhor e o seu povo. A pregação, em sentido amplo – não só do clérigo, mas também de todo discípulo-missionário –, deve partir primeiramente da vivência pessoal de diálogo com o Senhor: "Quem quiser pregar, deve primeiro estar disposto a deixar-se tocar pela Palavra e fazê-la carne na sua vida concreta" (EG, n. 150). Também é preciso preparação, pois "um pregador que não se prepara não é 'espiritual': é desonesto e irresponsável quanto aos dons que recebeu" (EG, n. 145).

Outro diálogo essencial é o *extraeclesial*. Isso envolve mais decisivamente o outro, o diferente, as diversas culturas e povos, na sua diferença. Como grandes interlocutores da comunidade cristã, eles também são sujeitos ativos, agentes da evangelização, porque, muitas vezes, "o povo se evangeliza continuamente a si mesmo" (EG, n. 122). É nos diferentes povos que experimentam o dom de Deus segundo a própria cultura, afirma Francisco, que a Igreja "exprime a sua genuína catolicidade e mostra 'a beleza deste rosto pluriforme'" (EG, n. 116).

Por isso, o papa critica aqueles que, no interior da Igreja, sonham com uma doutrina monolítica, sem nuanças, sem diversidade de expressão. A própria vida de Jesus e a história da Igreja nos levam a reconhecer que "não faria justiça à lógica da encarnação pensar num cristianismo monocultural e monocórdico" (EG, n. 117).

Segundo o papa, ao contrário, a diversidade cultural é um dom e não uma ameaça para a comunicação da fé, pois o mistério da redenção de Cristo não se esgota em uma única cultura. O próprio Espírito Santo "suscita uma abundante e diversificada riqueza de dons e, ao mesmo tempo, constrói *uma unidade que nunca é uniformidade, mas multiforme harmonia que atrai*" (EG, n. 117). Por isso, o diálogo com a variedade de expressões culturais (e até mesmo eclesiais) ajuda a manifestar e a desenvolver melhor os diversos aspectos dessa riqueza abundante e inesgotável do Evangelho.

Daí a importância do *diálogo cultural*, que, na perspectiva da comunicação da fé, pode ser entendido como *inculturação*. Mas não apenas no sentido de evangelizar as culturas. Francisco inverte essa noção, convidando a Igreja se *deixar evangelizar pelas culturas*. Pela inculturação, diz o papa, "a Igreja *introduz os povos com as suas culturas na sua própria comunidade*, porque cada cultura oferece *formas e valores positivos* que podem enriquecer o modo como o Evangelho é pregado, compreendido e vivido" (EG, n. 116).

Uma comunicação inculturada busca perceber nas próprias culturas e povos aquilo que há de positivo e que pode enriquecer a evangelização, introduzindo tais valores na experiência e no estilo eclesial. Significa encontrar o modo de comunicar Jesus que *corresponda à situação de cada pessoa, de cada povo e de cada cultura*, em suas especificidades e diferenças.

Para respeitar a diversidade cultural e promover a inculturação, é preciso abandonar qualquer perspectiva colonialista ou impositiva. Nesse sentido,

Francisco alerta para o papel dos meios de comunicação, muitas vezes geridos por empresas sediadas no Norte do mundo e que, por isso, ao verem o mundo a partir desse ponto de vista, nem sempre levam em conta as prioridades e os problemas específicos dos demais países, ignorando a sua fisionomia cultural própria.

Além do diálogo pessoal, eclesial e cultural, destaca-se na *Evangelii Gaudium* a perspectiva do *diálogo social*, que é fundamental para a construção da paz na sociedade e no mundo. Francisco convoca a Igreja a três campos de diálogo social principais: com os Estados; com a sociedade, as culturas e as ciências; e com os outros fiéis que não fazem parte da Igreja Católica. Por meio desses contatos, a Igreja contribui com a edificação de uma *cultura dialogante*, que privilegia "o diálogo como forma de encontro", e, assim, de "uma sociedade justa, capaz de memória e sem exclusões" (EG, n. 239).

Por fim, Francisco não deixa de ressaltar o vínculo essencial entre diálogo e anúncio. Não se trata de buscar uma abertura diplomática com quem não crê, muito menos um sincretismo conciliador com quem crê de modo diferente. A verdadeira abertura, explica o papa, envolve *firmeza* nas próprias convicções mais profundas, em uma identidade clara e feliz, mas também *disponibilidade* para compreender as convicções do outro, sabendo que o diálogo pode enriquecer a ambos.

Anúncio: partilhar uma alegria

Para além do encontro e do diálogo, os cristãos têm o dever de *anunciar* o Evangelho. O anúncio se encarna em um "estilo missionário, que chegue realmente a todos sem exceções nem exclusões" (EG, n. 35), *"sem excluir ninguém"* (EG, n. 14). E é o anúncio de uma *boa notícia*, ou seja, marcado por uma linguagem positiva, que sempre oferece esperança, orienta para o futuro, sem se deixar aprisionar pela negatividade. O comunicador cristão não deve ser alguém que impõe uma obrigação, mas sim alguém que *"partilha uma alegria*, indica um horizonte estupendo, oferece um banquete apetecível" (EG, n. 14).

Anunciar o Evangelho, segundo o papa, não é uma obra pessoal, e os frutos da comunicação da fé não são méritos exclusivos do missionário. Por um lado, retomando as palavras de Bento XVI, "é sempre importante saber que a primeira palavra, a iniciativa verdadeira, a atividade verdadeira *vem de Deus* e só inserindo-nos nesta iniciativa divina, só implorando esta iniciativa divina, podemos nos tornar também – com Ele e nele – evangelizadores" (EG, n. 112).

Por outro lado, é *todo o povo de Deus que anuncia o Evangelho*, manifestando, pelo exemplo e pelo testemunho, a comunhão cristã. O sujeito da comunicação da fé é mais do que a instituição eclesiástica. É, acima de tudo, "um povo que peregrina para Deus" (EG, 111), que tem uma concretização histórica, mas sempre transcende toda a expressão institucional. "Ninguém se salva sozinho, isto é, nem como indivíduo isolado, nem por suas próprias forças. Deus nos atrai, no respeito da complexa *trama de relações interpessoais* que a vida numa comunidade humana supõe" (EG, n. 113). Por isso, Francisco fala em uma "comunidade" missionária e evangelizadora, porque sabe que é toda a Igreja, na comunhão dos discípulos-missionários, que evangeliza.

Essa comunidade, esse "povo" tem muitos rostos, muitas modalidades culturais. Por isso, o cristianismo assume também o rosto das diversas culturas. A própria expressão da verdade pode ser multiforme, relembra Francisco. "Não podemos pretender que todos os povos dos vários continentes, ao exprimir a fé cristã, imitem as modalidades adotadas pelos povos europeus num determinado momento da história, porque a fé não se pode confinar dentro dos limites de compreensão e expressão de uma cultura" (EG, n. 118).

Embora o anúncio tenha um sujeito coletivo que é o povo de Deus, essa missão também "compete a todos como tarefa diária: é cada um levar o Evangelho às pessoas com quem se encontra, tanto aos mais íntimos como aos desconhecidos" (EG, n. 127). Essa pregação informal pode ser realizada durante uma conversa na rua, na praça, no trabalho, no caminho – e também nas mídias e plataformas digitais em que nos relacionamos e estamos presentes.

Contudo, em um mundo marcado pela velocidade da comunicação, a mensagem anunciada pela Igreja corre o risco de ser "mutilada e reduzida a alguns dos seus aspectos secundários" (EG, 34), que não manifestam aquilo que realmente importa na mensagem de Jesus. Mas, por outro lado, o papa reconhece que o fato de usar uma linguagem totalmente ortodoxa sobre a fé também não significa que os fiéis receberão o verdadeiro Evangelho, porque a linguagem que eles usam, muitas vezes, não lhes permite entender aquilo que é anunciado. Ao contrário, "com a santa intenção de lhes comunicar a verdade sobre Deus e o ser humano, em algumas ocasiões, damos-lhes um falso deus ou um ideal humano que não é verdadeiramente cristão" (EG, n. 41).

A comunicação da fé, portanto, não deve se confundir com uma "transmissão desarticulada de uma imensidão de doutrinas que se tentam impor à força de insistência" (EG, n. 36). É preciso se concentrar naquilo que é essencial, mais importante, mais atraente e, ao mesmo tempo, mais necessário: *"A beleza do amor salvífico de Deus manifestado em Jesus Cristo morto e ressuscitado"*.

Isso demanda uma proporção adequada nas temáticas abordadas pela Igreja e nas ênfases dadas. Por exemplo, diz Francisco, se um pároco, durante um ano litúrgico, fala dez vezes sobre a temperança e apenas duas ou três vezes sobre a caridade ou sobre a justiça, há aí uma desproporção, que obscurece e escanteia aquelas virtudes que deveriam estar mais presentes na pregação e na catequese. "E o mesmo acontece quando se fala mais da lei do que da graça, mais da Igreja do que de Jesus Cristo, mais do papa do que da Palavra de Deus" (EG, n. 38).

Em suma, "a Igreja não cresce por proselitismo, mas 'por atração'" (EG, n. 14), afirma o papa, citando a célebre frase do Papa Emérito Bento XVI. São as obras e os gestos de toda a Igreja, como comunidade missionária, que podem despertar a atenção e o interesse das pessoas. Quando as pessoas veem o testemunho de "comunidades autenticamente fraternas e reconciliadas, isso é sempre uma luz que atrai" (EG, n. 100).

O anúncio também tem implicações sociais. Não é mero discurso filosofante ou teologizante. A verdadeira comunicação da fé, segundo Francisco, é aquela que nos leva a sair de nós mesmos para procurar o bem de todos. Evangelizar é "comunicar a vida aos demais" (EG, n. 10). Desse modo,

> *à medida que Ele conseguir reinar entre nós, a vida social será um espaço de fraternidade, de justiça, de paz, de dignidade para todos. Por isso, tanto o anúncio como a experiência cristã tendem a provocar consequências sociais (EG, n. 180).*

Do ponto de vista da evangelização, portanto, é preciso haver relação entre a espiritualidade e o compromisso social, que se articulam e se expressam na vida e no testemunho do evangelizador. De pouco adiantam as propostas místicas desprovidas de um compromisso social e missionário, assim como os discursos e as ações sociais e pastorais sem uma espiritualidade profunda. O anúncio do Evangelho, nos passos de Jesus, leva ao "amor fraterno, ao serviço humilde e generoso, à justiça, à misericórdia para com o pobre" (EG, n. 194).

Em poucas palavras, e numa bela síntese de Francisco, *"evangelizar é tornar o Reino de Deus presente no mundo"* (EG, n. 176).

Além disso, todos somos chamados a *crescer como evangelizadores*, pois o Evangelho sempre nos precede e nos excede, e o Espírito sopra onde quer e não sabemos de onde vem nem para onde vai (cf. João 3,8). Não somos donos da verdade, não temos a sua posse, mas, pelo contrário, somos "possuídos" pela Verdade. Por isso, a Igreja não evangeliza se não se deixa continuamente evangelizar: "Todos devemos deixar que os outros nos evangelizem constantemente" (EG, n. 121).

Chega-se, assim, à *mística do comunicador* proposta por Francisco. Em um tempo em que a humanidade vive progressos inéditos, diz o papa, as enormes possibilidades de comunicação que temos à disposição hoje podem se traduzir em novas oportunidades de encontro e solidariedade entre todos. Por isso, a comunicadora e o comunicador cristãos assumem "o desafio de descobrir e transmitir a *'mística' de viver juntos*, misturar-nos, encontrar-nos, dar o braço, apoiar-nos, participar nesta maré um pouco caótica que pode transformar-se numa verdadeira experiência de fraternidade, numa caravana solidária, numa peregrinação sagrada" (EG, n. 87).

Encontro, diálogo e anúncio, por sua vez, desdobram-se a partir da articulação de quatro eixos tensionadores que balizam o pensamento-ação de Francisco.

Os quatro princípios da comunicação

Depois de delinear esse horizonte bastante amplo da ação evangelizadora da Igreja, o papa reconhece os limites e os riscos possíveis ao se tentar encarnar esse estilo evangelizador em todas as atividades da Igreja.

Mas Francisco não aceita desculpas esfarrapadas diante dos desafios da evangelização: "A pastoral em chave missionária exige o abandono deste cômodo critério pastoral: 'sempre se fez assim'" (EG, n. 33). A nossa imperfeição também não deve servir de justificativa. A missão deve ser um estímulo constante para não nos acomodarmos na mediocridade, afirma o papa. E também não podemos usar como subterfúgio os desafios da contemporaneidade. "Não digamos que hoje é mais difícil. *É diferente*" (EG, n. 263). Além disso, a mera autoconfiança e os voluntarismos não ajudam na comunicação da fé. Pelo contrário, é um equívoco sonhar com "planos apostólicos expansionistas, meticulosos e bem traçados, típicos de generais derrotados" (n. 96).

O importante é *tentar* – é o que o papa parece dizer. A ação evangelizadora, na sua tensão encontro-diálogo-anúncio, é tentativa: "O abrir-se ao outro tem algo de *artesanal*" (EG, n. 244). Por isso, Francisco prefere "uma Igreja acidentada, ferida e enlameada por ter saído pelas estradas, a uma Igreja enferma pelo fechamento e a comodidade de se agarrar às próprias seguranças" (EG, n. 49).

A própria história de Igreja marcada por sacrifícios, lutas diárias, trabalhos fatigantes, pelo "suor do nosso rosto". E na comunicação da fé não é diferente. A evangelização sempre procura "comunicar *cada vez melhor* a verdade do Evangelho" (EG, n. 45), embora se movendo entre as limitações da linguagem e das circunstâncias sociais e culturais. Mas essa superação não surge por causa dos nossos esforços pessoais. Essa força vem do Espírito Santo: só ele pode "renovar, sacudir, impelir a Igreja em uma decidida saída para fora de si mesma a fim de evangelizar todos os povos" (EG, n. 261).

A saída eclesial leva a Igreja a ajudar também na construção do bem comum e da paz social. Isso se dá na colaboração para o desenvolvimento de "uma cultura do encontro numa harmonia pluriforme" (EG, n. 220). Para isso, o papa destaca quatro princípios relacionados com tensões próprias de toda a realidade social e que orientam o desenvolvimento dessa convivência social e da construção de um povo em que as diferenças se harmonizam dentro de um projeto comum. Portanto, trata-se de princípios que têm muito a ver com a própria comunicação, em sentido amplo.

O primeiro deles é: *"O tempo é superior ao espaço"*. Em sentido comunicacional, significa "trabalhar a longo prazo, sem a obsessão pelos resultados imediatos" (EG, n. 223), respeitando as mudanças de planos que o dinamismo da realidade impõe. Para isso, segundo Francisco, é preciso dar prioridade ao tempo dos *processos*, e não privilegiar os espaços de poder, de autoafirmação, de fama, de visibilidade. "Dar prioridade ao tempo é ocupar-se mais com iniciar processos do que possuir espaços. (...) Trata-se de privilegiar as ações que *geram novos dinamismos na sociedade"*, explica o papa. Para isso, é importante pensar a comunicação eclesial não como fim em si mesma, como ocupação de espaços públicos, mas sim como um processo que estabelece relações, que vincula ações diversas entre os vários agentes eclesiais e sociais, em prol da construção do Reino de justiça, paz e amor desejado por Jesus.

O segundo princípio afirma: *"A unidade é superior ao conflito"*. Aqui também a comunicação desempenha um papel fundamental, para não ignorar nem dissimular os conflitos, as disputas de sentido, as narrativas contrastantes, mas sim para *aceitá-los*, segundo Francisco. O papa convida, justamente, a "aceitar suportar o conflito, resolvê-lo e transformá-lo no 'elo de ligação' de um novo processo" (EG, n. 227). Por meio de uma comunicação baseada na solidariedade entre os interagentes, todos os conflitos, tensões e opostos podem alcançar uma "unidade multifacetada que gera nova vida", afirma o papa, pois até mesmo as próprias polaridades em contraste possuem potencialidades. Assim, é possível desenvolver uma *"comunhão nas diferenças"*, construir a "amizade social" (EG, n. 228), selar um "pacto cultural que faça surgir uma 'diversidade reconciliada'" (EG, n. 230). O próprio Cristo, diz o papa, uniu céu e terra, Deus e homem, tempo e eternidade, carne e espírito, pessoa e sociedade. A comunicação se soma a esse movimento para superar as dicotomias e as divergências, buscando trabalhar as diferenças e tensioná-las. Essa unidade é fruto do Espírito, que "harmoniza todas as diversidades. Supera qualquer conflito numa nova e promissora síntese" (EG, n. 230).

Em terceiro lugar, Francisco apresenta o seguinte princípio: *"A realidade é mais importante do que a ideia"*. Trata-se de promover um "diálogo constante" entre essas duas realidades, "evitando que a ideia acabe por separar-se da realidade", pois "é perigoso viver no reino só da palavra, da imagem, do sofisma" (EG, n. 231). Também em nível comunicacional, é preciso buscar "encarnar a palavra", porque "o critério da realidade, de uma Palavra já encarnada e sempre procurando encarnar-se, é essencial à evangelização". Isso passa pela *inculturação do Evangelho* na vida dos povos e das culturas, e também pela ação de *pôr em prática a Palavra*, realizando obras de justiça e caridade. Pois "não pôr em prática, não levar à realidade a Palavra é construir sobre a areia, permanecer na pura ideia e degenerar em intimismos e gnosticismos que não dão fruto, que esterilizam o seu dinamismo" (EG, n. 233).

Por fim, o quarto princípio diz: *"O todo é superior à parte"*. Existe uma tensão entre globalização e localização, que se explicita muito fortemente também na comunicação. "É preciso prestar atenção à dimensão global para não cair numa mesquinha cotidianidade. Ao mesmo tempo convém não perder de vista o que é local, que nos faz caminhar com os pés por terra" (EG, n. 234). Trata-se de trabalhar naquilo que é pequeno e está próximo, mas com uma perspectiva mais ampla. Nesse sentido, Francisco apresenta como modelo o poliedro em contraposição à esfera, em que cada ponto é equidistante do centro e não há diferenças entre um ponto e o outro. O poliedro, ao contrário, "reflete a confluência de todas as partes que nele mantêm a sua originalidade" (EG, n. 236). Assim também deve ser a comunicação, que deve permitir a expressão das potencialidades *de todos e de cada um*, sem exclusões, pois "até mesmo as pessoas que possam ser criticadas pelos seus erros têm algo a oferecer que não se deve perder". E isso também vale para a Igreja e a comunicação evangelizadora, pois "a Boa-nova é a alegria de um Pai que não quer que se perca nenhum dos seus pequeninos" (EG, n. 237).

Em suma, a *Evangelii Gaudium* é um documento abrangente e programático para a vida eclesial neste período histórico. Uma exortação que traz a marca da *alegria* pela presença de Deus junto ao seu povo e da *liberdade*, da *diversidade*, da *pluralidade* e da *multiplicidade* dos fiéis que se deixam conduzir pelo Espírito Santo e nele encontram a unidade, sem particularismos nem exclusivismos (cf. EG, n. 131).

A esperança sincera é de que essas palavras se façam "carne comunicacional" no meio de nós, para a alegria do mundo.

LAUDATO SI': DESAFIOS E POSSIBILIDADES DE UMA ECOLOGIA COMUNICACIONAL

11

"Louvado sejas, meu Senhor, pela nossa irmã, a mãe Terra." Essas palavras de Francisco de Assis, no século XIII, são retomadas por outro Francisco, bispo de Roma, no século XXI, como inspiração para a sua Encíclica *Laudato Si'* ("Louvado sejas"), publicada no dia 24 de maio de 2015, festa de Pentecostes.

Trata-se de um documento inovador e histórico, sendo o primeiro texto pontifício totalmente dedicado à ecologia em toda a história da Igreja. Por isso, é uma verdadeira "virada ecológica" no âmbito católico, contribuindo de modo especial para a compreensão e a vivência daquilo que Francisco chama de "ecologia integral".

Nesse sentido, a "encíclica verde", como foi chamada, também oferece muitas contribuições para uma compreensão mais profunda da comunicação, entendida como um verdadeiro processo *ecológico* (do grego *oikos*, casa, ambiente comum, e *logos*, estudo, saber, sentido). Pois a comunicação é a força motriz que permite que "tudo esteja interligado", como reitera o papa na encíclica. É a comunicação que favorece a constituição e a manutenção do ambiente social e cultural em que vivemos.

Por isso, aqui, quero reler a encíclica a partir da comunicação, analisando primeiramente os eixos comunicativos internos do texto, depois os circuitos comunicacionais com os quais se articula e, por fim, a própria visão bergogliana sobre os processos de comunicação.

A comunicação da encíclica

A *Laudato Si'* (LS) é um documento amplo, dividido em seis capítulos e 246 parágrafos, distribuídos em quase 200 páginas. O idioma do título já é uma inovação, pois não se trata de uma expressão em latim, língua (cada vez menos) oficial da Igreja: a frase vem do italiano arcaico, do século XII, tempos de Francisco de Assis.

Ao longo da encíclica, Francisco dialoga com inúmeros interlocutores, começando pela Sagrada Escritura, pelos documentos do Concílio Ecumênico Vaticano II, passando por diversos santos e doutores da Igreja (de São Francisco de Assis a Santa Teresa de Lisieux), e pelos seus antecessores no papado, principalmente João Paulo II (citado 36 vezes) e Bento XVI (26 vezes).

Ele também retoma o pensamento de vários autores provenientes de ciências e experiências diversas, como o escritor italiano Dante Alighieri, o filósofo protestante francês Paul Ricoeur, o teólogo e padre ítalo-alemão Romano Guardini, o paleontólogo e padre jesuíta francês Teilhard de Chardin, o teólogo e padre jesuíta argentino Juan Carlos Scannone e o mestre espiritual islâmico Ali Al-Khawwas. Assim, a encíclica assume diversas contribuições – católicas mas também ecumênicas, religiosas mas também seculares –, inserindo-as no magistério social da Igreja, dentro do qual o documento se insere, enriquecendo-o.

Também são inúmeras as citações de documentos das mais diversas Conferências Episcopais de todo o mundo, de dezenas de países: África do Sul, Alemanha, Argentina, Austrália, Bolívia, Canadá, Estados Unidos, Filipinas, Japão, México, Nova Zelândia, Paraguai, Portugal, República Dominicana – além da Conferência Nacional dos Bispos do Brasil (CNBB), com o seu documento de estudo *A Igreja e a questão ecológica* (1992), citado duas vezes. O Conselho Episcopal Latino-Americano (Celam) e a Federação das Conferências Episcopais da Ásia (FABC) também são mencionados.

De todas as citações, 22 são de órgãos episcopais, mais de 12% do total, sinal de colegialidade também em nível magisterial. Recolhendo e reunindo as reflexões das diversas Igrejas locais em um documento que passa a compor o magistério eclesial, Francisco, em primeiro lugar, diversifica e descentraliza o pensamento da Igreja, harmonizando as mais diversas perspectivas geográficas e culturais sobre o tema da criação. E, segundo, também concede um peso maior a tais contribuições, reconhecendo e elevando as reflexões e as teologias locais como parte do próprio ensinamento de toda a Igreja, em um magistério concretamente sinodal e colegial.

Trata-se ainda de um documento fortemente ecumênico. Pela primeira vez em um texto magisterial, o pensamento não católico é citado e apropriado. Francisco dedica nada menos do que três parágrafos (LS, n. 7, 8, e 9) do primeiro capítulo – reunidos no entretítulo *Unidos por uma preocupação comum* – ao pensamento e à ação do Patriarca Ecumênico Bartolomeu, da Igreja Ortodoxa, reconhecido pela sua atuação ecológica e apelidado, por isso, de "patriarca verde".

A *Laudato Si'* também não se restringe à Igreja, nem mesmo apenas a um público cristão: sinal disso é a primeira das duas orações finais da encíclica, escrita em linguagem inter-religiosa, podendo ser rezada pelos fiéis de outras tradições religiosas que acreditam em Deus.

Mas, principalmente, destaca-se a inédita presença do pensamento islâmico no interior do magistério católico: o mestre espiritual islâmico Ali Al-Khawwas é citado, mesmo que em nota de rodapé, dentro da reflexão sobre a presença do mistério em cada elemento da criação, ou, nas palavras do pensador muçulmano, "o 'segredo' sutil em cada um dos movimentos e dos sons deste mundo". Também são citadas várias vezes declarações de organizações civis e órgãos governamentais internacionais, como a *Declaração do Rio* (1992) e a *Carta da Terra* (2000).

Além disso, o papa não dirige a sua carta de modo tradicional aos bispos, aos presbíteros, aos diáconos, às pessoas consagradas, aos fiéis leigos e a "todos os homens de boa vontade", a quem os papas anteriores haviam dedicado os seus textos. Tendo em vista a deterioração global do ambiente, Francisco se dirige explicitamente a um público muito mais amplo: "A cada pessoa que habita neste planeta" (LS, n. 3).

Assim, Francisco "desce" da sua cátedra para "elevar" – reconhecendo e assumindo – a reflexão de outras culturas e de outros "fins de mundo" além da sua Argentina. E dá as mãos às mais diversas contribuições, de dentro e de fora da Igreja. Dessa forma, o papa pode se dirigir com credibilidade a todas as pessoas e a cada uma delas, cristãs e não cristãs, sem exclusões nem privilégios, para falar de um tema tão compartilhado quanto a "casa comum".

Em seu texto, a *Laudato Si'* vincula ecologicamente as "três relações fundamentais intimamente ligadas: as relações com Deus, com o próximo e com a terra" (LS, n. 66), inclusive no seu discurso. Sinal disso são as expressões mais utilizadas pelo pontífice ao longo da encíclica: "vida" (236 vezes); "humano/humana" (227); "Deus" (158); "mundo" (148); "pessoa" (101); "ambiente" (95); "terra/terreno/território" (94); "meio" (88).

Para além desses aspectos gerais em torno da comunicação da encíclica, também vale a pena ver como Francisco *pensa a comunicação* na *Laudato Si'*.

Em uma perspectiva geral, a encíclica explicita uma visão complexa (mas não *complicada*) da comunicação – e não é por acaso que se repete nada menos do que cinco vezes a expressão "tudo está interligado". O documento reconhece a comunicação inclusive como parte de um âmbito transcendente, não a restringindo meramente a uma prática social ou ao uso de aparatos tecnológicos.

A "alta" comunicação

Na encíclica, em um primeiro nível, ao falar do trabalho e do "multiforme desenvolvimento pessoal", o papa inclui a "comunicação com os outros" dentro das "muitas dimensões da vida" (LS, n. 127), junto com a criatividade, a projetação do futuro, o desenvolvimento das capacidades, o exercício dos valores, a atitude de adoração. Assim, não restringe a comunicação a uma prática tecnicizante ou ao uso de aparatos controláveis e finalizáveis, mas a situa no âmbito de complexos fenômenos antropológicos.

Mas o papa também não reduz a comunicação ao "fator humano". Ele afirma, por exemplo, que Francisco de Assis *entrava em comunicação com toda a criação*" (LS, n. 11); diz ainda que a depredação da biodiversidade fará com que milhares de espécies não "poderão *comunicar-nos* a sua própria mensagem" (LS, n. 33). Trata-se da comunicação como força inerente a todas as manifestações de vida. Onde há vida, há comunicação – pois, caso contrário, a vida se torna impossível.

Em um segundo nível, Francisco entende a comunicação como uma ação propriamente ecológica, não apenas humana, muito menos antropocêntrica, mas que envolve e liga os entes e agentes da Terra, quer humanos, quer não humanos, em um mesmo *oikos*. Se nos comunicamos, é porque compartilhamos uma mesma "ecologia comunicacional" com vários outros seres e tecnologias.

Em um terceiro nível, o papa fala ainda da comunicação como de uma ação ampla e difusa por toda a criação, pois o próprio universo, diz Francisco, é "composto por sistemas abertos que entram em comunicação uns com os outros" (LS, n. 79). "Isso também nos leva a pensar o todo como aberto à transcendência de Deus, dentro da qual se desenvolve", continua. Portanto, mais do que humana e ecológica, a comunicação é um verdadeiro movimento cósmico, que une em um mesmo ambiente a natureza imanente (nas suas mais diversas expressões) e também gera "uma realidade iluminada pelo amor que nos chama a uma comunhão universal" (LS, n. 76).

Ou seja, para Francisco, a comunicação envolve um nível *antropológico*, um nível *ecológico* e também um nível *cosmológico*. Desse modo, a partir desses três âmbitos de reflexão, Francisco afasta a comunicação de qualquer "critério utilitarista de eficiência e produtividade" de caráter individual. Ela é vista como parte da lógica do "dom gratuito" da Criação, "que recebemos e comunicamos" (LS, n. 159).

A "baixa" comunicação

A *Laudato Si'* também aborda a comunicação a partir de um ponto de vista mais concreto e empírico. Olhando para o desenvolvimento tecnológico, o papa não deixa de agradecer pelos progressos alcançados, especialmente no nível da comunicação. E, quando fala dos grandes meios de comunicação, Francisco também percebe neles um papel pedagógico, incluindo-os entre os vários âmbitos educativos, junto com a escola, a família, a catequese.

Entretanto, em diversos pontos, o papa critica fortemente a comunicação tecnoindustrial das grandes empresas informacionais. Ele critica o modelo consumista transmitido pelos meios de comunicação social e lamenta que muitos profissionais e centros da comunicação profissional mantêm distância dos excluídos, tanto em termos geográficos quanto simbólicos. "Essa falta de contato físico e de encontro (...) ajuda a cauterizar a consciência e a ignorar parte da realidade em análises tendenciosas" (LS, n. 49).

Em termos comunicacionais, a reflexão da encíclica se situa entre aquela "altíssima comunicação", quase elevada a virtude teologal, e esta "baixeza comunicativa" da indústria cultural. Entretanto, perde-se de vista, em certo sentido, a riqueza precisamente *ecológica* da comunicação – que, por isso, inclui mas não se reduz aos grandes meios – como principal mediação da cultura, a partir da qual, justamente, o "protagonismo dos atores sociais" (LS, n. 144), como aponta o papa, ganha impulso.

Acompanhando os processos comunicacionais de hoje, constata-se o surgimento de novas práticas sociais de construção de sentido em rede – quase "microbianas", mas conectadas globalmente, superando limitações de tempo e espaço –, que vão além da indústria cultural e das grandes empresas tecnoinformacionais, produzindo outros circuitos simbólicos. As mobilizações sociais em rede que emergiram pelo globo nos últimos anos, as inter-relações mundiais de resistência ao sistema dominante, ou mesmo os coletivos de construção de sentido alternativos à indústria cultural também fazem parte de uma perspectiva ecológica da comunicação.

Contudo, justamente a revolução digital e o processo de conectivização social, como parte de uma conjuntura comunicacional complexa, passam ao largo dos argumentos da encíclica quando fala da comunicação. A ecologia comunicacional, para a *Laudato Si'*, muitas vezes, acaba se restringindo a um macroagente social, a indústria cultural, os *"mass-media"*, vistos quase como um dominador absoluto desse ambiente.

Sinal disso é que, embora a comunicação apareça pontilhada ao longo do texto, um parágrafo inteiro, o 47, é dedicado precisamente às "dinâmicas dos *mass-media* e do mundo digital". O trecho faz parte precisamente da seção *"Deterioração da qualidade de vida humana e degradação social"* do capítulo 1, intitulado *"O que está acontecendo à nossa casa"*, revelando o âmbito em que o papa percebe a comunicação hoje. Merece ser lido na íntegra, para depois ser analisado mais especificamente:

A isto [aos "sintomas de uma verdadeira degradação social, de uma silenciosa ruptura dos vínculos de integração e co- munhão social" abordados no parágrafo anterior] vêm jun- tar-se as dinâmicas dos mass-media e do mundo digital, que, quando se tornam onipresentes, não favorecem o desenvol- vimento de uma capacidade de viver com sabedoria, pensar em profundidade, amar com generosidade. Nesse contexto, os grandes sábios do passado correriam o risco de ver sufoca- da a sua sabedoria no meio do ruído dispersivo da informa- ção. Isso exige de nós um esforço para que esses meios se tra- duzam num novo desenvolvimento cultural da humanidade, e não numa deterioração da sua riqueza mais profunda. A verdadeira sabedoria, fruto da reflexão, do diálogo e do en- contro generoso entre as pessoas, não se adquire com uma mera acumulação de dados, que, numa espécie de poluição mental, acabam por saturar e confundir. Ao mesmo tempo tendem a substituir as relações reais com os outros, com to- dos os desafios que implicam, por um tipo de comunicação mediada pela internet. Isso permite selecionar ou eliminar a nosso arbítrio as relações e, desse modo, frequentemente ge- ra-se um novo tipo de emoções artificiais, que têm a ver mais com dispositivos e monitores do que com as pessoas e a na- tureza. Os meios atuais permitem-nos comunicar e partilhar conhecimentos e afetos. Mas, às vezes, também nos impe- dem de tomar contato direto com a angústia, a trepidação, a alegria do outro e com a complexidade da sua experiência pessoal. Por isso, não deveria nos surpreender o fato de, a par da oferta sufocante desses produtos, ir crescendo uma pro- funda e melancólica insatisfação nas relações interpessoais ou um nocivo isolamento.

Desde o início de tal parágrafo, fica sem explicitação a quais "dinâmicas dos *mass-media* e do mundo digital" o papa se refere especificamente e, sobre- tudo, por que a presença de tais meios não favoreceria o "desenvolvimento de uma capacidade de viver com sabedoria, pensar em profundidade, amar com generosidade", especialmente no que se refere ao mundo digital.

Certamente, são valiosas as preocupações indicadas pelo pontífice, ainda mais levando-se em consideração o seu histórico pessoal de atuação pedagó- gica inaciana quando sacerdote, como professor de Literatura na Argentina. A busca de um "novo desenvolvimento cultural da humanidade" que não leve a uma "deterioração da sua riqueza mais profunda" é do interesse de todos.

PARTE II – A ALEGRIA DE COMUNICAR: O PAPA FRANCISCO E A COMUNICAÇÃO

E, em um momento de *rapidación* (LS, n. 18), como chama Francisco, muitos elementos culturais podem ser negligenciados e atropelados por tentativas de homogeneização globalizante dos grandes meios de comunicação dentro dos mesmos padrões e estilos de vida.

O mesmo vale para a constatação de que a verdadeira sabedoria "não se adquire com uma mera acumulação de dados". Tal afirmação possui uma grande relevância no contexto atual. Sem dúvida, a mera coleção de dados que muitas vezes a internet possibilita não pressupõe conhecimento, muito menos sabedoria. É preciso todo um processo cognitivo de organização de tais dados, em uma evolução crescente de conexões e inter-relações que tendam à harmonia criativa. E a "poluição mental", de fato, prejudica a busca de clareza e organicidade na reflexão.

Mas chama a atenção que as "dinâmicas do mundo digital" e os "meios atuais" aparecem principalmente no marco da "deterioração da qualidade de vida humana e degradação social", como diz o entretítulo. Nesse âmbito, o parágrafo elenca uma longa lista de possibilidades pouco esperançosas:

- a substituição das relações reais com os outros;
- a seleção ou eliminação a nosso arbítrio das relações;
- a geração de um novo tipo de emoções artificiais;
- o impedimento de tomar contato direto com a complexidade da experiência pessoal;
- o crescimento de uma profunda e melancólica insatisfação nas relações interpessoais;
- um nocivo isolamento.

As problemáticas apontadas pelo papa, certamente reais e preocupantes, contudo, não dizem respeito apenas às tecnologias (sejam elas contemporâneas ou não), mas também a ações humanas e a processos sociais históricos que emergem com características próprias em cada ambiente e ecologia comunicacionais específicos. Em suma: não são uma novidade do século XXI.

Esses mesmos receios de Francisco poderiam ser afirmados *ipsis litteris* no século XV, quando surgiram os primeiros livros manuais, "mídias portáteis" que davam mobilidade à prática da leitura, diferentemente dos grandes e pesados códices, que eram lidos publicamente e em voz alta. À época, o medo também era de que os novos leitores individuais não teriam as capacidades necessárias para filtrar por conta própria os conhecimentos, que passavam a estar facilmente acessíveis na própria casa, correndo o risco da saturação e da confusão. Daí a necessidade de censuras, controles sobre o leitor, os livros e a

89

leitura, como no caso o *Índex* dos livros proibidos. Só os "esclarecidos" poderiam limpar o terreno do conhecimento para os "menos esclarecidos".

Naquele tempo, também havia o medo de um "nocivo isolamento", como afirma o papa, de um individualismo exacerbado, pois, de um processo coletivo e ritualístico como era, a leitura passava a ser uma prática individual, solitária, abscôndita, ao "alcance das mãos", graças justamente aos manuais. Podia-se fugir, assim, do "diálogo e do encontro generoso entre as pessoas", como diz Francisco, para se refugiar no íntimo da própria cela, tendo nas mãos um livro.

Mas a sociedade, em um processo longo e complexo, soube criar seus próprios dispositivos cognitivos, pedagógicos, educacionais para "harmonizar" – utilizando um conceito-chave para o papa – as diversas práticas e saberes, às vezes contraditórios, que entravam em ebulição com o surgimento do livro.

Hoje, estamos em plena fermentação da revolução digital: a internet pública e mundial como a conhecemos (a WWW) está na casa dos seus 10.000 dias de vida. A sociedade em geral – e cada um de nós em particular – ainda está construindo e se apropriando dessa inovação tecnológica, pouco a pouco, "inventando-a" cotidianamente, muitas vezes artesanalmente. Ainda temos muito para caminhar e para aprender.

Quanto à "mera acumulação de dados" a que o papa se refere, trata-se de um aspecto pedagógico de grande importância, e sabemos que, nisso, a internet pode ter um papel preocupante. Porque ter acesso a muitas informações não significa necessariamente saber relacioná-las e apropriar-se criativamente delas nas mais diversas situações da vida. É preciso educar para isso.

Contudo, dados e informações são elementos básicos para qualquer processo cognitivo – junto com outros diversos elementos de complexidade crescente, como experiências, intuições, relações, vivências. Sem dados e sem a sua acumulação organizada, o conhecimento torna-se inviável. Afinal, nem só de experiências vive o ser humano, mas também de informações, inclusive sobre aquela própria experiência – e a Wikipédia e o YouTube, por exemplo, nascem como expressão disso. Em um sentido mais político, a "acumulação de dados" sobre os governos ou instituições e a sua consequente divulgação pública em rede foram essenciais para uma mudança social, como demonstram as diversas "primaveras" e *"wikileaks"* espalhados pelo mundo nos últimos anos.

O papa também aponta para a "substituição das relações reais" mediante o uso de tecnologias nos contatos sociais, que pode dar origem a um "novo tipo de emoções artificiais", com a perda do "contato direto" com a experiência humana.

Há muito tempo, porém, os estudos comunicacionais abandonaram a perspectiva da substituição, optando por refletir sobre um processo de *complexificação e articulação* entre as experiências humanas diversamente mediadas.

O online e o offline não se substituem como coisas opostas, mas se *inter-retro--influenciam*, articulando-se em um nível mais complexo de experiência, uma realidade "aumentada" e "diminuída" ao mesmo tempo, em aspectos diversos, mas nem por isso "não real" ou puramente "artificial".

As emoções vividas em um contato online são tão "artificiais" quanto "naturais" – e, vice-versa, as emoções vividas em um "contato direto" podem ser tão "naturais" quanto "artificiais". Pois assim se constituem todas as experiências humanas, visto que não estão dadas de antemão, definidas e delimitadas de uma só vez em um "éden" primordial, mas se constituem a partir dos condicionamentos de suas mediações históricas, sejam elas tecnológicas ou não.

A própria "natureza humana" que conhecemos hoje envolve inúmeras artificialidades que tomamos como óbvias e evidentes, por já se encontrarem historicamente instaladas na nossa cultura e sociedade – como o uso de roupas e de óculos, por exemplo. A humanidade só existe na sua relação com as diversas animalidades e artificialidades com as quais o ser humano aprendeu a (co)existir – basta pensar que os períodos humanos primitivos foram demarcados por tecnicidades como o domínio da pedra, do bronze, do ferro.

Já a evolução comunicacional aponta justamente para a crescente assimilação de artificialidades mais inovadoras do que as anteriores para a percepção e expressão do mundo. Quanto mais novas e inovadoras, mais temor e receio nos causam, mas, no decorrer das práticas históricas de assimilação e apropriação social, passa a fazer parte de um "fenótipo" humano mais complexo.

Isso está ligado ao receio papal de que as tecnologias poderiam bloquear um "contato direto" com a "complexidade da experiência humana". Contudo, até que ponto um contato humano qualquer pode ser "direto" e "não mediado"?

Pensemos no contato que o próprio pontífice tem com a multidão na Praça de São Pedro, em suas audiências gerais. À primeira vista, não se trata de uma "comunicação mediada pela internet" – e, portanto, poderia ser considerada "direta". Mas, mesmo aí, há inúmeras outras mediações: *sociais* (autoridade religiosa/pessoas comuns), *religiosas* (pontífice máximo/fiéis), *físicas* (papamóvel, câmeras, barreiras de proteção, vestes diferenciadas), *organizacionais* (regras e normas dos agentes de segurança, protocolos do evento) etc.

Portanto, até que ponto tal contato é "direto"?

No fundo, a preocupação com a falta de contato com "a angústia, a trepidação, a alegria do outro" na cultura contemporânea não deveria se traduzir numa revolta contra os aparelhos e as mediações maquínicas. O problema é mais complexo – isto é, *comunicacionalmente ecológico*.

Do tecnocentrismo à ecologia comunicacional

Pensando a comunicação como um processo ecológico, é preciso compreender que todo ambiente comunicacional possui as mais diversas artificialidades e tecnicidades, as mais diversas mediações, os mais diversos agentes, gerando os mais diversos dispositivos de interação e relação, com especificidades próprias.

Buscar uma suposta comunicação de "contato direto e natural", sem quaisquer mediações, é buscar um paraíso perdido, é transformar as tecnologias em bodes expiatórios de problemas que não derivam delas, mas que, talvez, até possibilitaram a sua própria existência, como resposta a uma necessidade de contato e de relação. E, de certa forma, o problema é justamente este: ou pensar que as tecnologias *são um problema cultural*, ou pensar que as tecnologias poderão *resolver os problemas culturais*.

O risco, em suma, é propor uma leitura apocalíptica e "tecnocêntrica" dos fenômenos comunicacionais contemporâneos, como se a cultura pudesse ser manipulada, dominada, determinada e direcionada (negativamente) pela existência e pela presença de tecnologias nas práticas sociais. Na reflexão comunicacional da Igreja, portanto, também é preciso superar um excesso "tecnocêntrico", que acaba colocando "a razão técnica acima da realidade" cultural (LS, n. 115).

E é aqui que a própria encíclica vem em nosso socorro. Ao criticar o antropocentrismo (ou o seu contrário, o biocentrismo), Francisco diz esperar "o desenvolvimento de uma nova síntese, que ultrapasse as falsas dialéticas dos últimos séculos" (LS, n. 121). Cremos que outra falsa dialética é a que propõe uma divisão radical entre o humano e o tecnológico, como âmbitos opostos.

Sendo um processo comunicacional, a cultura também deve ser entendida "especialmente no seu sentido vivo, dinâmico e participativo" (LS, n. 143), envolvendo diversos agentes – humanos, sociais, tecnológicos, simbólicos – em uma ecologia complexa.

Como o próprio papa reconhece, "ao falar da relação do ser humano com as coisas [e, acrescentamos, com as tecnologias], impõe-se-nos a questão relativa ao sentido e finalidade da ação humana sobre a realidade". Afinal, o que estamos construindo ou queremos construir, como cultura, como sociedade, com as tecnologias que inventamos? Pois a comunicação também é uma atividade que implica uma "transformação do existente", que pressupõe "uma concepção sobre a relação que o ser humano pode ou deve estabelecer com o outro diverso de si mesmo" (LS, n. 125) – seja este "outro" um ser humano, uma construção simbólica ou um aparato tecnológico.

Em suma, as "dinâmicas do mundo digital" não estão inscritas de uma vez por todas nos aparatos tecnológicos, nem são determinadas pelos escritórios das grandes empresas tecnoinformacionais. A cultura, as suas diversas mediações comunicacionais, as suas práticas e táticas locais, e os agentes microscópicos em rede também têm o seu papel nessa "ecologia comunicacional". E por isso, podem *(re)inventar* as próprias tecnologias constantemente, dando-lhes novos usos e sentidos.

Criativamente, os "micróbios" da sociedade – os indivíduos resistentes, os pequenos grupos, os coletivos alternativos – também são capazes de "inventar o possível", como diria Michel de Certeau, para além da tecnocracia dominante. Assim também eles têm a capacidade de criar e ocupar circuitos comunicacionais em que possam construir a sua liberdade e uma "cultura da vida compartilhada" (LS, n. 213), na bela expressão de Francisco.

Assim entendida, a ecologia comunicacional favorece uma experiência humana mais consciente e crítica, que não simplifica os problemas em dicotomias empobrecedoras. Ao contrário, reconhecer o lado técnico (dos elementos não humanos) e social (dos "outros" humanos) de toda comunicação é favorecer a construção de relações mais saudáveis, na consciência de que "tudo está interligado".

AMORIS LÆTITIA: COMO COMUNICAR O EVANGELHO DA FAMÍLIA HOJE

12

"A alegria do amor" é o título do primeiro documento de Francisco, fruto de um longo processo de sinodalidade (*syn-odós*: do grego, "caminho comum" ou "caminhar juntos"), que envolveu a realização de dois Sínodos – um extraordinário e outro ordinário – e dois anos de intensos e tensos debates sobre a realidade das famílias. A Exortação Apostólica Pós-sinodal *Amoris Lætitia* foi publicada no dia 19 de março de 2016, festa de São José, durante o Jubileu Extraordinário da Misericórdia.

Trata-se de um texto denso e profundo, abrangendo as várias potencialidades e problemáticas da vida conjugal e familiar. E que oferece também muitas reflexões importantes e sugestões práticas do ponto de vista da comunicação *a dois e em família.*

Antes de aprofundar essa leitura comunicacional dos principais pontos do texto da exortação, quero apresentar algumas características do texto em geral e, em seguida, relembrar um pouco o contexto em que se deu a sua preparação, muito marcada também pelos limites e possibilidades da comunicação de hoje.

O texto, seu contexto e suas dinâmicas comunicacionais

A *Amoris Lætitia* (AL) é composta por nove capítulos que buscam acompanhar o leitor, didática e pedagogicamente, pelos caminhos da "alegria do amor". Como o próprio Francisco explica, ele começa com um capítulo inspirado na Sagrada Escritura, para dar o tom adequado ao texto (*"À luz da Palavra"*). Depois, reflete sobre a situação atual das famílias, para manter os "pés no chão" (*"A realidade e os desafios das famílias"*). Em seguida, o papa lembra alguns elementos essenciais da doutrina da Igreja sobre matrimônio e família (*"O olhar fixo em Jesus: a vocação da família"*). Seguem-se depois os dois capítulos centrais, o quarto e o quinto, dedicados ao amor (*"O amor no matrimônio"* e *"O amor que se torna fecundo"*).

Após essa reflexão, Francisco destaca alguns caminhos pastorais para a construção de famílias sólidas e fecundas segundo o plano de Deus (*"Algumas perspectivas pastorais"*), com um capítulo especial dedicado à educação dos filhos (*"Reforçar a educação dos filhos"*). No penúltimo capítulo, o papa faz um convite à misericórdia e ao discernimento pastoral perante situações que não correspondem plenamente à vontade de Deus (*"Acompanhar, discernir e integrar a fragilidade"*). E, para encerrar o documento, traça algumas breves linhas sobre a espiritualidade familiar (*"Espiritualidade conjugal e familiar"*).

A *Amoris Lætitia* foi feita a incontáveis mãos e depois de muitos passos coletivos. Como afirma Francisco, ela foi construída ao longo de todo um "caminho sinodal [que] se revestiu de uma grande beleza e proporcionou muita luz" (AL, n. 4).

Tudo começou com uma atitude inovadora do papa, logo nos primeiros meses de pontificado: em outubro de 2013, convocou uma Assembleia Geral Extraordinária do Sínodo dos Bispos para 2014. Essa seria apenas a terceira convocação "extraordinária" de toda a história dos sínodos, depois de quase 30 anos da anterior (a primeira havia sido convocada por São Paulo VI em 1969, sobre a cooperação entre a Santa Sé e as Conferências Episcopais; e a segunda, por São João Paulo II em 1985, por ocasião dos 20 anos da conclusão do Concílio Ecumênico Vaticano II).

A reflexão da sessão extraordinária continuaria no ano seguinte, na Assembleia Geral Ordinária (que geralmente ocorre de três em três anos), convocada para outubro de 2015. E continuaria ainda durante o ano inteiro de intervalo entre esses dois acontecimentos sinodais, nos debates em cada Igreja local. A temática escolhida pelo papa para a Assembleia Extraordinária foi *"Os desafios pastorais sobre a família no contexto da evangelização"*; já a Assembleia Ordinária foi intitulada *"A vocação e a missão da família na Igreja e no mundo contemporâneo"*.

Para além dos dois eventos sinodais propriamente ditos e dos debates em torno das temáticas, é interessante acompanhar a dinâmica comunicacional desse caminho sinodal. Na *Amoris Lætitia*, Francisco destaca quatro movimentos importantes nesse sentido.

Os encontros sinodais

O primeiro deles é o âmbito dos sínodos propriamente ditos, em que o papa reconhece que "o conjunto das intervenções dos Padres, que ouvi com atenção constante, pareceu-me um precioso poliedro, formado por muitas preocupações legítimas e questões honestas e sinceras" (AL, n. 4). Tudo isso ofereceu ao papa um panorama da realidade das famílias em todo o mundo.

Ainda no discurso de abertura do primeiro Sínodo, Francisco havia afirmado que uma condição básica geral do processo sinodal seria "falar claro". Ele continuou: "Que ninguém diga: 'Isto não se pode dizer; ele vai pensar de mim isto ou aquilo...' É preciso dizer tudo o que se sente com *parrésia* [franqueza]. (...) E, ao mesmo tempo, é preciso escutar com humildade e acolher de coração aberto aquilo que os irmãos dizem". Para o papa, é escutando com humildade e falando com franqueza que se exercita a sinodalidade.

E, na avaliação do papa, felizmente, foi o que ocorreu. Na conclusão do Sínodo de 2014, Francisco disse que teria ficado "muito preocupado e triste" se não tivesse havido as "animadas discussões" que ocorreram entre os Padres sinodais, "se todos tivessem estado de acordo ou taciturnos em uma paz falsa e quietista". Ao contrário, ele reconhece que viu e ouviu, com alegria e reconhecimento, discursos e intervenções "cheios de fé, de zelo pastoral e doutrinal, de sabedoria, de desassombro, de coragem e de *parrésia*". "No Sínodo não houve censura prévia", reiterou Francisco na Audiência Geral do dia 10 de dezembro de 2014, poucas semanas após o primeiro Sínodo. "Cada um podia – mais, devia – dizer o que tinha no coração, o que pensava sinceramente."

E nisso o papa via a manifestação da própria Igreja, isto é, uma "Mãe fecunda" e "Mestra solícita", que "não tem medo de arregaçar as mangas para derramar o azeite e o vinho sobre as feridas dos homens e mulheres; que não observa a humanidade a partir de um castelo de vidro para julgar ou classificar as pessoas".

Ou seja, uma Igreja que encarna os seus processos de comunicação no hoje da história. Uma Igreja "que não tem medo de comer e beber com as prostitutas e os publicanos", que tem "as suas portas escancaradas para receber os necessitados, os arrependidos, e não apenas os justos ou aqueles que se julgam perfeitos". E quando essa Igreja, na variedade dos seus carismas, se expressa em comunhão, afirmou o papa, "ela não pode errar: é a beleza e a força do *sensus fidei*, daquele sentido sobrenatural da fé, que é conferido pelo Espírito Santo a fim de que, juntos, possamos todos entrar no âmago do Evangelho e aprender a seguir Jesus na nossa vida".

Os sujeitos eclesiais

A segunda dinâmica comunicacional diz respeito, justamente, ao envolvimento de toda a Igreja – e não só dos Padres sinodais – no processo de prepa-

PARTE II – A ALEGRIA DE COMUNICAR: O PAPA FRANCISCO E A COMUNICAÇÃO

ração dos Sínodos. Na *Amoris Lætitia*, o papa agradece pelas "tantas contribuições que me ajudaram a considerar, em toda a sua amplitude, os problemas das famílias do mundo inteiro" (AL, n. 4). Essas contribuições foram feitas, por exemplo, mediante as respostas de muitos católicos e católicas aos questionários que foram enviados previamente junto com o documento de trabalho em preparação a cada uma das assembleias sinodais. A ideia era favorecer que as Igrejas particulares dos vários países pudessem participar ativamente na preparação do duplo Sínodo. E, não por acaso, Francisco faz referência explícita às respostas a essas consultas em nada menos do que cinco parágrafos da exortação (AL, n. 39, 50, 202, 204, 234), retomando-as textualmente.

Como afirmou o papa em sua reflexão durante uma vigília de oração pelo Sínodo, na Praça de São Pedro, em outubro de 2014, o processo sinodal, envolvendo toda a Igreja, queria ser um "caminho de discernimento espiritual e pastoral" para "prestar ouvidos às pulsações deste tempo e sentir o 'odor' dos homens e mulheres de hoje, até ficar impregnados pelas suas alegrias e esperanças, pelas suas tristezas e angústias", a fim de anunciar com credibilidade a "boa notícia sobre a família".

Nesse caminho, era necessário, primeiro, o dom da escuta de Deus, "até ouvir com Ele o grito do povo", mas também a escuta do povo, "até respirar nele a vontade a que Deus nos chama". Além disso, também era preciso um "debate sincero, aberto e fraterno", não apenas dentro do Vaticano, mas também nas Igrejas locais, para poder enfrentar, com responsabilidade pastoral e com "obstinada paciência e criatividade", as interrogações que esta mudança de época levanta.

O documento preparatório do Sínodo continha um questionário dirigido a todos os católicos e católicas sobre a realidade das famílias. Tal questionário foi enviado para as 114 Conferências Episcopais dos cinco continentes, e suas respostas deveriam ser devolvidas, posteriormente, à Secretaria do Sínodo, no Vaticano. Diversas conferências locais optaram por colher as respostas via internet, mediante sites específicos, listas de e-mail ou mesmo em outras plataformas digitais.

Na Suíça, por exemplo, foram reunidas mais de 23 mil respostas; na Áustria, mais de 30 mil; na França, o montante da síntese das respostas chegou a mais de 2.000 páginas, preparadas não apenas em nível institucional das dioceses, mas também por fiéis comuns individuais ou em grupo, enviadas via internet.

Por outro lado, ocorreu um processo instigante e desafiador do ponto de vista da comunicação contemporânea. Diversas dioceses ou conferências episcopais passaram também a divulgar publicamente na internet as respostas locais ou comentários sobre elas, antes mesmo de enviá-las ao Vaticano. Assim, passava a circular socialmente um apanhado da "opinião pública" das várias Igrejas locais, antes mesmo da realização dos Sínodos ou de qualquer síntese oficial dos escritórios centrais em Roma. Tudo isso ajudou a alimentar ainda mais os debates prévios na Igreja e na mídia e a levantar as questões que poderiam vir a ser debatidas pelos Padres sinodais durante os Sínodos.

Mesmo diante da potencial diversidade, heterogeneidade e até disparidade de opiniões dentro da Igreja sobre a temática da família, o papa havia tranquilizado e pacificado os Padres sinodais e os católicos e católicas em geral em seu discurso de abertura da primeira assembleia sinodal, afirmando que os Sínodos se realizariam sempre *"cum Petro et sub Petro"*, ou seja, a presença do papa seria "garantia para todos e proteção da fé".

O papel dos meios de comunicação

Em terceiro lugar, Francisco ressalta também o papel desempenhado pelos debates que ocorreram nos meios de comunicação durante todo o longo caminho sinodal. Diante da relevância e da delicadeza da temática, explicitadas também no gesto inovador do papa de convocar um Sínodo duplo, a cobertura midiática e o debate público foram intensos, antes de cada evento, durante os encontros, no intervalo entre os dois Sínodos e depois de cada um deles.

Na *Amoris Lætitia*, Francisco reconhece que, antes e durante o caminho sinodal, os debates midiáticos, que envolveram também os ministros da Igreja, estenderam-se "desde o desejo desenfreado de mudar tudo sem suficiente reflexão ou fundamentação até à atitude que pretende resolver tudo através da aplicação de normas gerais ou deduzindo conclusões excessivas de algumas reflexões teológicas" (AL, n. 2).

Isso levou muitos jornalistas e comentaristas a imaginarem "uma Igreja em litígio, na qual uma parte está contra a outra", como reconheceu o papa no discurso de encerramento do primeiro Sínodo sobre a família. Na Audiência Geral do dia 10 de dezembro de 2014, poucas semanas após o primeiro Sínodo, o papa contou que, durante o encontro sinodal, "os meios de comunicação fizeram o seu trabalho – havia muita expectativa, muita atenção – e nós lhes agradecemos porque fizeram isso também com abundância. Tantas notícias, tantas! (...) Mas, muitas vezes, a visão da mídia era um pouco segundo o estilo das crônicas esportivas ou políticas: falava-se frequentemente de duas equipes, prós e contras, conservadores e progressistas etc."

Alguns fatos contribuíram para essa visão midiática dicotômica. Logo no início do segundo Sínodo, em 2015, um jornalista italiano ligado a grupos contrários ao papado de Francisco, Sandro Magister, vazou uma carta supostamente "privada" de 13 cardeais ao papa (sete europeus, três estadunidenses, dois africanos e um da Oceania), que manifestavam a preocupação de que o Sínodo estivesse sendo manipulado pela sua Secretaria-Geral, a favor de posições mais progressistas em relação à comunhão para os divorciados em segunda união, por exemplo. Dias depois, quase a metade dos supostos signatários desmentiram publicamente a sua participação, enquanto alguns poucos cardeais assumiram que assinaram uma carta, sim, mas não a que havia sido divulgada, pois esta supostamente continha erros e distorções em comparação com a "original". Assim, "a montanha midiática" sobre o complô cardinalício pariu um "rato informativo".

E, poucos dias antes do encerramento do segundo Sínodo, o jornal italiano *Quotidiano Nazionale* noticiou a mentira de que o papa estaria sendo acompanhado, nos últimos meses, pelo médico Takanori Fukushima, da clínica San Rossore, de Pisa, na Itália, para tratar de "uma pequena mancha escura no cérebro" – supostamente, um tumor benigno. Esse boato foi devida e categoricamente desmentido pelo então porta-voz do vaticano, Pe. Federico Lombardi.

Tudo para desestabilizar o caminho sinodal e a própria autoridade de Francisco. Diante desses fatos, em seu discurso de conclusão do segundo Sínodo, Francisco reconheceu que, ao longo do caminho sinodal, as diferentes opiniões também se expressaram, "infelizmente, com métodos não inteiramente benévolos", envolvendo até "ataques ideológicos e individualistas", com o "perigo do relativismo ou de demonizar os outros".

Apesar disso, esses diversos pontos de vista "enriqueceram e animaram certamente o diálogo, proporcionando a imagem viva de uma Igreja que não usa 'formulários prontos', mas que, da fonte inexaurível da sua fé, tira água viva para saciar os corações ressequidos", continuou Francisco. Para o papa, o caminho sinodal permitiu compreender melhor também que os verdadeiros defensores da doutrina "não são os que defendem a letra, mas o espírito; não as ideias, mas o homem; não as fórmulas, mas a gratuidade do amor de Deus e do seu perdão". Por isso, "o primeiro dever da Igreja não é aplicar condenações ou anátemas, mas proclamar a misericórdia de Deus, chamar à conversão e conduzir todos os homens e mulheres à salvação do Senhor", concluiu o pontífice.

Entre autores e leitores

Por fim, a própria *Amoris Lætitia* também é uma dinâmica comunicacional importante nesse caminho sinodal. Como afirma Francisco, "devido à riqueza que os dois anos de reflexão do caminho sinodal ofereceram, esta Exortação aborda, com diferentes estilos, muitos e variados temas. Isto explica a sua inevitável extensão" (AL, n. 7).

De fato, a *Amoris Lætitia* é, de longe, o maior documento de Francisco, com 325 parágrafos, 391 notas de rodapé em quase 300 páginas e 60.000 palavras no total. Destas, destaca-se a palavra "família(s)", a mais frequente e central no texto, somando mais de 420 menções; depois "amor" (383), "vida" (352), "Deus" (215); "matrimônio/matrimonial" (233). Tais expressões articulam os eixos temáticos do texto proposto pelo pontífice e, por sua vez, são ressignificadas a partir de todo o debate sinodal. Como afirmou Francisco no discurso de conclusão do segundo Sínodo, "para todos nós, a palavra 'família' já não soa como antes do Sínodo, a ponto de encontrarmos nela o resumo da sua vocação e o significado de todo o caminho sinodal".

Somando-se ao caminho sinodal, o papa afirma que não tem a pretensão de apresentar na exortação tudo aquilo que poderia ser dito sobre os vários temas relacionados com a família no contexto atual. Mas, ao recolher algumas das contribuições pastorais dos Padres sinodais, Francisco também acrescenta "outras preocupações derivadas da minha própria visão". Isto é, ele reconhece a sua *autoria e autoridade* sobre o texto. E não o faz por pretensão de poder, pois sabe que "de nada serve também querer impor normas pela força da autoridade" (AL, n. 35). Ao contrário, "sem ouvir Deus todas as nossas palavras serão apenas 'palavras' que não saciam nem servem. Sem nos deixarmos guiar pelo Espírito todas as nossas decisões serão apenas 'decorações' que em vez de exaltar o Evangelho o encobrem e o escondem", como ele disse ao abrir o segundo Sínodo sobre a família.

Essa autoria/autoridade papal sobre o texto, portanto, não basta a si mesma: demanda uma relação. E a primeira relação que Francisco estabelece é com o seu leitor e a sua leitora. Diante da extensão do documento e da complexidade das temáticas abordadas, Francisco afirma: "Não aconselho uma leitura geral apressada. Poderá ser de maior proveito, tanto para as famílias como para os agentes de pastoral familiar, aprofundar pacientemente uma parte de cada vez ou procurar nela aquilo de que precisam em cada circunstância concreta" (AL, n. 7). O papa convoca o leitor e a leitora a uma ação de *leitura ativa, interativa, consciente* e *crítica*.

Essa leitura será também um "chamado a cuidar com amor da vida das famílias" (AL, n. 7). E, por isso, a reflexão e a discussão não se encerram com o documento, assim como não terá fim a busca da Igreja por respostas aos desafios pastorais em torno da questão das famílias e do casamento. "Quero reiterar que nem todas as discussões doutrinais, morais ou pastorais devem ser resolvidas através de intervenções magisteriais", afirma o papa. "Naturalmente, na Igreja, é necessária uma unidade de doutrina e práxis, mas isto não impede que existam maneiras diferentes de interpretar alguns aspectos da doutrina ou algumas consequências que decorrem dela. Assim há de acontecer até que o Espírito nos conduza à verdade completa" (AL, n. 3).

Por isso, mesmo depois de assinar e publicar a *Amoris Lætitia*, o papa não pôs um ponto-final no caminho sinodal, mas convocou novamente cada católico e católica, cada Igreja local a continuar refletindo e buscando "soluções mais inculturadas, atentas às tradições e aos desafios locais" (AL, n. 3). De fato, afirma Francisco, "as culturas são muito diferentes entre si e cada princípio geral (...), se quiser ser observado e aplicado, precisa de ser inculturado". O próprio fato de encerrar o Sínodo significa voltar novamente a "'caminhar juntos' para levar a toda a parte do mundo, a cada diocese, a cada comunidade e a cada situação a luz do Evangelho, o abraço da Igreja e o apoio da misericórdia Deus", como disse o papa no discurso de conclusão do segundo Sínodo.

Entre interlocutores e colaboradores

Ao longo da *Amoris Lætitia*, Francisco também promove um interessante *diálogo intratextual*. Para isso, convoca para a conversa inúmeros interlocutores. A começar pelos próprios Padres sinodais e os documentos produzidos pelos dois Sínodos, como as mensagens e os relatórios finais, que são citados mais de uma centena de vezes, em um documento que tem quase 400 citações. Ou seja, mais de ¼ das citações utilizadas por Francisco são fruto do próprio caminho sinodal.

O papa também recorre ao próprio magistério pontifício. O Papa São João Paulo II é citado mais de 50 vezes ao longo do texto, especialmente a sua Encíclica *Familiaris Consortio* (1981), também sobre a temática familiar. O Papa Emérito Bento XVI aparece em segundo lugar, com pouco mais de uma dezena de citações. E Francisco também chama para o diálogo os pontífices Leão Magno (que foi papa entre os anos 440 e 461), Pio XI (1922-1929), Pio XII (1939-1958) e São Paulo VI (1963-1978).

Francisco também se apoia no magistério da Igreja em geral, especialmente em seus grandes documentos, como as diversas constituições e demais documentos do Concílio Ecumênico Vaticano II, o *Catecismo da Igreja Católica*, o *Código de Direito Canônico* e o *Compêndio da Doutrina Social da Igreja*. Outra fonte à qual o papa recorre é a tradição da Igreja, representada pela reflexão e pelo pensamento de vários santos e santas, como Santa Teresa de Lisieux (1873-1897), Santo Agostinho (354-430), Santo Tomás de Aquino (1225-1274), Santo Inácio de Loyola (1491-1556), São João da Cruz (1542-1591), São Roberto Belarmino (1542-1621), o Bem-aventurado Jordão da Saxônia (1190-1237) e o filósofo e teólogo inglês Alexandre de Hales (1185-1245).

Como de costume em seus documentos, Francisco retoma, de modo significativo, a reflexão de várias Conferências Episcopais do mundo inteiro sobre as temáticas familiares e matrimoniais, como sinal textual de colegialidade com os vários bispos do planeta. Na *Amoris Lætitia*, o papa cita as Conferências Episcopais da Argentina, Austrália, Chile, Colômbia, Coreia, Espanha, Itália, México e Quênia. E também faz referência ao *Documento de Aparecida*, fruto da 5ª Conferência Geral do Episcopado Latino-Americano e do Caribe.

Também são citados documentos de vários órgãos da própria Santa Sé, como a Congregação para a Doutrina da Fé, o Pontifício Conselho para a Família, o Pontifício Conselho para os Textos Legislativos e a Comissão Teológica Internacional.

Chamam a atenção outros interlocutores em geral com os quais Francisco dialoga em seu texto, para refletir sobre a temática da família e do casamento, muitos deles não católicos e até não cristãos. Do campo das várias ciências, são citados na *Amoris Lætitia*: o teólogo e pastor luterano alemão Dietrich Bonhoeffer (1906-1945), o psicanalista alemão Erich Fromm (1900-1980), o pastor batista estadunidense Martin Luther King Jr. (1929-1968), o filósofo francês Gabriel Marcel (1889-1973), o filósofo alemão Josef Pieper (1904-1997), o filósofo e teólogo francês Antonin-Gilbert Sertillanges (1863-1948). Do campo da literatura: o escritor uruguaio Mário Benedetti (1920-2009), o escritor argentino Jorge Luís Borges (1899-1986) e o poeta mexicano Octavio Paz (1914-1998).

A comunicação do Evangelho da família por parte da Igreja

Para além das dinâmicas comunicacionais dos dois Sínodos e dos candentes debates teológicos e doutrinais sobre os pontos-chave da *Amoris Lætitia*, existem algumas interfaces principais do texto com questões de comunicação. Por isso, quero aqui reler a exortação apostólica de Francisco, justamente, com um olhar comunicacional, em sentido pastoral.

O primeiro elemento a ser destacado é que Francisco traz à tona a comunicação, desde o início do texto, como resposta aos anseios da sociedade contemporânea: "O anúncio cristão sobre a família é *verdadeiramente uma boa notícia*" (AL, n. 1). Esse anúncio e essa notícia podem ajudar a construir a "alegria do amor" entre os casais e as famílias.

Mas, ao mesmo tempo, o papa convida todos os membros da Igreja a serem "humildes e realistas", para reconhecer que "a nossa maneira de apresentar as convicções cristãs e a forma como tratamos as pessoas ajudaram a provocar aquilo de que hoje nos lamentamos", como por exemplo "uma ênfase quase exclusiva no dever da procriação" em relação ao casal ou uma "excessiva idealização" do casamento (AL, n. 36). E, por isso, Francisco convida a uma "salutar reação de autocrítica".

Por outro lado, o papa também critica o acompanhamento a jovens casais em seus primeiros anos, quando as propostas não são adaptadas aos seus horários, às suas linguagens e às suas preocupações mais concretas. "Temos dificuldade em apresentar o matrimônio mais como um caminho dinâmico de crescimento e realização do que como um fardo a carregar a vida inteira" (AL, n. 37).

O ponto-chave da crítica do pontífice em termos comunicacionais é, principalmente, o não reconhecimento do outro como interlocutor, como interagente ativo no anúncio da Igreja, quando esta não dá espaço à consciência dos fiéis. Isto é, quando a Igreja não se deixa tocar pela realidade do outro, mas expõe a sua verdade independentemente de quem está à sua frente, desenvolvendo uma "moral fria de escritório" (AL, n. 312). Segundo o papa, porém, as pessoas muitas vezes conseguem fazer o seu próprio discernimento perante situações em que todos os esquemas e as respostas prontas desmoronam e, assim, respondem o melhor que podem ao Evangelho.

Por isso, hoje, Francisco afirma que é com "humilde compreensão" que a Igreja quer ir ao encontro das famílias, com o desejo de acompanhar todas e cada uma delas a fim de que descubram a saída melhor para superar as dificuldades do caminho. A Igreja entende que a comunicação da fé e do Evangelho da família não pode ser pensada como um processo industrial, linear, igual sempre e em todo o lugar. A pastoral familiar não deve se reduzir a ser "uma fábrica de cursos a que poucos assistem" (AL, n. 230), como se bastasse transmitir o Catecismo inteiro, saturando os noivos com teorias e conceitos.

Ao contrário, deve ser uma ação fundamentalmente missionária, em saída, por aproximação, por atração. A Igreja se comunica com pessoas diversas, que, por sua vez, se comunicam com a Igreja na diversidade não apenas de seus contextos de vida, mas também de suas consciências pessoais. Por isso, a comunicação da fé é sempre um encontro tentativo e artesanal com o mistério do outro: "Somos chamados a *formar as consciências*, não a pretender substituí-las" (AL, n. 37).

O desafio da Igreja, no fundo, é um problema comunicacional. É "encontrar as palavras, as motivações e os testemunhos que nos ajudem a tocar as cordas mais íntimas dos jovens (...) para convidá-los a aceitar, com entusiasmo e coragem, o desafio de matrimônio" (AL, n. 40). Daí a importância de se repensar a própria preparação para o casamento e o acompanhamento dos casais em seus primeiros anos de vida matrimonial, dentro da realidade de cada Igreja local, procurando uma formação adequada que não afaste os jovens do sacramento, como pede Francisco.

Para isso, a qualidade é mais importante do que a quantidade. A prioridade deve ser um "renovado anúncio do querigma" e, depois, aqueles conteúdos que ajudem os noivos a se comprometerem "num percurso da vida toda com ânimo grande e liberalidade". Mas todos esses elementos devem ser *comunicados de forma atraente e cordial*" (AL, n. 207).

Esse acompanhamento, entendido como processo de comunicação eclesial, encontrará a sua plenitude numa comunicação *ampliada e aprofundada* por parte dos noivos. Isto é, quando se consegue encorajar os esposos a serem generosos na *"comunicação da vida"* (AL, n. 222), mediante um diálogo consensual sobre o planejamento familiar responsável.

Em outros casos, como em situações complexas e diversas de fragilidade, Francisco convida a Igreja e, de modo especial, os pastores a "entrar em *diálogo pastoral*" (AL, n. 293) com as pessoas que não vivem o matrimônio em sua plenitude, como os divorciados em segunda união, pessoas que vivem em casamentos com pessoas de outras religiões, famílias com pessoas homossexuais e as famílias monoparentais. Em suma, a Igreja é chamada a ir ao encontro *"de todos sem excluir ninguém"* (AL, n. 309),

Esse diálogo será também ocasião de discernimento para identificar elementos que possam favorecer o crescimento humano e espiritual, para que a pessoa possa formar um juízo correto sobre os obstáculos que lhe impedem de participar mais plenamente na vida da Igreja e sobre os possíveis passos para superá-los. Para isso, Francisco convida os pastores a *"escutar, com carinho e serenidade,* com o desejo sincero de entrar no coração do drama das pessoas e compreender o seu ponto de vista, para ajudá-las a viver melhor e reconhecer o seu lugar na Igreja" (AL, n. 312).

Para promover esse diálogo e essa comunicação do Evangelho da família, é necessário entrar na *"lógica da misericórdia pastoral"*, segundo Francisco, isto é, a "lógica da compaixão pelas pessoas frágeis" (AL, n. 308). Isso significa ir muito além de "uma pastoral mais rígida, que não dê lugar a confusão alguma". Ao contrário, é preciso evitar perseguições ou juízos duros e impacientes, é preciso renunciar aos "abrigos pessoais ou comunitários que permitem manter-nos à distância do nó do drama humano". Embora seja necessário expressar claramente a doutrina objetiva, o mais importante é entrar em contato com a vida concreta dos outros, sem renunciar ao bem possível vivido tentativa e gradualmente por eles, mesmo que a Igreja "corra o risco de se sujar com a lama da estrada" (AL, n. 308).

Essa lógica da misericórdia pastoral também diz respeito aos gestos e práticas de comunicação da Igreja. Quando o anúncio e o testemunho são marcados pela força da ternura, diz Francisco de modo profundamente poético, "a vida complica-se sempre maravilhosamente" (AL, n. 308). Pois é pela comunicação misericordiosa que se reconhecem os verdadeiros filhos de Deus, porque a misericórdia é o "coração pulsante do Evangelho" (AL, n. 309), "a arquitrave que suporta a vida da Igreja" (AL, n. 310), "a manifestação mais luminosa da verdade de Deus" (AL, n. 311).

E isso diz respeito também à comunicação entre o próprio casal.

O casal como sujeito comunicador do Evangelho da família

Para além da comunicação do Evangelho da família por parte da Igreja em geral, Francisco reconhece às famílias cristãs um papel de "sujeitos principais da pastoral familiar", por meio do seu testemunho como "Igrejas domésticas" (AL, n. 200). E o que ajudar a humanizar toda a vida familiar é precisamente a *comunicação pessoal entre os esposos* (AL, n. 32).

Nesse sentido, Francisco aponta para a importância de que essa seja uma comunicação cheia de sentido, por meio das "diversas expressões do amor, o cuidado mútuo, a ternura respeitosa, (...) a doação íntegra e generosa de si mesmo que se expressará, depois de um compromisso público, na entrega dos corpos" (AL, n. 283). Enfim, tudo na relação entre o casal é comunicação. Inclusive o silêncio, ou, como diz Francisco, o *diálogo sem palavras*: "No amor, os silêncios costumam ser mais eloquentes do que as palavras: é o encontro com um rosto, um 'tu' que reflete o amor divino" (AL, n. 12).

Mas esse diálogo, com ou sem palavras, nem sempre é fácil. Há muitos obstáculos e empecilhos na comunicação a dois. Francisco indica vários deles. Primeiramente, o crescente perigo do individualismo e do isolamento, que desvirtua os laços familiares. O risco é de que cada membro do casal construa a sua vida e suas escolhas segundo seus próprios desejos, de modo absoluto, desvinculado do outro e dos desejos alheios, gerando dinâmicas de impaciência e agressividade.

Isso se soma a uma "cultura do provisório" (AL, n. 39), que abala também a estrutura da relação a dois, dada a rapidez com que as pessoas se desfazem das coisas, dos objetos e até das relações afetivas. O ritmo frenético da sociedade e os horários impostos pelo mundo do trabalho contribuem negativamente para isso. Sem contar quando o tempo passado juntos não tem qualidade, em que o casal se limita a partilhar o mesmo espaço físico, sem prestar atenção um no outro.

Muitas vezes, afirma Francisco, as pessoas acreditam que o amor, assim como ocorre nas redes sociais digitais, pode ser "conectado ou desconectado" de acordo com a vontade individual, ou até bloqueado e deletado. Esse narcisismo, segundo o papa, torna as pessoas incapazes de olhar para além de si mesmas, dos seus desejos e necessidades, a se usarem, senão até a se manipularem.

"Tudo é descartável, cada um usa e joga fora, gasta e rompe, aproveita e espreme enquanto serve; depois... adeus" (AL, n. 39). O risco é viver uma afetividade narcisista e instável, que não permite que as pessoas alcancem uma maturidade pessoal e relacional. O resultado é o recurso à pornografia ou o extremo da comercialização do corpo, favorecida também por um uso distorcido da internet. Aliás, Francisco critica justamente o "refúgio na tecnologia"

(AL, n. 225) como modo de escapar de uma intimidade incômoda, de inventar outros compromissos para não conviver com o próprio cônjuge, ou até de buscar "outros braços".

Nessa escalada de obstáculos, pode-se chegar à violência familiar, terreno fértil para novas formas de agressividade social, segundo Francisco. "As famílias que influem nessa direção são aquelas em que há uma *comunicação deficiente* (...). A violência no seio da família é escola de ressentimento e ódio nas relações humanas básicas" (AL, n. 51).

Mas o mais grave, segundo Francisco, por ser uma das maiores pobrezas da cultura atual, é a solidão, que escancara a fragilidade das relações humanas e a ausência de Deus na vida das pessoas.

O que fazer, então?

A resposta de Francisco é, justamente, *"aprender a comunicar melhor"* (AL, n. 225), aprendendo a *"conciliar as diferenças"* (AL, n. 235). Trata-se de dedicar um tempo disponível e gratuito para *dialogar*, deixando outras coisas em segundo lugar. Parar um diante do outro, abraçar-se sem pressa, partilhar projetos, escutar-se, olhar-se nos olhos, apreciar-se, fortalecer a relação, inclusive partilhar momentos de silêncio que levem o casal a sentir a presença um do outro.

O papa também oferece como resposta a *"experiência estética do amor"* e do *"amor contemplativo"* (AL, n. 128), que se expressa no olhar que contempla o outro como um fim em si mesmo, ainda que doente, velho ou desprovido de atrativos físicos e sensíveis. "Muitas feridas e crises têm a sua origem no momento em que deixamos de nos contemplar", afirma Francisco. Ao contrário, o amor pelo outro envolve o gosto de "apreciar o que é belo e sagrado do seu ser pessoal, que existe para além das minhas necessidades" (AL, n. 127).

Outra sugestão do pontífice é recorrer a outros processos de comunicação, para além do próprio casal, como por exemplo o acompanhamento pastoral. Primeiramente, por meio de uma *comunicação imanente*, indo ao encontro dos outros, buscando o aconselhamento de casais com mais experiência e especializados, ou ainda de associações, movimentos eclesiais e novas comunidades. Em segundo lugar, uma *comunicação transcendente*, indo ao encontro de Deus, fomentando o crescimento da vida espiritual do casal, os espaços de espiritualidade partilhada, a participação conjunta em retiros e na Eucaristia. E, individualmente, a confissão frequente, a direção espiritual e momentos de oração a sós diante de Deus, "porque cada um tem as suas cruzes secretas" (AL, n. 227).

Francisco reforça que negar os problemas, escondê-los, relativizar a sua importância, apostar que o tempo vai melhorar as coisas só complicará ainda mais tudo, porque os vínculos vão se deteriorando e vai aumentando o isolamento que prejudica a intimidade. *"Numa crise não assumida, o que mais se prejudica é a comunicação"* (AL, n. 233). Assim, pouco a pouco, aquela que era "a pessoa a quem eu amo" pode chegar a ser pouco mais do que um estranho.

Em vez de se isolar e de se trancar em um "silêncio mesquinho e enganador", portanto, Francisco convida a "criar espaços para *comunicar de coração a coração*" (AL, n. 234). E essa comunicação em momentos de crise não é simples nem automática, mas precisa ser aprendida: "É uma *verdadeira arte* que se aprende em tempos calmos, para se pôr em prática nos tempos tempestuosos". E o que fazer nesses momentos de crise, para restabelecer a harmonia familiar? "Basta um pequeno gesto, uma coisa de nada", afirma o papa. "É suficiente uma carícia, sem palavras. Mas nunca permitam que o dia em família termine sem fazer as pazes" (AL, n. 104).

Entretanto, para vencer certos silêncios pesados demais, Francisco também sugere recorrer a três palavras-chave e "generosas" para todo casal e toda família, pois "as palavras adequadas, ditas no momento certo, protegem e alimentam o amor dia após dia". Essas três palavras são: *com licença, obrigado, desculpa.* "Quando numa família não somos invasores e pedimos 'com licença', quando na família não somos egoístas e aprendemos a dizer 'obrigado', e quando na família nos damos conta de que fizemos algo incorreto e pedimos 'desculpa', nessa família existe paz e alegria" (AL, n. 133).

No horizonte dessa aprendizagem, a plenitude da comunicação do casal é a "caridade conjugal", quando o cônjuge "capta e aprecia o valor sublime que tem o outro" (AL, n. 127). Assim, o casal se torna um "ícone do amor de Deus por nós", tornando visível, a partir de realidades simples e comuns, "o amor com que Cristo ama a sua Igreja, continuando a dar a vida por ela" (AL, n. 121).

E um modo privilegiado e indispensável para viver, expressar e amadurecer o amor na vida matrimonial e também familiar, segundo Francisco, é o diálogo.

Diálogo, fruto de silêncio e escuta

Para falar de diálogo, Francisco parte do pressuposto de que homens e mulheres, adultos e jovens têm maneiras diversas de comunicar, usam linguagens diferentes, regem-se por códigos distintos. A comunicação, afirma ele, é condicionada pelo modo de perguntar, pela forma de responder, pelo tom usado, pelo momento escolhido e por muitos outros fatores.

O diálogo, como processo de comunicação, mesmo que envolva apenas duas pessoas, é complexo. E, segundo o papa, demanda uma longa aprendizagem. Tudo começa com *aprender a escutar*, com paciência e atenção, até que o outro manifeste tudo o que precisa comunicar.

Para isso, Francisco recomenda fazer *silêncio interior*, "para escutar sem ruídos no coração e na mente", abandonar a pressa, as próprias necessidades, dar espaço ao outro, à sua mágoa, à sua desilusão, ao seu medo, à sua ira, à sua esperança, ao seu sonho, mesmo que expressados com palavras agressivas – embora se deva expressar aquilo que se sente sem agredir, ferir, ironizar, culpabilizar, vingar-se. Isso também significa dar uma importância real ao outro, colocar-se no seu lugar, interpretar a profundidade do seu coração, e não ficar pensando em outra coisa, tentar mudar de assunto ou dar respostas rápidas para terminar a conversa. É preciso valorizar a pessoa do outro, um outro que não sou eu, é diferente, singular.

Assim, afirma Francisco, o diálogo não constrói uma uniformidade de pensamento e ação, mas sim uma *unidade na diversidade* ou uma *diversidade reconciliada*. "Temos de nos libertar da obrigação de ser iguais", exorta. "A tudo isto subjaz a convicção de que *todos têm algo para dar*, pois têm outra experiência da vida, olham de outro ponto de vista, desenvolveram outras preocupações e possuem outras capacidades e intuições" (AL, n. 138). Do encontro entre o pensamento próprio e o pensamento do outro pode até surgir "uma *nova síntese* que nos enriqueça a ambos".

Mas o diálogo só é realmente encontro quando se tem algo para dizer. Para isso, afirma Francisco, é necessário *riqueza interior*, que se alimenta com a leitura, a reflexão pessoal, a oração, a abertura à sociedade, a outras pessoas. "Caso contrário, a conversa torna-se aborrecida e inconsistente (...) a vida familiar torna-se endogâmica e o diálogo fica empobrecido" (AL, n. 141).

A comunicação do casal se prolonga como comunicação da vida aos filhos e se aprofunda na relação com os filhos. E estes aprendem a se comunicar com o mundo e a construir relações com os outros a partir daquilo que veem e fazem em casa.

Filhos e filhas como receptores privilegiados do Evangelho da família

Para Francisco, os filhos são um dom maravilhoso de Deus, pois é através deles que o Senhor renova o mundo, para a alegria dos pais e da sociedade. E é na família que ocorre a socialização primária e fundamental de cada pessoa que nasce, "porque é o primeiro lugar onde se aprende a relacionar-se com o outro, a escutar, partilhar, suportar, respeitar, ajudar, conviver" (AL, n. 276).

Por isso, a família também é uma *escola de comunicação*. É na família que se rompe "o primeiro círculo do egoísmo mortífero, fazendo-nos reconhecer que vivemos junto de outros e com outros" (AL, n. 274). É na família que os filhos aprendem a "sentir o mundo", a "habitar" a realidade.

Essa comunicação familiar pode ser posta em prática até mesmo "desde o ventre da mãe" (cf. Jeremias 1,5). Em um trecho de grande delicadeza, afeto, beleza e poesia, o Papa Francisco se dirige justamente às mulheres grávidas

PARTE II – A ALEGRIA DE COMUNICAR: O PAPA FRANCISCO E A COMUNICAÇÃO

(mas tudo isto também vale para os "pais grávidos"): "Cuida da tua alegria, que nada te tire a alegria interior da maternidade. *Aquela criança merece a tua alegria.* (...) Vive com sereno entusiasmo, no meio dos teus incômodos e pede ao Senhor que guarde a tua alegria *para poderes transmiti-la ao teu filho*" (AL, n. 171). Que belo exemplo de comunicação realmente *encarnada*!

De modo geral, o desafio educativo para os pais se torna ainda mais difícil e complexo hoje por causa da grande influência dos meios de comunicação. Muitas vezes, lamenta Francisco, "alguns programas televisivos ou algumas formas de publicidade incidem negativamente e enfraquecem valores recebidos na vida familiar" (AL, n. 274).

Mas, ao mesmo tempo, o papa reconhece que é no âmbito familiar que a criança, o adolescente e o jovem aprendem a discernir, criticamente, as mensagens dos vários meios de comunicação. A família – como já reconheceram os estudos latino-americanos em Comunicação, como nas obras de Jesús Martín-Barbero, entre outros – é um importante âmbito de *mediação* daquilo que é produzido pelos meios.

Isto é, para além da produção de conteúdos realizada pelos meios de comunicação e, especialmente, da televisão, existe também um processo social e cultural de grande importância, ou seja, o reconhecimento, a ressignificação e até a transformação daquilo que os meios oferecem. As audiências e os telespectadores não são passivos em seus gestos de escuta e de visão: não há apenas um processo de decodificação ou reprodução linear das mensagens transmitidas pela mídia, mas também de questionamento, de criticidade, de construção de novos sentidos a partir do próprio contexto, dos conflitos de interesse, das relações de poder e das condições sociais em que vivem as pessoas que compõem o público. Em certo sentido, é o "meio cultural" que *situa, delimita e condiciona* a força do "meio midiático".

Questões como a própria cultura local, o sistema político-econômico vigente, a classe social, o gênero, a idade, a etnia, a situação momentânea, as condições de vida etc., tudo isso compõe filtros que fazem com que cada pessoa veja televisão, por exemplo, a partir de "lentes" específicas, singulares, conjunturais, que diferem de pessoa para pessoa, de contexto para contexto. Esses âmbitos também oferecem subsídios para que a pessoa possa tomar aquilo que foi "filtrado" e fazer novas misturas, a partir do "caldo cultural" em que se vive, transformando as mensagens. Como afirma Martín-Barbero, o receptor não é apenas um decodificador daquilo que o emissor (como a televisão) depositou na mensagem, mas é também um produtor de novos sentidos e de novas mensagens.

E um dos âmbitos em que essa mediação se explicita é o âmbito familiar (assim como a escola, o trabalho, os ambientes eclesiais, as associações civis ou políticas etc.). Ou seja, falar de mediação não é enfatizar apenas aquilo que as mídias estão fazendo com as famílias, mas também e principalmente aquilo que *as famílias estão fazendo com as mídias*. Nesse sentido, Martín-Barbero chama a família de "unidade básica de audiência", porque a cotidianidade familiar é um dos espaços fundamentais de "leitura das mídias" – inclusive em meio aos conflitos e tensões sobre aquilo que cada membro da família consome dos meios de comunicação.

E isto passa pelo espaço – até mesmo físico – que os meios ocupam no ambiente familiar, pelo tempo que as famílias dedicam a eles no cotidiano (quanto tempo as "telas" passam ligadas), pelo tipo de conteúdos que são consumidos ou não (que valores a família quer transmitir a seus filhos e que desvalores quer coibir) e como se dá essa negociação, como tais conteúdos, com seus valores ou desvalores, são discutidos, criticados e problematizados nas conversas em família, e assim por diante.

Nesse sentido, Francisco também ressalta o papel das tecnologias de comunicação e distração, cada vez mais sofisticadas, no encontro educativo entre pais e filhos. Uma realidade marcada pela pressa tecnológica pode gerar ansiedade e depressão. Daí a "tarefa importantíssima" das famílias de educar para a "capacidade de esperar", recomenda o papa, também em termos comunicacionais. "Não se trata de proibir as crianças de jogarem com os dispositivos eletrônicos, mas de encontrar a forma de gerar nelas a capacidade de diferenciarem as diversas lógicas e não aplicarem a velocidade digital a todas as áreas da vida. O adiamento não é negar o desejo, mas retardar a sua satisfação" (AL, n. 275).

Do ponto de vista das relações familiares, as tecnologias podem ser úteis para contatar membros da família que vivem longe, por exemplo. Mas "não substituem nem preenchem a necessidade do diálogo mais pessoal e profundo que requer o contato físico ou, pelo menos, a voz da outra pessoa. Sabemos que, às vezes, estes meios afastam em vez de aproximar, como quando, na hora da refeição, cada um está concentrado no seu celular ou quando um dos cônjuges adormece à espera do outro que passa horas entretido com algum dispositivo eletrônico" (AL, n. 278).

O papa fala até em "autismo tecnológico", em consequência da apatia gerada pelas novas formas de comunicação, que levam as crianças e os adolescentes a se desligarem do mundo real. Para enfrentar isso, é preciso diálogo e acordos, mas, reconhece Francisco, de nada adiantam proibições insensatas. Ao contrário, é preciso uma formação moral pautada em "métodos ativos e com um diálogo educativo que integre a sensibilidade e a linguagem própria dos filhos" (AL, n. 264). Ou seja, a formação precisa ser realizada de forma *indutiva*, em que os filhos possam chegar a descobrir por conta própria a importância de determinados valores, princípios e normas, em vez de terem que aceitá-los por imposição e obrigação, como verdades indiscutíveis.

Para além da formação moral, a família também é responsável por *comunicar a fé* a seus filhos, afirma o papa. "A família deve continuar a ser lugar onde se ensina a perceber as razões e a beleza da fé, a rezar e a servir o próximo" (AL, n. 287). É na família também que os filhos aprendem a "linguagem amável de Jesus", por meio da qual poderão se relacionar com os outros e com o mundo recorrendo principalmente a "palavras de incentivo, que reconfortam, fortalecem, consolam, estimulam" (AL, n. 100).

Mas comunicar a fé pressupõe, primeiro, que os próprios pais vivam uma experiência real de amizade com Deus e de seguimento a Jesus, pois são o exemplo e o testemunho que realmente comunicam o Evangelho da família. Aliás, comenta Francisco, "os momentos de oração em família e as expressões da piedade popular podem ter mais força evangelizadora do que todas as catequeses e todos os discursos" (AL, n. 288).

Mas o Evangelho da família não é uma boa notícia apenas para o casal e os filhos. Seja a dois, seja em família, é preciso vencer a *autorreferencialidade familiar*, e buscar, sempre, uma "comunicação em saída" ao encontro do outro, das outras famílias, da sua linguagem e do seu contexto de vida. A família só se torna "sujeito da ação pastoral" quando anuncia o Evangelho a outros, especialmente através do testemunho. E Francisco destaca alguns âmbitos para promover essa evangelização: a solidariedade com os pobres, a abertura à diversidade das pessoas, a proteção da criação, a promoção do bem comum, a transformação das estruturas sociais injustas, as obras corporais e espirituais de misericórdia.

Assim, as famílias poderão ser não apenas "Igrejas domésticas", mas também "Igreja em saída", sendo fermento evangelizador na sociedade e no mundo em que vivem, anunciando e compartilhando a alegria do amor.

GAUDETE ET EXSULTATE: A SANTIDADE NA COMUNICAÇÃO DO COTIDIANO

13

No dia 19 de março de 2018, solenidade de São José, o Papa Francisco assinou a sua quarta exortação apostólica, intitulada *Gaudete et Exsultate* ("Alegrem-se e exultem"), sobre o chamado à santidade no mundo atual. O pontífice apresenta o texto não como um "tratado sobre a santidade", com muitas definições e conceituações. Ao contrário, "o meu objetivo é humilde: fazer ressoar mais uma vez o *chamado à santidade*, procurando encarná-la no contexto atual, com os seus riscos, desafios e oportunidades" (GE, n. 2). E, nesse contexto atual, sem dúvida, estão também os riscos, os desafios e as oportunidades ligados ao ambiente comunicacional em que vivemos.

Sendo um chamado que pede uma resposta, a santidade também é comunicação. Antes de aprofundar essa reflexão, vejamos alguns elementos centrais do documento.

O chamado à santidade em formato texto

A *Gaudete et Exsultate* é um texto relativamente curto, com 177 parágrafos distribuídos em pouco mais de 60 páginas, divididas em cinco capítulos (*"O chamado à santidade"*, em que o papa apresenta a santidade como um chamado para todos; *"Dois inimigos sutis da santidade"*, o gnosticismo e o pelagianismo em suas versões atuais; *"À luz do mestre"*, que apresenta a santidade a partir da vida e das palavras de Jesus, especialmente relendo as "Bem-aventuranças" e o capítulo 25 do Evangelho de Mateus; *"Algumas características da santidade no mundo atual"*, subdivididas em algumas manifestações do amor a Deus e ao próximo evidenciadas pelo papa diante de alguns riscos e limites da cultura atual; e *"Luta, vigilância e discernimento"*, em que se destacam a força e coragem necessárias para se viver a santidade com o dom do Espírito Santo).

PARTE II – A ALEGRIA DE COMUNICAR: O PAPA FRANCISCO E A COMUNICAÇÃO

Para escrever suas reflexões sobre a santidade, Francisco dialoga com muitas pessoas em seu texto. Primeiramente, em muitos números, o papa conversa diretamente com o seu leitor e leitora, referindo-se a um "tu" que o acompanha na leitura. Como no número 15, em que o pontífice diz a quem o lê: "Deixa que a graça do teu Batismo frutifique num caminho de santidade". Ou ainda, de forma mais enfática no número 32: "Não tenhas medo da santidade".

Para estabelecer esse diálogo, Francisco recorre a outros interlocutores que o ajudam a aprofundar suas reflexões, como os documentos do magistério da Igreja e dos papas. No texto, são citados o Segundo Sínodo de Orange (529); o Concílio Ecumênico de Trento (1545-1563); o Concílio Ecumênico Vaticano II (1962-1965); especialmente a sua constituição dogmática sobre a Igreja, *Lumen Gentium*; o *Catecismo da Igreja Católica*; e o pensamento de São Paulo VI, São João Paulo II e o Papa Emérito Bento XVI.

O papa também recorre às contribuições da Congregação para a Doutrina da Fé do Vaticano e também de seus coirmãos bispos, especialmente os membros das Conferências Episcopais da África Ocidental, do Canadá e da Índia, além da América Latina, por meio do documento da Quinta Conferência Geral do Episcopado Latino-Americano de Aparecida (2007). Francisco também cita nominalmente dois cardeais, o vietnamita Francisco Xavier Nguyễn Văn Thuận (1928-2002) e o italiano Carlo Maria Martini (1927-2012).

Evidentemente, em um documento sobre a santidade, não poderia faltar a voz dos próprios santos e santas da Igreja. E Francisco dialoga com inúmeros deles, formando quase uma "ladainha de todos os santos" da sua predileção: Santo Agostinho, Santo Antônio de Lisboa, São Basílio Magno, São Bento, São Bernardo, São Boaventura, Santa Faustina Kowalska, São Filipe Néri, São Francisco de Assis, São Francisco de Sales, Santo Inácio de Loyola, São João Crisóstomo, São João da Cruz, São José Gabriel do Rosário Brochero, Santa Teresa Benedita da Cruz, Santa Teresa de Ávila, Santa Teresa de Calcutá, Santa Teresa de Lisieux, Santo Tomás de Aquino, São Tomás Moro, São Vicente de Paulo e o Bem-aventurado Charles de Foucauld.

Para embasar suas reflexões, o papa também recorre a pensadores e escritores em geral, como os romancistas franceses Joseph Malègue (1876-1940) e León Bloy (1846-1917), o padre e teólogo ítalo-argentino Lucio Gera (1924-2012) e o filósofo espanhol Xavier Zubiri (1898-1983).

Francisco apresenta a santidade de um modo muito cativante e, ao mesmo tempo, próximo de todos e de cada um. Ele fala de uma "nuvem de testemunhas" que nos circunda, citando a carta de São Paulo aos Hebreus (12,1), entre os quais se encontram, sem dúvida, os santos e santas reconhecidos pela

Igreja, que mantêm conosco laços de amor e comunhão. Mas, entre tais testemunhas, o papa destaca também a nossa própria mãe, uma avó ou outras pessoas próximas de nós, cuja vida talvez não tenha sido sempre perfeita, mas, mesmo, no meio de suas imperfeições e quedas, continuaram caminhando no seguimento de Jesus. São aqueles que Francisco chama de "santos ao pé da porta" e ainda de "classe média da santidade", isto é, pessoas que estão ao nosso redor "e são um reflexo da presença de Deus" (GE, n. 7) – e que podem se encontrar até mesmo fora da Igreja Católica (cf. GE, n. 9).

Nessa convivência, a santidade também é buscada, encontrada e experimentada como comunicação.

A santidade como comunicação

A *Gaudete et Exsultate* destaca a santidade como um processo de comunicação. Primeiramente, como um chamado que Deus faz "a cada um de nós" e "também a ti" (GE, n. 10), escreve o papa, dirigindo-se e convocando diretamente o leitor e a leitora.

Depois, como escuta e aprendizagem a partir do exemplo dos santos, santas e testemunhas com quem convivemos: "Cada santo é uma *mensagem* que o Espírito Santo extrai da riqueza de Jesus Cristo e dá ao seu povo" (GE, n. 21). Cada santo e santa carrega consigo uma "palavra" que o Senhor quer nos dizer por meio dele ou dela.

Por fim, a santidade é comunicação mediante a nossa própria vida, no encontro com o outro e no serviço aos demais na vida cotidiana: "Todos somos chamados a ser santos, vivendo com amor e oferecendo o *próprio testemunho* nas ocupações de cada dia, onde cada um se encontra" (GE, n. 14). É permitir que Deus se comunique em nós e por meio de nós com as pessoas com as quais convivemos. Por isso, Francisco pede ao seu leitor e leitora: "Oxalá consigas identificar *a palavra, a mensagem de Jesus que Deus quer dizer ao mundo com a tua vida*" (GE, n. 24).

Trata-se de um fluxo comunicacional que nasce do chamado pessoal de Deus e se estende, como palavra e mensagem de Jesus, ao mundo inteiro, a partir da vida de cada um, para a construção do Reino de amor, justiça e paz que Deus deseja para todos. Em suma, "ninguém se salva sozinho, como indivíduo isolado, mas Deus atrai-nos tendo em conta a *complexa rede de relações interpessoais que se estabelecem na comunidade humana*: Deus quis entrar numa dinâmica popular, na dinâmica de um povo" (GE, n. 6).

O papa apresenta essa comunicabilidade da santidade como um processo de crescimento gradual na vida pessoal. E o faz a partir de um exemplo singelo e corriqueiro:

Uma senhora vai ao mercado fazer as compras, encontra uma vizinha, começam a falar e... surgem as críticas. Mas esta mulher diz para consigo: 'Não! Não falarei mal de ninguém'. Isto é um passo rumo à santidade. Depois, em casa, o seu filho reclama a atenção dela para falar das suas fantasias e ela, embora cansada, senta-se ao seu lado e escuta com paciência e carinho. Trata-se de outra oferta que santifica. Ou então atravessa um momento de angústia, mas lembra-se do amor da Virgem Maria, pega no terço e reza com fé. Este é outro caminho de santidade. Em outra ocasião, segue pela estrada afora, encontra um pobre e detém-se a conversar carinhosamente com ele. É mais um passo (GE, n. 16).

Trata-se de uma santidade que passa por gestos simples que comunicam muito: falar o bem e não falar o mal, dar atenção, escutar com paciência e carinho, rezar e conversar com Deus e o próximo. A santidade, portanto, também é um processo de comunicação, e tomar consciência disso favorece que "cada instante seja expressão de amor doado sob o olhar do Senhor" (GE, n. 31).

Mas a santidade passa também pelos momentos de quietude, solidão e silêncio diante de Deus. E Francisco alerta, nesse sentido, para as constantes novidades tecnológicas, que, às vezes, obstaculizam que se deixem os espaços e os tempos para que a voz de Deus ressoe. Assim, "tudo se enche de palavras, prazeres epidérmicos e rumores a uma velocidade cada vez maior; aqui não reina a alegria, mas a insatisfação de quem não sabe para que vive" (GE, n. 29). Essa corrida febril e apressada pode impedir o diálogo sincero com Deus.

Por outro lado, o consumo de informações superficiais e as formas de comunicação rápida podem produzir um "estonteamento que ocupa todo o nosso tempo e nos afasta da carne sofredora dos irmãos" (GE, n. 108). Assim, acabamos excessivamente concentrados em nós mesmos. No meio desse turbilhão atual, é preciso deixar que volte a ressoar o Evangelho, "para nos oferecer uma vida diferente, mais saudável e mais feliz", continua o papa.

Portanto, santificar-se pela comunicação significa também "apaixonar-se por *comunicar a beleza e a alegria do Evangelho* e procurar os afastados nessas imensas multidões sedentas de Cristo" (GE, n. 57). Não se trata de viver uma espiritualidade desencarnada, mas sim de *encarnar* o chamado à santidade no contexto atual, marcado pela comunicação, nas nossas opções e atitudes, tocando *"a carne sofredora de Cristo nos outros"* (GE, n. 37). Caso contrário, a santidade não passará de "palavras vazias" (GE, n. 86) e de "rumores que não servem para nada" (GE, n. 150).

Se a santidade também é comunicação, é importante refletir, nas pegadas de Francisco, sobre como se pratica a comunicação da santidade.

A comunicação da santidade

Para Francisco, o chamado à santidade hoje se confronta com alguns riscos e limites da cultura contemporânea, como a ansiedade, o negativismo, a tristeza, a preguiça cômoda, consumista e egoísta, o individualismo, falsas espiritualidades etc. Diante disso, o papa convida a um estilo de vida marcado pelo amor a Deus e ao próximo, do qual ele destaca algumas grandes manifestações.

Uma delas é a *alegria e o senso de humor*. Poderíamos dizer que a santidade se comunica principalmente pela "primeira impressão" – que, como diz o ditado, "é a que fica". Segundo Francisco, "o mau humor não é um sinal de santidade" (GE, n. 126). Santo não é quem tem um "espírito retraído, tristonho, amargo, melancólico ou um perfil sumido, sem energia", mas sim quem é alegre, tem senso de humor e "ilumina os outros com um espírito positivo e rico de esperança" (GE, n. 122). Daí o próprio título da exortação apostólica: "Alegrem-se e exultem!"

Mas Francisco esclarece que não se trata da alegria consumista e individualista muito presente na cultura de hoje, que envolve a satisfação de prazeres ocasionais e passageiros. Mas sim da "alegria no Espírito Santo" (Romanos 14,17), daquela alegria "que se vive em comunhão, *que se partilha e comunica*" (GE, n. 128), porque "a felicidade está mais em dar do que em receber" (Atos 20,35). É em comunicação, na relação com o outro, no júbilo com o bem do outro, no amor fraterno que essa alegria se multiplica.

Nesse sentido, o pontífice recomenda uma oração atribuída a São Thomas More (1478-1535), que, entre outras coisas, diz: "Dai-me, Senhor, o senso do humor. Dai-me a graça de entender os gracejos, para que conheça na vida um pouco de alegria e *possa comunicá-la aos outros*". Santidade também é comunicar alegria.

Outra manifestação de um estilo de vida rumo à santidade é a *ousadia e o ardor*. Francisco nomeia essas manifestações recorrendo ao termo de origem grega, *parresia*, ou seja, falar com liberdade, um "impulso evangelizador que deixa uma marca neste mundo" (GE, n. 129). É dizer, junto com São Paulo, "ai de mim se eu não evangelizar!" (1Coríntios 9,16).

Novamente aqui ecoa o pedido do Papa Francisco de uma "Igreja em saída", porque a vida dos santos e santas também nos chama a "sair da mediocridade tranquila e anestesiadora" (GE, n. 136) e do "ar irrespirável da nossa autorreferencialidade" (GE, n. 136). Sem ousadia e ardor, fechamo-nos com receio e temor do outro e do desconhecido, e "o que fica fechado acaba cheirando a mofo e criando um ambiente doentio" (GE, n. 133).

Ao contrário, "Deus é sempre novidade, que nos impele a partir sem cessar e a mover-nos para ir mais além do conhecido, rumo às periferias e aos confins", pois "Ele próprio se fez periferia" (GE, n. 135). Por isso, Francisco valoriza o exemplo de tantos sacerdotes, religiosas, religiosos, leigas e leigos que se dedicam a anunciar e a servir aos outros, muitas vezes arriscando a vida e abrindo mão de sua comodidade. "O seu testemunho lembra-nos que a Igreja não precisa de muitos burocratas e funcionários, mas de missionários apaixonados, devorados pelo *entusiasmo de comunicar a verdadeira vida*" (GE, n. 138).

Em um mundo egoísta como o atual, afirma o papa, existe uma tendência ao individualismo consumista que acaba nos isolando na busca de um bem-estar personalista, à margem dos outros. Essa solidão faz com que percamos o senso da realidade. Por isso, Francisco também ressalta a *vida em comunidade* como uma manifestação de santidade.

As relações interpessoais – seja como casal, como família ou como grupo eclesial – podem ser um "espaço teologal onde se pode experimentar a presença mística do Senhor ressuscitado" (GE, n. 142). Vivida como um espaço aberto e evangelizador, a comunidade promove uma comunicação inclusiva, que passa pela identificação com o próprio desejo de Jesus: "Que todos sejam um só, como Tu, Pai, estás em mim e Eu em ti" (João 17,21).

E aí se manifesta outro aspecto da santidade, destacado pelo papa, a *vida em oração constante*. Para além da comunicação que se dá em nível interpessoal, existe outro nível de relação para quem busca a santificação, ou seja, a abertura à transcendência. "O santo é uma pessoa com espírito orante, *que tem necessidade de comunicar com Deus*" (GE, n. 147). É alguém que não suporta "asfixiar-se na imanência fechada deste mundo", mas "sai de si erguendo louvores e alarga os seus confins na contemplação do Senhor".

Essa comunicação humano-divina pode ocorrer em qualquer lugar e em todos os momentos da vida diária, mas Francisco ressalta a necessidade de alguns tempos dedicados só a Deus, na solidão com Ele. Nas palavras de Santa Teresa de Ávila, a oração é "uma relação íntima de amizade, permanecendo muitas vezes a sós com quem sabemos que nos ama" (GE, n. 149).

Esse diálogo de amor se explicita primeiramente como um "*silêncio* repleto de presença adoradora", como uma "*resposta* do coração que se abre a Deus face a face, onde são silenciados todos os rumores para *escutar a voz suave do Senhor que ressoa no silêncio*" (GE, n. 149). É da comunicação com Deus que nasce o "fogo" da comunicação que permite, como diz Francisco diretamente ao leitor e à leitora, "inflamar o coração dos outros *com o teu testemunho e as tuas palavras*".

Mas a oração não é uma comunicação apenas "Tu-a-tu", ciumenta, fechada e alheia à realidade e aos demais. Ao se comunicar com Deus, a pessoa traz consigo as vidas, os nomes e os rostos de seus irmãos e irmãs. Para Francisco, a oração será mais santificadora se, através da intercessão, procurarmos viver o duplo mandamento que Jesus nos deixou, de amar a Deus e ao próximo, pois é intercedendo pelos outros junto do Pai que se expressa o nosso "compromisso fraterno" (GE, n. 154).

Quando falta esse compromisso, vêm à tona os desvios e os obstáculos para a comunicação da santidade.

A excomunicação e as distorções da santidade

Há um parágrafo do texto que se destaca de todos os demais, em termos comunicacionais. É o número 115. Vale a pena lê-lo na íntegra, antes de contextualizá-lo e de desdobrá-lo em seus aspectos principais.

> *Pode acontecer também que os cristãos façam parte de redes de violência verbal através da internet e vários fóruns ou espaços de intercâmbio digital. Mesmo nas mídias católicas é possível ultrapassar os limites, tolerando-se a difamação e a calúnia e parecendo excluir qualquer ética e respeito pela fama alheia. Gera-se, assim, um dualismo perigoso, porque, nestas redes, dizem-se coisas que não seriam toleráveis na vida pública e procura-se compensar as próprias insatisfações descarregando furiosamente os desejos de vingança. É impressionante como, às vezes, pretendendo defender outros mandamentos, se ignora completamente o oitavo: "Não levantar falsos testemunhos" e destrói-se sem piedade a imagem alheia. Nisto se manifesta como a língua descontrolada "é um mundo de iniquidade; (...) e, inflamada pelo Inferno, incendeia o curso da nossa existência" (Tg 3,6).*

É realmente surpreendente que um sumo pontífice da Igreja Católica insira, em um documento que passa a compor o magistério eclesial e a própria tradição da Igreja, afirmações tão fortes de autocrítica à própria comunicação católica. Mas quem circula pelos ambientes digitais já deve ter se deparado com pessoas ou grupos cristãos que promovem, contraditoriamente ao que propõe a fé cristã, aquilo que Francisco chama de "redes de violência verbal". Aliás, o próprio pontífice, muitas vezes, é alvo dessa agressividade "católica".

Em muitos ambientes digitais autodenominados "católicos", frequentemente, a pessoa que está do outro lado da tela não é percebida como um "irmão ou irmã na fé", mas apenas como alguém sobre quem se descarrega toda a raiva e rancor pessoais e pseudorreligiosos, camuflados de defesa da tradição, da sã doutrina e da liturgia, com citações artificiosamente pinçadas da

Bíblia e do Catecismo. Formam-se até aquilo que o historiador italiano Massimo Faggioli chama de "cibermilícias católicas", que rondam a internet e as redes sociais digitais em busca de "heresias" a serem condenadas, agindo como "propagandistas verbalmente violentos das mídias sociais católicas". Nada nem ninguém estaria acima desse "Tribunal da Santa Inquisição Digital", nem mesmo o papa – e especialmente o Papa Francisco.

Nessas "fogueiras digitais" são condenados os supostos "hereges" atuais, expressão-agressão que circula abundantemente em certas páginas e grupos católicos nas redes, dirigida contra todos aqueles que têm uma visão de Igreja diferente da do agressor. Tudo e todos são passíveis de serem apontados como "hereges". Esses "linchamentos" simbólicos ocorrem a partir de condenações inapeláveis por parte de grupelhos de leigos que se arrogam o direito – e até o dever – de atirar a primeira pedra. Pregam a exclusão de tudo o que seja "catolicamente diferente" e de todos os "catolicamente outros", posicionando-se contra os diferentes e quaisquer diferenças no interior do catolicismo.

E, muitas vezes, como indica o próprio pontífice, tais indivíduos ou grupos recorrem até à difamação e à calúnia, ao falso testemunho, ao boato e à mentira, a atos de violência simbólica, a discursos de ódio, intolerância e preconceito étnico, sexual e outros. Em uma nota de rodapé, Francisco recorre a uma metáfora muito ilustrativa das consequências desses atos: "A difamação e a calúnia são comparáveis a um *ato terrorista*: atira-se a bomba, destrói-se, e o terrorista segue o seu caminho feliz e tranquilo" (cf. GE, nota 73).

O papa situa tal problemática na tensão entre as limitações da pessoa individual – "nossas inclinações agressivas e egocêntricas" (GE, n. 114) – e as da sociedade – a "violência que invade a vida social" (GE, n. 116). Desse modo, o mundo se torna cada vez mais "um lugar de inimizade, onde se litiga por todo o lado, onde há ódio em toda a parte, onde constantemente classificamos os outros pelas suas ideias, os seus costumes e até a sua forma de falar ou vestir. Em suma, é o reino do orgulho e da vaidade, onde cada um se julga no direito de elevar-se acima dos outros" (GE, n. 71).

Com esse tipo de atitude e por meio dessa má comunicação, a esperada comunhão entre irmãos e irmãs na fé se transforma em "excomunhão" (*excommunicatio*, no latim) daqueles que divergem do "meu/nosso" ponto de vista. A comunicação se transforma em *excomunicação*. Trata-se da comunicação de que outra comunicação deve cessar (silenciamento do outro), ou não deveria nem existir (apagamento do outro), ou, além disso, de que outra comunicação é necessária (afastamento do outro). Esses discursos buscam a mudança, a superação, o fim de outros discursos, passando, então, a se instituir como novo discurso. Essa força de exclusão pode levar ao extremo da própria *incomunicação* entre os membros da mesma Igreja.

Historicamente, a Igreja, em seus documentos, criticava os fenômenos de intolerância, difamação e ódio na comunicação, mas, em geral, situava-os fora da Igreja, praticados por agentes não eclesiais (como os profissionais das mídias), como um processo que investia contra ela, *de fora para dentro*. Mas, na *Gaudete et Exsultate*, Francisco inverte esse olhar, constatando que não se trata de um fenômeno extraeclesial, mas sim propriamente *intracatólico*, de violência simbólica instigada e disseminada contra e entre os próprios católicos.

Do ponto de vista institucional, é bom enfatizar que a Igreja, até certo ponto, não precisa "reagir à reação". Isto é, tais cibermilícias sempre atuam *a posteriori*, reagindo a uma ação da Igreja, criticando aqueles e aquelas que efetivamente constroem o Reino com suas vidas e testemunho. Portanto, a existência dessa reação em rede por parte dessas cibermilícias é até um bom sinal de que a Igreja está sendo profética e sacudindo os bem-pensantes católicos – ou seja, cumprindo a sua missão.

Então, é esse o caminho mesmo – se os cibermilicianos católicos criticaram, é porque a Igreja está no caminho do Evangelho! Que siga construindo no pequeno, no local, de modo artesanal, até mesmo em silêncio, como fermento na massa, como semente de mostarda etc. Quem dá mais ouvidos a esses inquisidores digitais do que aos verdadeiros profetas de hoje deve resolver, primeiramente, um problema de consciência pessoal.

Em certos casos, contudo, existem limites que são estipulados pela própria legislação brasileira. Então, a Igreja não só pode como *deve* recorrer à justiça nos casos previstos em lei, como ameaça, calúnia, difamação, injúria etc., que também valem para a internet. A César o que é de César. É claro que essa é uma decisão que cabe aos envolvidos e afetados diretamente, mas, se existem tais patamares civis e civilizatórios básicos, é bom recorrer a eles. Assim, além de defender os próprios direitos e os da própria instituição, defende-se também a própria democracia e a liberdade de expressão – que não é, porém, um libertinismo verborrágico desenfreado.

Aliás, foi o próprio Jesus quem afirmou: "Quem diz ao seu irmão 'imbecil' se torna réu perante o Sinédrio; quem chama o irmão de 'idiota', merece o fogo do inferno" (Mateus 5,22b).

No fundo, o desafio em rede é viver também uma "santidade digital".

Um chamado à santidade digital em tempos de intolerância em rede

"Todos somos chamados a ser santos, vivendo com amor e oferecendo o próprio testemunho nas ocupações de cada dia, onde cada um se encontra" (GE, n. 14). Isto é, também na internet e nas redes sociais digitais. Onde quer que um cristão e uma cristã se encontrem, "a santidade nada mais é do que a

PARTE II – A ALEGRIA DE COMUNICAR: O PAPA FRANCISCO E A COMUNICAÇÃO

caridade plenamente vivida" (GE, n. 21). Diante disso, como os católicos e católicas podem dar um testemunho concreto do seu amor ao próximo também nas redes?

É aí que entra aquele estilo de vida e de comunicação que poderíamos chamar de *santidade digital*. Esta vai na contramão daquelas "redes de violência verbal através da internet" denunciadas pelo papa. Infelizmente, vimos muito isso nos últimos anos, por exemplo, com a disseminação quase descontrolada de boatos e mentiras (as chamadas *fake news*), em questões envolvendo a política brasileira ou a própria Igreja. No fundo, essa também é uma forma de "corrupção espiritual", que envolve "uma cegueira cômoda e autossuficiente" (GE, n. 165), marcada por engano, calúnia, egoísmo e muitas formas sutis de autorreferencialidade.

Na contracorrente disso, a santidade digital oferece pistas de saída para esse contratestemunho comunicacional de católicos e católicas. Acima de tudo, ela se expressa como *suportação, paciência e mansidão*, uma das características da santidade no mundo atual, segundo o papa. Diante das contrariedades e agressões dos outros, das suas infidelidades e defeitos, Francisco convida a permanecer centrado, firme em Deus, pois, "se Deus está a nosso favor, quem estará contra nós?" (Romanos 8,31).

É a partir dessa firmeza e solidez interiores que é possível "aguentar, suportar as contrariedades, as vicissitudes da vida e também as agressões dos outros, as suas infidelidades e defeitos (...) Nisto está a fonte da paz que se expressa nas atitudes de um santo" (GE, n. 122). Isso "impede de nos deixarmos arrastar pela violência que invade a vida social, porque a graça aplaca a vaidade e torna possível a mansidão do coração" (GE, n. 116). Mesmo em um mundo acelerado, volúvel e agressivo, afirma Francisco, o testemunho de santidade é feito de paciência e constância no bem.

Nesse sentido, Francisco relembra um trecho da carta de São Paulo aos Romanos (12,14-19a), que, depois de mais de 2.000 anos, ainda revela a verdadeira força de um santo e santa, também e principalmente no ambiente digital:

> *Abençoem os que perseguem vocês; abençoem e não amaldiçoem. Alegrem-se com os que se alegram, e chorem com os que choram. Vivam em harmonia uns com os outros. Não se deixem levar pela mania de grandeza, mas se afeiçoem às coisas modestas. Não se considerem sábios. Não paguem a ninguém o mal com o mal; a preocupação de vocês seja fazer o bem a todas as pessoas. Se for possível, no que depender de vocês, vivam em paz com todos.*

"Esta atitude não é sinal de fraqueza – diz o papa –, mas da verdadeira força, porque o próprio Deus é paciente e grande em poder" (GE, n. 113). A firmeza interior, que é obra da graça, impede que a pessoa se deixe "arrastar pela violência que invade a vida social (...) e torna possível a mansidão do coração" (GE, n. 116).

Mas como colocar em prática essa mansidão diante de tantos *haters* e *trolls* que poluem o ambiente digital, tornando-o às vezes quase insuportável, inabitável?

Francisco sugere, em primeiro lugar, algo que parece evidente: que não se faça o mesmo que eles fazem, ou seja, que não nos arroguemos o direito de julgá-los e de "apedrejá-los". Olhar o outro com altivez, assumir o papel de juízes sem piedade, considerar os outros como indignos, querer dar lições continuamente, tudo isso já é uma forma sutil de violência, afirma o papa. O santo, por sua vez, não gasta as suas energias se lamentando ou se horrorizando diante dos erros alheios, mas é capaz de "*guardar silêncio sobre os defeitos dos seus irmãos* e evita a violência verbal que destrói e maltrata, porque não se julga digno de ser duro com os outros" (GE, n. 116).

Isso não significa caminhar de cabeça baixa ou fugir do convívio social. Nem se trata de uma auto-humilhação, "porque isso seria masoquismo" (GE, n. 120). Ao contrário, continua o papa, o importante é "imitar Jesus e crescer na união com Ele. Isto não é compreensível no plano natural, e o mundo ridiculariza semelhante proposta. É uma graça que precisamos de implorar: 'Senhor, quando chegarem as humilhações, ajuda-me a sentir que estou seguindo atrás de ti, no teu caminho'".

Se as Bem-aventuranças são a essência da santidade, como afirma Francisco, uma delas tem um significado ainda mais profundo em um ambiente digital marcado pelo ódio e pela violência: "*Felizes os mansos, porque possuirão a terra*". Jesus também propõe a mansidão mesmo quando se trata de defender a fé e as próprias convicções. Até mesmo os adversários devem ser tratados com mansidão. O papa reconhece que alguém poderia objetar: "Mas, se eu for manso assim, pensarão que sou insensato, estúpido ou frágil". E Francisco responde: "*Deixemos que os outros pensem isso. É melhor sermos sempre mansos, porque assim se realizarão as nossas maiores aspirações: os mansos 'possuirão a terra', isto é, verão as promessas de Deus cumpridas na sua vida. (...) Reagir com humilde mansidão: isto é santidade*" (GE, n. 74).

Para isso é preciso "um coração pacificado por Cristo, liberto daquela agressividade que brota de um 'ego' demasiado grande" (GE, n. 121). Essa segurança interior permite perseverar no bem, mas ela não se encontra "no sucesso, nos prazeres vazios, na riqueza, no domínio sobre os outros ou na imagem social", afirma o papa, realidades muito presentes nas redes sociais digitais, em que só temos "valor" de acordo com aquilo que mostramos sobre nós mesmos e com o quanto isso "rende" em termos de visualizações, "curtidas", "engajamento"... Ao contrário, continua Francisco, a verdadeira fortaleza interior só vem daquele que um dia disse: "Eu lhes dou a minha paz. A paz que eu dou para vocês não é a paz que o mundo dá" (João 14,27).

A "santidade digital" envolve ainda *a alegria e o senso de humor*. Mesmo diante da violência em rede, não é necessário manter uma atitude retraída, tristonha, amarga, melancólica. O mau humor não é sinal de santidade: "O santo é capaz de viver com alegria e senso de humor. Sem perder o realismo, ilumina os outros com um espírito positivo e rico de esperança. Ser cristão é alegria no Espírito Santo" (GE, n. 122).

E aqui entra em cena uma segunda Bem-aventurança de grande importância para um ambiente digital envenenado pela intolerância e pela agressão verbal: *"Felizes os pacificadores, porque serão chamados filhos de Deus"*. Para Francisco, o mundo das murmurações, das fofocas, dos boatos é feito por pessoas que se dedicam a criticar e destruir, e, portanto, não constroem a paz. O santo, ao contrário, é "fonte de paz", pois busca construir a "amizade social" (GE, n. 88). Essa paz "não exclui ninguém; antes, integra até mesmo aqueles que são um pouco estranhos, as pessoas difíceis e complicadas (...), aqueles que são diferentes (...), aqueles que cultivam outros interesses" (GE, n. 89). Isso não significa ignorar ou dissimular as desavenças, mas sim, continua o papa, "aceitar suportar o conflito, resolvê-lo e transformá-lo no 'elo de ligação' de um novo processo (...) Semear a paz ao nosso redor: isto é santidade".

Responder ao chamado à santidade digital, no fundo, é reconhecer que, por trás das telas dos computadores, tablets e celulares, de seus números, símbolos e dígitos, estão pessoas humanas. Está o nosso "próximo". Quando conseguimos vislumbrar o rosto do irmão e da irmã em meio a tantos *bits* e *pixels*, entrevemos o rosto do próprio Pai, "que se reflete em muitos, porque em cada irmão e irmã, especialmente no mais pequeno, frágil, inerme e necessitado, *está presente a própria imagem de Deus*" (GE, n. 61).

Em rede, o santo age, reage e interage a partir da fé e da caridade diante desses dois rostos, do Pai e do irmão. Reconhece do outro lado da tela "um ser humano com a mesma dignidade que eu, uma criatura infinitamente amada pelo Pai, uma imagem de Deus, um irmão redimido por Jesus Cristo. Isto é ser cristão!" (GE, n. 98).

Um mundo muitas vezes marcado pelo ódio e pela violência, pela depressão e pela ansiedade espera por comunicadores pacíficos e alegres, e por pacificadores bem-humorados e comunicativos. E essa é uma ótima maneira de nos santificarmos pela comunicação e de comunicar a santidade.

CHRISTUS VIVIT: POR UMA COMUNICAÇÃO ECLESIAL JOVEM E COM OS JOVENS

14

A Exortação Apostólica *Christus Vivit* (Cristo vive), publicada em 25 de março de 2019, é um texto que desafia a Igreja a olhar para os jovens e para as juventudes não apenas como "receptores passivos" da comunicação da Igreja, mas como *sujeitos ativos e criativos* dessa mesma comunicação de que "Cristo vive".

Trata-se do primeiro documento do magistério pontifício em toda a história a ser dedicado especialmente "aos jovens". Vejamos algumas de suas características gerais, para podermos acolher o convite dirigido pelo papa a toda a Igreja para promover uma "comunicação jovem e com os jovens".

À escuta do grito dos jovens

A exortação "Cristo vive" é fruto de um caminho sinodal que iniciou poucos meses depois da Jornada Mundial da Juventude em Cracóvia, Polônia, em 2016, quando o Papa Francisco convocou a assembleia sinodal ordinária de outubro de 2018, sobre o tema *"Os jovens, a fé e o discernimento vocacional"*.

Em janeiro de 2017, o pontífice escreveu uma carta aos jovens, para apresentar o documento preparatório do futuro Sínodo. Nela, Francisco disse que quis que os jovens estivessem "no centro da atenção" do Sínodo, "porque os trago no coração". Por isso, convidava a Igreja a se colocar "à *escuta da voz*, da sensibilidade, da fé de cada um; assim como também das dúvidas e das críticas. Façam com que *todos ouçam o grito de vocês*, deixem-no ressoar nas comunidades e façam-no chegar aos pastores", escreveu o papa aos jovens.

Por ser um Sínodo dirigido aos jovens, o caminho sinodal envolveu um processo de comunicação que buscava falar as linguagens juvenis, especialmente no ambiente digital. Um primeiro movimento, nesse sentido, foi o lançamento

PARTE II – A ALEGRIA DE COMUNICAR: O PAPA FRANCISCO E A COMUNICAÇÃO

de um site oficial do Sínodo (youth.synod2018.va). Nesse site foi disponibilizado um questionário online em diversas línguas, dirigido aos jovens de 16 a 29 anos.

Desta vez, ao contrário das edições anteriores do Sínodo, não era preciso enviar as respostas posteriormente à Secretaria-Geral, mas os próprios jovens – sejam quem fossem – podiam acessar o link desse questionário, respondê-lo e expressar suas opiniões e críticas, que seriam automaticamente recebidas pelos organizadores do Sínodo. No total, mais de 100.000 jovens responderam o questionário online na íntegra. O país de onde veio o maior número de respostas foi a Uganda, na África, com mais de 16 mil respostas completas.

Além disso, foi criado o perfil *Synod2018* no Facebook, Twitter e Instagram, e os jovens foram convidados a falar sobre as temáticas do Sínodo em rede usando a *hashtag* oficial *#Synod2018*. Esta palavra-chave também serviria, junto com o questionário online, como "termômetro social", para alimentar o debate em preparação à assembleia sinodal a partir das temáticas mais mencionadas nas redes e para oferecer subsídios para a redação do documento de trabalho a ser discutido pelos Padres sinodais.

O caminho sinodal também envolveu outros dois momentos presenciais muito significativos de comunicação com os jovens. O primeiro foi o *Seminário Internacional sobre a Condição Juvenil no Mundo*, realizado em Roma, em setembro de 2017. Participaram do seminário 82 convidados de cinco continentes e de diferentes contextos geográficos, socioculturais e religiosos: 21 jovens, 32 especialistas de universidades diversas, 20 formadores e agentes de pastoral juvenil e vocacional e nove representantes de organismos da Santa Sé.

E, nos dias 19 a 24 de março de 2018, foi realizada uma Reunião Pré-Sinodal, também em Roma, com a presença de 300 jovens dos cinco continentes, de várias religiões e também ateus, além da participação de 15.000 jovens através de grupos no Facebook. O Papa Francisco fez um discurso de abertura do evento, no qual convidou os jovens a "falar com coragem. Sem vergonha. Aqui a vergonha se deixa do lado de fora da porta. Fala-se com coragem: aquilo que eu sinto, eu digo e, se alguém se sente ofendido, peço perdão e sigo em frente. Vocês sabem falar assim. Mas é preciso escutar com humildade. Se alguém fala o que não me agrada, devo escutá-lo mais, porque cada um tem o direito de ser escutado, assim como cada um tem o direito de falar".

Com todo esse caminho sinodal, queria-se justamente evitar aquilo que o próprio Papa Francisco criticou nesse seu discurso aos jovens: "Muito frequentemente falamos dos jovens sem nos deixarmos interpelar por eles". E esse caminho de diálogo com os jovens, depois dos debates do Sínodo propriamente dito, chegou até a Exortação Apostólica *Christus Vivit* (CV), na qual "a minha palavra – escreve Francisco – será enriquecida por milhares de vozes de fiéis de todo o mundo, que fizeram chegar ao Sínodo as suas opiniões. Mesmo os jovens que não creem, que quiseram participar com as suas reflexões, propuseram questões que fizeram nascer em mim novas interrogações" (CV, n. 4).

O Sínodo também reconheceu que, muitas vezes, predomina uma tendência de oferecer respostas e receitas prontas aos jovens, sem prestar atenção nas suas perguntas e na novidade que elas trazem consigo. Contudo, quando a Igreja abandona seus esquemas rígidos e se abre à escuta atenta dos jovens, isso a enriquece, "ajudando-a a identificar novas sensibilidades e *colocar-se perguntas inéditas*" (CV, n. 65).

A exortação apostólica, portanto, dá continuidade a todo esse caminho sinodal. O texto não se assume como um "ponto-final" de tudo o que foi discutido. Ao contrário, reconhecendo a riqueza das reflexões e dos diálogos sinodais, Francisco admite que não pode recolher no documento todas essas contribuições, mas, acrescenta, "vocês poderão lê-las no Documento Final" do Sínodo. Ou seja, o papa expande a sua própria encíclica, remetendo também aos outros pontos que os Padres sinodais debateram, votaram e aprovaram. O seu objetivo com a exortação é apenas "assumir, na redação desta carta, as propostas que me pareceram mais significativas" (CV, n. 4).

Na exortação, Francisco dialoga inúmeras vezes com os documentos produzidos ao longo do caminho sinodal, como o Documento Final, aprovado pelos bispos presentes no Sínodo. Quase a metade das citações do papa são desses documentos. Além deles, o pontífice recorre a outros documentos da Igreja, como os do Concílio Ecumênico Vaticano II e o *Catecismo da Igreja Católica*. E se apoia nas reflexões já realizadas pelos seus coirmãos bispos, citando documentos das Conferências Episcopais da Argentina, Colômbia, Coreia, Estados Unidos, Ruanda e Suíça.

O papa cita ainda inúmeros santos, como Santo Agostinho, Santo Alberto Hurtado, São Francisco de Assis, Santo Irineu, São João da Cruz, São Óscar A. Romero, Santo Tomás de Aquino. Também seus sucessores, como São Paulo VI, São João Paulo II e Bento XVI. E recorre ao pensamento de outros nomes da vida eclesial recente, como o ex-superior geral dos jesuítas, o espanhol Pedro Arrupe (1907-1991), o cardeal vietnamita Francisco Xavier Nguyễn Văn Thuận (1928-2002), o cardeal argentino Eduardo Pironio (1920-1998), o teólogo e padre ítalo-alemão Romano Guardini (1885-1968) e o teólogo e padre argentino Rafael Tello (1917-2002). E, da literatura em geral, o pontífice cita, na íntegra, no número 108, o "Soneto" do poeta argentino Francisco Luís Bernárdez (1900-1978).

A partir desse contexto, vejamos agora como a exortação apresenta o papel dos jovens diante de um mundo marcado fortemente pela comunicação.

Os jovens e a comunicação

A *Christus Vivit* é um documento relativamente longo, com nove capítulos subdivididos em 299 parágrafos. Francisco inicia o texto afirmando que "as primeiras palavras que quero dirigir a cada jovem cristão são estas: Ele vive e te quer vivo!" (CV, n. 1). Em várias partes do texto, o papa usa essa linguagem direta com o leitor e a leitora, dirigindo-se de modo particular a "todos os jovens cristãos". Sua carta "recorda algumas convicções da nossa fé e, ao mesmo tempo, encoraja a crescer na santidade e no compromisso em prol da própria vocação" (CV, n. 3).

No caminho percorrido pelo texto – que passa também por aquilo que a Palavra de Deus diz sobre os jovens e especialmente pela juventude de Jesus –, a comunicação ganha destaque especial no capítulo terceiro, intitulado *"Vós sois o agora de Deus"*. Nessa parte do documento, Francisco reflete sobre o momento presente dos jovens, sobre como eles são e como vivem hoje. E a primeira grande constatação do papa é que existe uma pluralidade de mundos juvenis, razão pela qual seria até mais justo falar em "juventudes", no plural. Na realidade, afirma o papa, "'a juventude' não existe; o que há são jovens com as suas vidas concretas" (CV, n. 71).

Segundo Francisco, o Sínodo abordou de modo especial três temas de grande importância, e o primeiro a ser trabalhado na *Christus Vivit* é precisamente o "ambiente digital" (os outros dois são os migrantes e os abusos). No documento, essa questão mereceu nada menos do que cinco parágrafos (CV, n. 86-90).

A constatação inicial do papa é quase autoevidente: o ambiente digital caracteriza o mundo atual, a ponto de não se tratar apenas de "usar" instrumentos de comunicação, mas sim de "viver numa cultura amplamente digitalizada que tem impactos muito profundos na noção de tempo e espaço, na percepção de si mesmo, dos outros e do mundo, na maneira de comunicar, aprender, obter informações, entrar em relação com os outros" (CV, n. 86). Isto é, trata-se de uma ecologia comunicacional que permeia toda a vida humana e social.

Por isso, afirma Francisco, a internet e as redes sociais digitais geraram uma nova maneira de comunicar e de se relacionar, constituindo uma grande oportunidade de encontro, de diálogo e de intercâmbio entre as pessoas, mediante um acesso mais facilitado às informações. E isso vale tanto para o âmbito sociopolítico, em que as redes podem favorecer um contexto de participação sociopolítica e de cidadania ativa, quanto para o âmbito eclesial, em que o ambiente digital se apresenta hoje como um lugar indispensável para se alcançar e envolver os jovens nas próprias iniciativas e atividades pastorais (cf. CV, n. 87).

Mas o papa reconhece que esse fenômeno, por ser propriamente humano e social, também revela seus limites e deficiências. Assim, manifestam-se problemáticas como a dependência tecnológica, o isolamento social e a solidão, a pornografia, a manipulação e exploração de pessoas, o *ciberbullying* e a violência etc.

O risco de tudo isso é perder progressivamente o contato com a realidade concreta, dificultando o desenvolvimento das relações interpessoais. Isso se dá por meio de dois níveis de fechamento ao mundo. Um primeiro nível é a criação de circuitos fechados no interior da internet, que favorecem apenas o "encontro entre pessoas com as mesmas ideias, dificultando o confronto entre as diferenças" e "fomentando preconceitos e ódio" (CV, n. 89). Mas esse fechamento pode fazer parte de um fechamento ainda mais amplo, mediante um fenômeno que Francisco chama de "migração digital", que leva as pessoas a se refugiarem no ambiente digital, distanciando-se e fechando-se à realidade em geral.

O ambiente digital, muitas vezes, pode impedir que se veja a realidade do outro. "As relações online podem se tornar desumanas" (CV, n. 90), reconhece o papa, retomando uma afirmação presente no documento preparado pelos 300 jovens que participaram da reunião pré-sinodal. Um sinal disso é a proliferação das notícias falsas, "expressão de uma cultura que perdeu o sentido da verdade e sujeita os fatos a interesses particulares" (CV, n. 89). Operam-se, assim, verdadeiros "processos sumários online", que comprometem a reputação das pessoas, inclusive de membros da Igreja e seus pastores, afirma o pontífice, que agora são julgados publicamente por esses novos "inquisidores digitais".

Segundo Francisco, os jovens enfrentam um grande desafio: "Interagir com um mundo real e virtual no qual se entra sozinho como num continente desconhecido. (...) Mas isto requer que eles consigam passar do contato virtual a uma comunicação boa e saudável" (CV, n. 90). Aqui, há dois aspectos a serem destacados: primeiro, a insistência, por parte da reflexão eclesial, em reiterar uma suposta divisão entre "virtual" e "real", que não contribui para a compreensão do fenômeno digital, e depois a metáfora do "continente desconhecido".

Primeiramente, é importante lembrar que o "virtual" não se contrapõe ao "real". O "virtual" é real. Por um lado, a internet depende de muita materialidade para existir: cabos, fios, telas, chips etc. Por outro, as pessoas que interagem no ambiente digital são de carne e osso, têm rosto, história, vida. Se quisermos abordar a rede digital como uma virtualidade, devido ao caráter simbólico das suas linguagens, então a internet é tão "virtual" quanto uma biblioteca. Todo o conhecimento reunido em uma biblioteca é "virtual", não o detemos, é intangível, é incomensurável. Porém, assim que acessamos um determinado livro, um determinado conteúdo, interagimos com ele e o aprendemos, tal conhecimento se atualiza, se presentifica na nossa vida. Passa-se do "virtual" ao "atual" – sem deixar de ser "real". O mesmo vale para a internet.

Em termos eclesiais, é preciso relembrar o que disse Bento XVI na sua mensagem ao Dia Mundial das Comunicações Sociais de 2013, dedicada justamente às *Redes Sociais: portais de verdade e de fé; novos espaços de evangelização*". Nela, o bispo emérito de Roma afirmava: "O ambiente digital *não é um mundo paralelo ou puramente virtual*, mas faz parte da *realidade cotidiana* de muitas pessoas, especialmente dos mais jovens".

Se abordarmos a internet meramente como "virtualidade", podemos correr o risco de abstrair toda a sua materialidade, todas as suas marcas de socialidade, ou seja, a sua contextualidade, que é sinal da própria *humanidade* nela presente. Em termos pastorais, o risco é de minimizá-la como um fruto puramente da "imaginação" e não perceber nela um novo ambiente socialmente construído de relação pessoal e de organização social.

Mas, por outro lado, Francisco tem razão ao apontar para o fato de os jovens estarem lidando com um "continente desconhecido". Isso contribui para desfazer ainda mais o mito dos jovens como "nativos digitais", isto é, como aqueles que "já nascem sabendo" tudo aquilo que caracteriza a cultura digital. Trata-se de outra expressão que não contribui para entender a relação entre as juventudes e o fenômeno digital.

Os jovens podem até crescer em uma cultura que os leva a saber manejar equipamentos e máquinas eletrônicas de um modo que, para eles, é extremamente fácil e simples, em comparação com o modo desajeitado dos "mais velhos". Mas isso não significa que eles saibam fazer aquilo que Francisco define como a "síntese entre o pessoal, o específico de cada cultura e o global". Isto é, uma coisa é saber lidar com máquinas digitais; outra, bem diferente, é saber (con)viver em uma cultura cada vez mais digitalizada, ou seja, saber conjugar tudo aquilo que existe de novidade na cultura nascente, sem perder os valores, critérios e princípios que nos foram transmitidos pelas gerações anteriores, pela tradição social. É aquilo que herdamos do passado e dos antepassados que nos permite avaliar criticamente aquilo que essa cultura nascente pode estar fomentando de prejudicial hoje. Só sabendo promover esse equilíbrio é que é possível promover também uma "comunicação boa e saudável", como pede o papa.

Portanto, a leitura de Francisco não é ingênua em relação ao ambiente digital. Ele sabe que "há interesses econômicos gigantescos que operam no mundo digital, capazes de realizar formas de controle que são tão sutis quanto invasivas, criando mecanismos de manipulação das consciências e do processo democrático" (CV, n. 89). E esses mecanismos da comunicação e da publicidade "podem ser utilizados para nos tornar sujeitos adormecidos, dependentes do consumo e das novidades que podemos comprar, obcecados pelo tempo livre, fechados na negatividade" (CV, n. 105).

Ao contrário, o convite do papa aos jovens é "usar as novas técnicas de comunicação para transmitir o Evangelho, para comunicar valores e beleza" (CV, n. 105), indicando como exemplo o jovem italiano Carlos Acutis (1991-2006), que está em processo de beatificação. Ou ainda o Bem-aventurado Pier Jorge Frassati (1901-1925), que possuía "uma alegria comunicativa" (CV, n. 60).

É essa comunicação jovem que enriquece toda a Igreja.

Uma "comunicação jovem"

Francisco reconhece que, muitas vezes, "Deus, a religião e a Igreja não passam de *palavras vazias* para numerosos jovens" (CV, n. 39). Por outro lado, os jovens "não querem ver uma Igreja calada e tímida, mas tampouco desejam que esteja sempre em guerra por dois ou três assuntos que a obcecam. (...) Uma Igreja na defensiva, que perde a humildade, *que deixa de escutar*, que não permite ser questionada, perde a juventude e transforma-se num museu" (CV, n. 41). A própria pastoral juvenil, frequentemente, está presa a "esquemas que já não são eficazes, porque não entram em diálogo com a cultura atual dos jovens" (CV, n. 208). São afirmações fortes, duras, que levam a um autoexame também no nível do tipo de comunicação que a Igreja vem promovendo junto às juventudes.

Por isso, uma proposta concreta de Francisco para renovar a pastoral juvenil que está diretamente relacionada com a comunicação é "privilegiar a *linguagem da proximidade*" (CV, n. 211). Segundo o papa, trata-se da linguagem do amor desinteressado, relacional e existencial que toca o coração, despertando esperança e anseios. É aproximar-se dos jovens com a "gramática do amor", não com o proselitismo, isto é, com a linguagem própria das pessoas que, apesar de suas limitações e fraquezas, se esforçam por viver coerentemente a fé, buscando encarnar o querigma na linguagem dos jovens.

Nesse sentido, todas as boas práticas encontradas na criatividade da vida eclesial podem servir de inspiração, especialmente aquelas metodologias e linguagens atraentes para aproximar os jovens de Cristo e da Igreja. Segundo Francisco, o importante é "recolher tudo aquilo que deu bons resultados e seja eficaz para *comunicar a alegria do Evangelho*" (CV, n. 205).

Novamente, o primeiro passo para uma boa comunicação juvenil é a escuta. Francisco convida a acreditar no valor teológico e pastoral da escuta. Ao longo do caminho sinodal, os próprios jovens indicaram que esperam que seus guias na fé sejam pessoas dispostas a não julgar, mas a cuidar, a escutar ativamente as suas necessidades e a responder com gentileza. Para isso é preciso pessoas que consigam dedicar tempo ao outro, todo o tempo necessário para que a outra pessoa possa manifestar tudo aquilo que precisar, como Jesus fez com os discípulos de Emaús (Lucas 21,13-35). Pessoas que escutem incondicionalmente, sem se ofender, escandalizar, aborrecer nem cansar. "Esta escuta atenta e desinteressada mostra o valor que tem para nós a outra pessoa, independentemente das suas ideias e opções de vida" (CV, n. 292).

Entre os jovens há uma "grande necessidade de comunicação" (CV, n. 34) que precisa ser correspondida, como ponto de partida para um possível caminho compartilhado na fé. O principal sujeito dessa comunicação são os próprios jovens. E Francisco lhes diz que, se eles se deixarem encontrar pelo Senhor; se se deixarem amar e salvar por Ele; se entrarem na sua intimidade e começarem a conversar com Ele sobre as coisas concretas da vida, "esta será a grande experiência, será a experiência fundamental que sustentará a tua vida cristã. Esta será também a experiência que poderás *comunicar a outros jovens*" (CV, n. 129).

Nesse sentido, o papa utiliza duas metáforas do mundo digital, para explicitar aos jovens esse duplo movimento da vida de fé, a experiência do encontro com Cristo e a comunicação desse encontro aos outros. Em relação à experiência do encontro, Francisco afirma: "Assim como te preocupas por *não perder a conexão com a internet*, assegura-te de igual modo que esteja ativa a tua ligação com o Senhor, o que significa não interromper o diálogo, escutá-lo, contar-lhe as tuas coisas" (CV, n. 158). A "conexão" com Cristo precisa ser realimentada constantemente, e isso levará também a comunicá-la aos outros.

E aqui emerge a segunda metáfora: "Sempre impressiona a força do 'sim' de Maria, jovem. A força daquele 'faça-se em mim', que disse ao anjo. (...) Maria embarcou no jogo e, por isso, é forte, é *uma 'influenciadora', é a 'influenciadora' de Deus!*" (CV, n. 44). Assim como os chamados *influencers* do mundo digital, o Papa Francisco convida os jovens a se inspirarem na "maior influenciadora da história", Maria, que, a partir do seu encontro com o anjo, disse seu "sim" a uma comunicação encarnada que transformou a história inteira.

Por fim, Francisco conclui a exortação com um desejo que diz muito sobre a própria comunicação da Igreja: "Queridos jovens, ficarei feliz vendo-os correr mais rápido do que os lentos e medrosos. (...) A Igreja precisa do ímpeto, das intuições, da fé de vocês. Nós temos necessidade disto! E quando chegarem aonde nós ainda não chegamos, tenham a paciência de esperar por nós" (CV, n. 299).

Em termos comunicacionais, os jovens, muitas vezes, levam a Igreja inteira a pensar e a praticar estilos e linguagens impensáveis, "novos" demais, "jovens" demais. Contudo, isso deveria ser um incentivo para a própria Igreja. Como dizia Santo Ambrósio (século IV), *"nova semper quaerere et parta custodire"*: o desafio é conservar as coisas do passado, mas buscando sempre as coisas novas.

É disso que a "árvore eclesial" precisa, não apenas das "raízes" do passado, mas também das "flores e frutos" novos que os jovens trazem e que fazem a Igreja renascer constantemente, voltando-se para o futuro. Essa relação intergeracional, com suas linguagens e estilos diversos, está bem expressada no verso do poeta argentino Francisco Luís Bernárdez citado pelo papa: *"O que a árvore tem de florido vive do que ela tem de enterrado"* (CV, n. 108).

Que essa seiva juvenil nunca deixe de correr pelos "vasos comunicantes" da Igreja.

PARTE III

COMUNICAR O EVANGELHO EM TEMPOS DE REDES

REVOLUÇÃO DA TERNURA: A NECESSIDADE DE UMA COMUNICAÇÃO ENCARNADA

15

Comenta-se que São João Paulo II era um papa para ser visto, enquanto Bento XVI era para ser ouvido. Seguindo essa linha, Francisco é um papa para ser "sentido", porque a sua comunicação, que admirou o mundo, é marcada pelo contato, pelo toque, pela proximidade. E não são gestos aleatórios ou meramente simbólicos. Nascem de uma experiência e de uma vivência profundas do que há de mais central no cristianismo: a encarnação de Deus, o "Verbo que se faz carne".

Para Francisco, a encarnação não é apenas um conceito teológico. É também uma realidade histórica que não nos deixa inertes. "Na sua encarnação, o Filho de Deus convidou-nos à revolução da ternura", afirma ele na Exortação Apostólica *Evangelii Gaudium* (EG, n. 88). Esse também é o desafio comunicacional que a Encarnação lança a cada cristão e cristã: encarnar, mediante gestos, palavras e símbolos, a ternura de Deus. Uma verdadeira revolução, que passa pela "carne", em seu sentido mais profundo, pela realidade concreta de cada irmão e irmã que devemos "tocar" e pela qual devemos nos deixar tocar, como fez o próprio Jesus, Deus feito homem.

A revolução da ternura iniciada por Jesus pressupõe uma comunicação que se encarna no gesto de "sair de si mesmo para se unir aos outros" (EG, n. 87). Mas, reconhece Francisco, muitos tentam escapar dos outros fechando-se em uma privacidade confortável ou em um círculo reduzido aos mais íntimos, renunciando ao realismo da dimensão social do Evangelho. Assim como alguns gostariam de um Cristo puramente espiritual, sem carne nem cruz, afirma o papa, também se preferem, muitas vezes, aquelas relações interpessoais mediadas por aparatos e máquinas sofisticados, por telas e sistemas a distância, que podem ser ligados e desligados, conectando e desconectando o vínculo com o outro segundo a própria vontade.

O que o papa denuncia é uma grande tentação comunicacional. Tentar se fechar e se afastar da "carne" do outro, escapar do contato com ele ou ela, converter a comunicação em mera transmissão, a distância, muitas vezes recorrendo a mediações tecnológicas para evitar o toque humano. Essa tentação também existe dentro da Igreja: imaginar que é possível evangelizar sem o "cheiro das ovelhas", sem o pó das estradas, sem o barro da humanidade. A presença cristã nos meios de comunicação social, assim, pode se tornar, muitas vezes, apenas um álibi para evitar o contato direto com o povo de Deus, para se manter relações puramente higiênicas e esterilizadas, sem as lágrimas, o sangue e o suor de pessoas, famílias e comunidades concretas. Ou seja, relações *i-mun-izadas*, isto é, sem aquilo que é próprio da comunicação e da relação humanas, o dom/dever comum que nos reúne em uma ação recíproca.

Isso não significa que a mediação tecnológica apague, de fato, a presença do corpo do outro e impeça o contato. Ao contrário: cada vez mais, o corpo, o contato, o toque, quase paradoxalmente, tornam-se indispensáveis até para o próprio funcionamento das tecnologias. Basta pensar nos *videogames* que não possuem controle externo, mas funcionam a partir dos movimentos corporais do usuário. Ou os celulares e tabletes que, para executar qualquer funcionalidade, solicitam que um dedo os toque. Portanto, as mediações – sejam quais forem – não anulam os corpos que se põem em contato.

Como o próprio papa afirma na sua mensagem para o Dia Mundial das Comunicações Sociais de 2014, "a rede digital pode ser um lugar rico de humanidade", e particularmente a internet "pode oferecer maiores possibilidades de encontro e de solidariedade entre todos; e isto é uma coisa boa, é um dom de Deus". O problema é quando se recorre a tais mediações tecnológicas deliberadamente com a intenção de escapar do outro e evitar o contato.

O fechamento na própria privacidade confortável e a renúncia ao realismo da dimensão social do Evangelho, como diz Francisco, são empecilhos também dentro da própria Igreja. No Sínodo dos bispos sobre os desafios pastorais da família no contexto da evangelização, em 2014, por exemplo, surgiu com força a questão dos casais separados e dos divorciados em segunda união. Mas, muitas vezes, há outro tipo de "separações" e "divórcios" eclesiais que são tão dolorosos quanto os matrimoniais. Há dioceses em que os jovens veem o seu bispo apenas na celebração da Confirmação e não conseguem nem trocar uma palavra com o seu pastor. Há paróquias em que as crianças só terão um diálogo com o seu pároco na confissão que precede a primeira comunhão. Há comunidades em que os leigos sentem que existem e são valorizados na comunidade cristã só no dia em que decidem parar de pagar o dízimo. Há leigos tão clericalizados e espiritualmente imaturos que menosprezam a ação pastoral junto ao povo de Deus por ser humana ou social demais, preferindo um refúgio seguro nas sacristias e nas capelas com "odor de santidade". Nesses casos, como falar de "revolução da ternura"?

Se a Igreja se encontra diante de tantas crises, como a queda nas vocações sacerdotais e religiosas, os escândalos sexuais e financeiros, e os problemas internos à vida matrimonial e familiar, isso também se deve à falta de verdadeira proximidade entre irmãos e irmãs no interior da Igreja e a esses "divórcios eclesiais", que vão em sentido contrário à encarnação de Jesus. A beleza de uma vocação sacerdotal e religiosa e o Evangelho da família só podem ser conhecidos e comunicados quando encarnados em contatos e relações concretos, pessoais, humanos.

Na Mensagem final do Sínodo extraordinário sobre a família, em 2014, os Padres sinodais afirmaram que Cristo quis que a sua Igreja fosse uma casa com a porta sempre aberta na acolhida, sem excluir ninguém. Mas isso ainda não é realidade. E apenas manter a porta aberta também não é suficiente: o papa pede principalmente uma Igreja "em saída", não apenas "em acolhida". Nas palavras de Francisco, "fiel ao modelo do Mestre, é vital que hoje a Igreja saia para anunciar o Evangelho a todos, em todos os lugares, em todas as ocasiões, sem demora, sem repugnâncias e sem medo" (EG, n. 23). Em seu discurso de encerramento daquele Sínodo, Francisco até se corrigiu ao usar a expressão "acolher as ovelhas perdidas": "Eu errei aqui. Disse 'acolher': trata-se de 'ir encontrá-las'!" Este é o desafio maior.

E o próprio Evangelho, continua o papa, convida-nos sempre a abraçar o risco do encontro com o rosto do outro, com a sua presença física que nos interpela, com as suas alegrias, os seus sofrimentos, os seus desejos, as suas reivindicações. "A verdadeira fé no Filho de Deus feito carne é inseparável do dom de si mesmo, da pertença à comunidade, do serviço, da reconciliação com a carne dos outros" (EG, n. 88).

Estamos dispostos a abraçar esse risco do encontro? A nos deixar interpelar pelo rosto, pela presença, pelo sofrimento, pelas reivindicações do outro? A tocar a sua "carne" mediante o dom de nós mesmos? Que oportunidades de encontro (presenciais ou não) existem em nossas comunidades entre clero, religiosos e leigos? Como podemos ampliar ainda mais os momentos de proximidade, de criação de vínculos entre irmãos e irmãs? O que podemos fazer para que o amor fraterno seja uma realidade encarnada na nossa experiência comunitária?

Diante desses desafios, é preciso inventar, com criatividade humilde e artesanal, modos, espaços e momentos em nossas comunidades, paróquias e dioceses para promover o encontro, a proximidade, o contato entre irmãos e irmãs, também (mas não só) graças às mediações tecnológicas. Pois "quem não ama o seu irmão, a quem vê, não poderá amar a Deus, a quem não vê" (1João 4,20).

Como diz Francisco, "a Palavra de Deus ensina que, no irmão, está o prolongamento permanente da Encarnação para cada um de nós: 'Sempre que fizestes isto a um destes meus irmãos mais pequeninos, a mim mesmo o fizestes'" (EG, n. 179). Essa é a grande experiência que a encarnação divina na carne humana de Jesus nos proporciona.

Uma verdadeira revolução, que também nos desafia.

SAMARITANOS COMUNICACIONAIS: COMO SUPERAR A INTOLERÂNCIA COM A PROXIMIDADE

16

Viver a comunicação como proximidade. Esse é o convite do Papa Francisco em sua primeira mensagem para o Dia Mundial das Comunicações Sociais de 2014, intitulada *Comunicação a serviço de uma autêntica cultura do encontro*. Trata-se do primeiro documento em que o pontífice argentino se debruça especificamente sobre o tema da comunicação.

Aqui, queremos instigar a leitura e a reflexão da mensagem, retomando também outros momentos em que Francisco refletiu sobre a importância do comunicar. O texto da mensagem é a convergência comunicacional profundamente "franciscana" das linhas mestras indicadas pelo papa já em seu primeiro ano de pontificado para "uma Igreja que consiga levar calor, inflamar o coração", e que se disponha a "dialogar com o homem de hoje e levá-lo ao encontro com Cristo".

Antes, o papa identifica um paradoxo atual: em um mundo que se torna cada vez menor graças aos progressos das tecnologias de comunicação, pareceria mais fácil fazer-se próximo uns dos outros. Mas, ao contrário, Francisco reconhece que, "dentro da humanidade, permanecem divisões, e às vezes muito acentuadas", e a primeira delas é "a distância escandalosa que existe entre o luxo dos mais ricos e a miséria dos mais pobres", além das "múltiplas formas de exclusão, marginalização e pobreza" e os conflitos, também de ordem religiosa.

E é a partir desse contexto que o papa reflete sobre a comunicação: não a partir de belas ideias, mas sim de um contexto comunicacional "encarnado", concreto, marcado pelas "alegrias e as esperanças, as tristezas e as angústias dos homens de hoje, sobretudo dos pobres e de todos aqueles que sofrem" (*Gaudium et Spes*, GS, n. 1).

PARTE III – COMUNICAR O EVANGELHO EM TEMPOS DE REDES

Diante desse contexto, o papa articula a sua mensagem em diálogo com dois interlocutores: o mundo em geral e, dentro dele, a Igreja. Não se trata apenas de um discurso *ad intra* (para dentro da Igreja). Para Francisco, a Igreja não existe em si mesma – o mundo em geral a interpela. E o mundo em geral também não existe em si mesmo – há uma Realidade maior que o interpela, da qual a Igreja é chamada a ser comunicadora. Se existem muros que nos dividem, afirma o papa, eles só podem ser superados "se estivermos prontos a ouvir e a aprender uns dos outros", porque "a cultura do encontro requer que estejamos dispostos não só a dar, mas também a receber de outros".

O mais importante, contudo, é que, como proposta de uma cultura, não se trata de algo pronto, que possa ser explicado ou mesmo ensinado. A cultura do encontro é um desafio lançado pelo papa, um "vir a ser", para que cada um e cada uma, acolhendo-a, ajude na sua construção, no seu desdobramento, em um processo artesanal, tentativo, complexo e, justamente por isso, humano.

Mas como construir essa cultura? Aqui gostaria de destacar três eixos centrais da mensagem, em vista da construção de uma autêntica cultura do encontro – *proximidade, diálogo e ternura* –, entendidos a partir do pensamento comunicacional desenvolvido pelo papa já desde o seu primeiro ano de pontificado.

Primeiro eixo: proximidade

Francisco reconhece a importância da comunicação como uma ajuda para "sentir-nos mais próximos uns dos outros". Não podemos viver sozinhos e fechados em nós mesmos, afirma o papa, e por isso "uma boa comunicação ajuda-nos a estar mais perto e a nos conhecer melhor entre nós, a ser mais unidos". O extremo oposto de comunicação para Francisco é quando nos isolamos do nosso próximo, quando "ignoramos o nosso próximo real". Para construir a cultura do encontro, portanto, é preciso saber o que é encontrar uma pessoa, como ser verdadeiramente próximos aos outros.

Na entrevista à Rede Globo, na sua visita ao Brasil, em julho de 2013, Francisco já afirmara que a proximidade da Igreja é fundamental. E usou a imagem da "Igreja mãe", uma mãe que dá carinho, toca, beija, ama. "Quando a Igreja, ocupada com mil coisas, se descuida dessa proximidade, se descuida disso e só se comunica com documentos, é como uma mãe que se comunica com seu filho por carta", afirmou o papa. E ainda: "Não vai adiantar nada falar de nossas teologias se não tivermos a proximidade de sair para ajudar e acolher ao próximo.

Em sua mensagem, Francisco nos desafia a compreender a comunicação em termos de proximidade, a partir da parábola do Bom Samaritano (Lucas 10,25-37). O papa chama esse relato evangélico de "parábola do comunicador".

"Um homem ia descendo de Jerusalém para Jericó e caiu nas mãos de assaltantes, que lhe arrancaram tudo e o espancaram. Depois foram embora e o deixaram quase morto" (Lucas 10,25-37). A parábola contada por Jesus é bastante conhecida e muito atual também em tempos de internet. São muitas as pessoas, especialmente crianças e adolescentes, que caem nas mãos de "assaltantes digitais", que lhes arrancam tudo, espancam-nas, vão embora e as deixam quase mortas – em termos pessoais, familiares, comunitários e sociais.

A intolerância, o preconceito, a discriminação, a agressividade, a humilhação e o ódio na internet (formas de violência também chamadas de *ciberbullying*) não são uma novidade e se tornam cada vez mais crescentes e alarmantes, especialmente nas redes sociais digitais.

Essas agressões envolvem questões de gênero, política, economia, etnia... e também religião. Até mesmo no interior de sites e páginas autodenominados católicos, a intolerância e a agressividade se fazem presentes: o "ser católico" se torna uma propriedade exclusiva de alguns poucos guardiões ferrenhos da doutrina e da moral, que se arrogam o direito de apontar "ateus", "pagãos" e "hereges" por toda a parte, sempre com um mesmo destino: a excomunhão (ou mesmo o inferno). Pessoas que só se sentem "católicas" se tiverem um inimigo explícito a combater, sempre entrincheiradas contra eles. E, assim, a autêntica catolicidade – a universalidade do ser cristão – dá lugar ao sectarismo mais canhestro.

Há muitos elementos que colaboram com esse fenômeno, principalmente a facilidade de acesso e de uso das tecnologias digitais, e sua abrangência e disseminação como ambientes de interação pessoal e de comunicação social. Na internet, o contato com o outro se torna muito mais fácil, simples e cômodo: com um clicar de botões, instantaneamente temos acesso ao mundo – e o mundo pode ter acesso a nós. Expormo-nos e expor os outros, para o bem ou para o mal, passa a estar ao alcance das mãos. A facilidade da interação também pode se somar ao anonimato das conversas, que esconde o pior de cada um. A tecnologia que nos aproxima, ao mesmo tempo nos distancia. Estamos juntos, mas às vezes não nos reconhecemos. E o que era para ser uma inter-relação – uma ação *com o outro* – acaba desmoronando para uma ação sobre o outro e, facilmente, para uma ação *contra o outro*.

A culpa não é da internet. O *ciberbullying* é apenas a versão digital de algo que já existe na vida cotidiana. A dor da ofensa recebida na internet tem o mesmo peso se fosse dita face a face – ou é até mais forte, já que na internet ela pode ser pública e acessível por qualquer pessoa, a qualquer momento, em qualquer lugar.

E aqui voltamos à parábola de Jesus. O homem ferido foi ignorado pelo sacerdote e pelo legista, que passaram "pelo outro lado". Quem o socorreu foi um samaritano (um desconhecido, estranho, forasteiro, diferente), que "se aproximou dele, viu, e teve compaixão" (v. 33). Ao contrário do sacerdote e do legista, o samaritano viu no homem ferido e jogado pela estrada um ser humano. Reconheceu um "outro" semelhante a ele e teve compaixão. *Com-padeceu-se*. Viveu junto com ele aquele padecimento, aquela paixão, aquele sofrimento. Sentiu na sua própria carne a agressão dos assaltantes. E assim pôde cuidar do homem ferido, porque se fez semelhante a ele. Na comunicação também o desafio é superar a intolerância e a agressividade dos assaltantes, e a indiferença e o preconceito do sacerdote e do legista, e assumir a atitude do samaritano, que foi ao encontro, se fez próximo, sentiu compaixão e cuidou da pessoa ferida, como Jesus, que tinha a condição divina, mas não se apegou a ela. Ao contrário, esvaziou-se e assumiu a condição de servo, de ser humano, por puro amor a nós (cf. Filipenses 2,6-7).

Por isso, o papa propõe a proximidade como principal característica da comunicação. Esse trecho bíblico, afirma Francisco, nos mostra que "quem comunica faz-se próximo", porque o bom samaritano não apenas reconheceu o homem ferido jogado à beira da estrada como seu semelhante, mas também teve a capacidade de se *fazer semelhante ao outro*. O maior desafio de qualquer processo comunicativo não é apenas reconhecer o outro na sua diferença – mas sim aceitá-lo e amá-lo *nessa diferença*. É reconhecer que *somos iguais na diferença*, e por isso nos "aproximamos", criamos proximidade, nos fazemos próximos e nos comunicamos.

Para Francisco, a proximidade é o "poder da comunicação", é "tomar consciência de que somos humanos, filhos de Deus": superar aquilo que nos separa e nos divide para valorizar e fortalecer o que nos é comum. Assim, tornamo-nos um dom vivo e vivificante aos outros, assumindo o dever da corresponsabilidade fraterna.

Esse "comum" tem relação direta com o tipo de vínculo que a Igreja desejada por Francisco é chamada a construir com o mundo e a cultura contemporâneos. Nesse sentido, o papa, dirigindo-se aos membros jesuítas da comunidade da revista *La Civiltà Cattolica* em 2013, afirmava que "a ruptura entre Evangelho e cultura é, sem dúvida, um drama". E os autores da revista – mas também todos os comunicadores – "são chamados a oferecer uma contribuição para sanar essa ruptura".

Por isso, a proximidade na comunicação é o que nos leva a ir ao encontro das fronteiras do mundo de hoje, acompanhando os processos culturais e sociais contemporâneos, como convidou o papa aos jesuítas. O desafio lançado por Francisco é construir proximidade com aqueles que estão "do outro lado" das fronteiras. "É preciso partir rumo às fronteiras, e não as trazer para casa, para as envernizar um pouco e para as domesticar." A proximidade, portanto, é ir ao encontro do outro *fazendo-nos outro*.

Também em relação ao pobre, categoria teológica que tem a "preferência divina", Francisco nos lembra que o nosso acompanhamento do seu caminho de libertação passa unicamente pela nossa "proximidade real e cordial" (*Evangelii Gaudium*, EG, n. 199). "Só pode ser missionário quem se sente bem procurando o bem do próximo, desejando a felicidade dos outros" (EG, n. 272).

Para entender o valor da proximidade, podemos recorrer a uma antiga parábola da cultura tibetana. Ela conta que um viajante caminhava sozinho pelo deserto. Lá ao longe, percebeu que algo de confuso se mexia. Começou a ter medo: na solidão absoluta, esse ser obscuro e misterioso talvez pudesse ser um animal, uma fera. Porém, o viajante avançou, se aproximou um pouco mais e entreviu que não se tratava de uma fera, mas sim de uma pessoa.

O medo, contudo, não passou: ao contrário, aumentou com o pensamento de que aquela pessoa podia ser um ladrão. Mas o viajante continuou, avançou ainda mais, até estar frente a frente com o outro. Foi então que o viajante o reconheceu e, com surpresa e comoção, exclamou: "Meu irmão! Há tantos anos não nos víamos!"

A distância gera medo. Por medo do desconhecido e do diferente preferimos ficar longe, muitas vezes encastelados em indiferença e preconceito, ou abrindo espaço apenas para a intolerância e a agressividade. Mas, para superar o temor, é preciso me aproximar do outro. Reconhecer esse outro que me desafia – e que não era nem percebido, ou era percebido negativamente. Colocar-me frente a frente dele para reconhecer nossas semelhanças e diferenças. E também para me dar conta de que a alteridade e a heteronomia do outro são fundamentais para a constituição da minha própria identidade e autonomia pessoais.

Proximidade, portanto, não é mera tolerância ao outro. Muitas vezes, somos tolerantes porque somos indiferentes. Toleramos o diferente porque todos são *indiferentes* para mim: "Que façam o que quiserem, contanto que não interfiram na minha vida!"

Proximidade também não é "ter pena" do outro. Sentir pena é tornar o outro inferior a mim, vitimizando-o e fragilizando-o ainda mais. "Eu, que estou 'ótimo, obrigado', sinto pena de você, que se encontra na pior".

Proximidade não é apenas viver uma comunicação de "conto de fadas": o conflito também é uma forma de interação. Comunica-se algo no conflito. Mas – para que não se esvazie na indiferença ou não exploda no ódio – ele deve ser superado e vivido como reconhecimento do outro na sua diferença. Trata-se de *dia-logar*: permitir que dois saberes diferentes se encontrem.

No encontro dialógico, já dizia Paulo Freire, não há um ignorante absoluto, nem um sábio absoluto: há duas pessoas que, em comunhão, buscam saber o que ainda não sabem, ou saber mais do que já sabem. Trata-se de passar do *duelo* ao *dueto*: o outro que me assusta e me questiona se torna desafio positivo para a minha própria superação, e não obstáculo a ser ignorado ou destruído.

Segundo eixo: diálogo

Para fazer-nos semelhantes ao outro, Francisco, em sua mensagem, nos lança o desafio de "harmonizar as diferenças". Não significa ignorá-las ou desfazê-las: mas sim "harmonizá-las". Assim também a cultura do encontro não pressupõe uniformidade ou mesmice. As diferenças, quando harmonizadas, nos enriquecem mutuamente.

O Deus criador, narrado pelo Gênesis (1,1-19), é o grande exemplo dessa potência de harmonização. No grande caos original, como vimos anteriormente, Ele não desfaz nem elimina as trevas, o abismo das águas, o vento impetuoso, a noite. Mas os separa, integrando-os e harmonizando-os com os outros elementos, gerando o cosmos divino da criação. A comunicação, por isso, é *cosmogênica* – geradora de *cosmos*, de sentido.

E como se harmonizam as diferenças? Por meio do diálogo, é a resposta de Francisco. Para o papa, é o diálogo que nos permite crescer na compreensão e no respeito. Assim como Jesus interpela os jovens a caminho de Emaús (Lucas 24,13-35), o desafio é "saber se inserir no diálogo com os homens e mulheres de hoje, para compreender os seus anseios, dúvidas, esperanças".

Essa frase já havia sido dita quase literalmente no discurso de Francisco na assembleia plenária do ex-Pontifício Conselho para as Comunicações Sociais, no dia 21 de setembro de 2013. Na ocasião, o papa lembrou também que é importante saber dialogar, entrando com discernimento também nos ambientes digitais, para fazer emergir uma presença que escuta, dialoga, encoraja.

Na caminhada dialogante com os homens e as mulheres de hoje, a postura do comunicador deve ser como a de um companheiro de viagem que percorre a estrada junto com o peregrino, ou seja, como *peregrinos da comunicação*, como afirmou Francisco na sua mensagem pelo 30° aniversário do Centro Televisivo Vaticano, em outubro de 2013. Para isso, o comunicador deve "caminhar com o passo do peregrino, nem ir mais adiante nem ficar para trás", como lembrou Francisco no seu discurso à assembleia plenária do ex-Pontifício Conselho para as Comunicações Sociais. É isso que o papa chama de "sensibilidade espiritual". Só a partir dessa compreensão é que será possível anunciar o Evangelho.

Antes de falar, portanto, é preciso ter a capacidade de fazer silêncio e escutar. Para dialogar, é preciso pausa, calma, paciência, se quisermos compreender aqueles que são diferentes de nós. Na mensagem, Francisco nos diz que "uma pessoa expressa-se plenamente a si mesma não quando é simplesmente tolerada, mas quando sabe que é verdadeiramente acolhida".

O diálogo, que nasce primeiramente da escuta, nos leva a aprender a "ver o mundo com olhos diferentes e a apreciar a experiência humana tal como se manifesta nas várias culturas e tradições". É preciso estar prontos para ouvir e para aprender uns com os outros. Ou seja, comunicar é colocar a si mesmo em jogo. Segundo o papa, "dialogar significa estar convencido de que o outro tem algo de bom para dizer, dar espaço ao seu ponto de vista, às suas propostas". Isso não significa renunciar às próprias ideias e tradições, mas sim renunciar "à pretensão de que sejam únicas e absolutas".

"Dialogar – disse Francisco aos jesuítas da *Civiltà Cattolica* – significa estar persuadidos de que o outro tem algo de bom para dizer; reservar espaço ao seu ponto de vista, à sua opinião, às suas propostas, obviamente sem cair no relativismo. E para dialogar é preciso abaixar as defesas e abrir as portas". Se a comunicação pode ser entendida como um processo *sim-bólico*, que une e congrega pessoas, meios e sentidos diversos e diferentes, seria *dia-bólico* pensar que o outro não tem nada a me oferecer e, por isso, pensar que só eu comunico, ou que eu comunico só o que eu quero, ignorando o outro com quem me comunico. Isso seria a negação da comunicação.

Aos jesuítas da revista *La Civiltà Cattolica*, Francisco também afirmava que o diálogo deve ser estabelecido com todas as pessoas, inclusive com aquelas que não compartilham a fé cristã, mas cultivam os altos valores do espírito humano, e até com aqueles que se opõem à Igreja e a perseguem. A principal tarefa de um comunicador, usando a famosa metáfora de Francisco, não consiste em construir muros, mas sim pontes. A comunicação, portanto, sempre tem algo de *pontifício*: todo comunicador deve ser um "pontífice", um construtor de pontes (e hoje, no papado, temos um verdadeiro "pontífice" em quem podemos nos inspirar).

Em suma, vamos ao encontro do outro na busca do diálogo porque sabemos que não possuímos a Verdade: esta nos precede e nos excede. "A verdade é um encontro; é um encontro com a Suma Verdade: Jesus, a grande verdade", lembrou Francisco na sua homilia do dia 8 de maio de 2013. "Ninguém é dono da verdade. A verdade se recebe no encontro". E o diálogo favorece essa aproximação à verdade, que é sempre dom de Deus.

Terceiro eixo: ternura

Assim chegamos ao terceiro eixo: a ternura na comunicação. Para o papa, não são as estratégias comunicativas que garantem o encontro, a proximidade, o diálogo. É a necessidade de amar e ser amados, a ternura.

E isso está diretamente relacionado com a experiência cristã: "Na sua encarnação, o Filho de Deus convidou-nos à revolução da ternura" (EG, n. 88). Em entrevista concedida ao jornal *La Stampa*, no dia 15 de dezembro de 2013, o apelo do papa também foi este: "Não tenham medo da ternura. Quando os

PARTE III – COMUNICAR O EVANGELHO EM TEMPOS DE REDES

cristãos se esquecem da esperança e da ternura, tornam-se uma Igreja fria, que não sabe para onde ir e se refreia nas ideologias, nas atitudes mundanas. (...) Tenho medo quando os cristãos perdem a esperança e a capacidade de abraçar e acariciar".

E como a ternura se manifesta na comunicação? Pela beleza, pela bondade e pela verdade. Essa tríade aparece em vários discursos do papa. Logo após sua eleição, por exemplo, ao se encontrar com diversos representantes dos meios de comunicação do mundo inteiro reunidos em Roma para o conclave, no dia 16 de março de 2013, Francisco lembrou que "a Igreja existe para comunicar precisamente isto: a Verdade, a Bondade e a Beleza 'em pessoa'. Deveria resultar claramente que todos somos chamados não a comunicar a nós mesmos, mas essa tríade existencial".

Se essas são as virtudes da comunicação, no extremo oposto estão os pecados da mídia, apontados por Francisco: a desinformação, a calúnia e a difamação. Para evitar tais desvios "diabólicos" baseados na mentira e na falsidade, Francisco reafirma, na mensagem de 2014, que a luminosidade da Igreja não deve derivar "de truques ou efeitos especiais, mas de nos fazermos próximo, com amor, com ternura, de quem encontramos ferido pelo caminho".

Por isso, o anúncio cristão não é agressivo, nem invasivo, nem persuasivo: "O testemunho cristão – diz Francisco – não se faz com o bombardeio de mensagens religiosas, mas com a vontade de se doar aos outros através da disponibilidade para se deixar envolver, pacientemente e com respeito, nas suas questões e nas suas dúvidas, no caminho de busca da verdade e do sentido da existência humana".

Em seu discurso ao ex-Pontifício Conselho para as Comunicações Sociais em 2013, Francisco lembrou que "o encontro com Cristo é um encontro pessoal. Não se pode manipular. Neste tempo, temos uma grande tentação na Igreja, que é uma moléstia espiritual: manipular as consciências; uma lavagem teologal do cérebro, que no fim te leva a um encontro com Cristo, mas puramente nominal, e não com a Pessoa de Cristo Vivo. No encontro de uma pessoa com Cristo, intervêm Cristo e a pessoa! Não aquilo que quer o engenheiro espiritual, que pretende manipular. Esse é o desafio".

Nesse sentido, na mensagem para o Dia Mundial das Comunicações de 2013, o papa lembra que a vocação da Igreja é "redescobrir a beleza da fé, a beleza do encontro com Cristo. Inclusive no contexto da comunicação, é preciso uma Igreja que consiga levar calor, inflamar o coração". Mas isso não significa fraqueza e submissão diante do mundo: indicando o exemplo de Maria, o papa afirma "que a humildade e a ternura não são virtudes dos fracos, mas dos fortes, que não precisam maltratar os outros para se sentir importantes" (EG, n. 288).

145

E essa ternura não tem limites. Não há fronteiras nem limites para a missão: Jesus nos envia a todas as pessoas e a todo o mundo. "O Evangelho é para todos, e não apenas para alguns", disse Francisco na missa de envio da Jornada Mundial da Juventude do Rio de Janeiro, em 2013. "Não é apenas para aqueles que parecem a nós mais próximos, mais abertos, mais acolhedores. É para todas as pessoas. Não tenham medo de ir e levar Cristo para todos os ambientes, até as periferias existenciais, incluindo quem parece mais distante, mais indiferente. O Senhor procura a todos, quer que todos sintam o calor da sua misericórdia e do seu amor".

Para além da tecnologia

A construção de uma autêntica cultura do encontro passa, portanto, pela comunicação. E se expressa na proximidade, no diálogo, na ternura. Nesse sentido, a comunicação, afirma o papa na mensagem, "é uma conquista mais humana do que tecnológica". Comunicação é muito mais do que dominar técnicas de *marketing* e persuasão, ou usar meios tecnológicos, ou aparecer na grande mídia. Comunicar é dar sentido ao mundo. Para a Igreja, comunicar é dar "o Sentido" ao mundo, anunciando Jesus e o seu Reino.

Na assembleia plenária do Pontifício Conselho para os Leigos, em 2013, Francisco afirmou que, para o anúncio do Evangelho, "não é suficiente adquirir competências tecnológicas, por mais importantes que elas sejam. Trata-se, antes de tudo, de encontrar mulheres e homens reais, muitas vezes feridos ou confundidos, para lhes oferecer verdadeiras razões de esperança. O anúncio exige relações humanas autênticas e diretas para levar a um encontro pessoal com o Senhor. Por conseguinte, a internet não é suficiente, a tecnologia não basta".

Para o papa, o eixo da comunicação é *antropológico*: somos humanos porque nos comunicamos e nos comunicamos para ser mais humanos. As tecnologias, portanto, não podem ser usadas nem como álibis das conquistas, nem como bodes expiatórios dos fracassos do nosso próprio agir social e eclesial. Francisco reconhece a importância da reflexão e da apropriação da Igreja das tecnologias de comunicação, como as redes digitais, que são "um lugar rico de humanidade: não uma rede de fios, mas de pessoas humanas", como afirma na mensagem. Mas não se trata de uma valorização da técnica pela técnica. A Igreja deve pôr-se a caminho nas "estradas digitais" por uma razão antropológica, humana: porque elas estão "congestionadas de humanidade, muitas vezes ferida: homens e mulheres que procuram uma salvação ou uma esperança".

Mas a antropologia cristã tem um fundamento *teológico*, no encontro pessoal com o Senhor. Como lembrou Francisco no seu discurso à assembleia plenária do ex-Pontifício Conselho para as Comunicações Sociais, o desafio é "levar o homem de hoje ao encontro com Cristo, na certeza, porém, de que somos meios e que *o problema fundamental não é a aquisição de tecnologias sofisticadas*, embora necessárias para uma presença atual e válida. Fique sempre bem claro para nós que o Deus em quem acreditamos, um Deus apaixonado pelo homem, quer se manifestar através dos nossos meios, *ainda que pobres*, porque é Ele que opera, é Ele que transforma, é Ele que salva a vida do homem".

Além disso, a comunicação também é *eclesiológica*: somos Igreja porque Deus se comunica conosco e nos comunicamos como irmãos, e a missão da Igreja é comunicar-se com o mundo para comunicar ao mundo a Boa-nova de Jesus. "A comunicação pertence à essência da Igreja", como afirma o documento *Igreja e Internet* (2002), do ex-Pontifício Conselho para as Comunicações Sociais.

Mesmo quando o papa reconhece a contribuição da internet, ele o faz porque a rede "pode oferecer maiores possibilidades de encontro e de solidariedade entre todos; e isto é uma coisa boa, é um dom de Deus". Mas não é a internet em si mesma que é um dom de Deus, mas sim aquilo que o ser humano pode fazer em interação com ela, ou seja, a construção do encontro e da solidariedade entre todos mediante a tecnologia – e isso, no fundo, é ação de Deus a partir da liberdade humana.

Por tudo isso, como sintetizou Francisco na mensagem, a comunicação é um grande e apaixonante desafio, que requer energias cheias de frescor e uma imaginação nova, para poder "testemunhar uma Igreja que seja casa de todos" e, assim, anunciar aos outros a beleza de Deus.

Hoje, embora nos achemos tão desenvolvidos tecnologicamente, precisamos resgatar com urgência alguns aspectos básicos e milenares dos processos comunicativos. Ainda temos muito a aprender com as culturas originais. Os povos africanos, como víamos, nos ensinam o valioso princípio ético do *ubuntu*, que significa: "Eu sou porque nós somos". Existo porque existimos juntos. Coexistimos. Por isso, destruir a existência do outro, na internet ou não, é destruir a todos nós. Cuidar do outro, como o bom samaritano, é cuidar de todos nós. Pois, como diz o ditado, "se todos portarem uma faca, é fácil surgir violência. Mas, se todos carregarem violões, é fácil surgir música".

COMUNICAR A FAMÍLIA: ESCOLA, AMBIENTE E SUJEITO DE COMUNICAÇÃO

17

Com a mensagem para o Dia Mundial das Comunicações Sociais de 2015, intitulada *"Comunicar a família: ambiente privilegiado do encontro na gratuidade do amor"*, o Papa Francisco relê a comunicação contemporânea a partir da família, "primeiro lugar onde aprendemos a comunicar" e em que começamos a construir os nossos contatos com o mundo.

Mais do que um fazer, do que um ter, do que um poder, comunicar é *ser*: nascemos em comunicação, crescemos porque nos comunicamos, comunicamo-nos para viver. *Somos comunicação.* É uma dimensão existencial, vital ao próprio ser humano.

O papa reitera a sua concepção ampla de comunicação, não vista apenas a partir da grande mídia, nem como coisa meramente tecnológica. A comunicação, para a Igreja, perpassa inclusive a constituição de um dos marcos da humanidade em toda a sua história, a célula básica da sociedade, a família.

Se, em sua primeira mensagem para o Dia Mundial das Comunicações Sociais, o papa destacava a proximidade como o poder da comunicação, na mensagem de 2015 ele ressalta o processo de "descoberta e construção" dessa proximidade, a partir do relato evangélico da visita de Maria a Isabel (Lucas 1,39-56). O encontro dessas duas primas grávidas e de seus bebês, segundo o pontífice, apresenta a família como um momento original do processo comunicativo.

Do ponto de vista dos estudos de comunicação, Francisco faz um gesto copernicano. Ele tira do centro do processo comunicacional os meios, entendidos – muitas vezes também no pensamento eclesial – meramente como as tecnologias, as máquinas, a grande mídia, as indústrias culturais. Em seu lugar, coloca os corpos que se tocam, que exultam pelo encontro, entendendo a comunicação como "um diálogo que se entrelaça com a linguagem do corpo", que tem sua origem no amor entre mãe e bebê, ainda no ventre materno.

Logo vem à mente uma semelhança com a crítica ao *midiacentrismo*, presente, por exemplo, nos estudos de Jesús Martín-Barbero. Esse estudioso espanhol-colombiano convida os estudiosos latino-americanos da comunicação a fazerem um movimento "dos meios às mediações" comunicacionais da cultura, tomando distância de perspectivas nórdicas, muitas vezes pouco fecundas para as especificidades do Sul do mundo.

Ao sugerir a família como foco de reflexão sobre a comunicação, partindo da alegria do bebê no ventre de Isabel ao se encontrar com Maria grávida de Jesus, Francisco radicaliza a perspectiva antropológico-cultural, vai às raízes do processo comunicativo, ao seu núcleo original, e dá um salto "dos meios aos corpos": ao vínculo, ao contato, ao toque, à "cola" das relações humanas e sociais.

A comunicação, na leitura de Francisco, portanto, não é um processo tecnológico midiacêntrico. O papa dedica apenas um parágrafo à questão dos "meios mais modernos". Ele também não entende a comunicação como uma técnica fria, que pode ser aprendida autonomamente. Ela tem um início vivo, o encontro interpessoal. E é a partir dele que também a questão tecnológica deve ser orientada: as tecnologias obstaculizam quando isolam da copresença física, mas ajudam quando tornam possível o encontro.

"Exultar pela alegria do encontro é o arquétipo e o símbolo de qualquer outra comunicação", afirma o papa. Dessa relação entre corpos nasce um encontro alegre e exultante, uma comunicação encarnada, que brota de uma experiência e de uma vivência profundas do que há de mais central no cristianismo: a encarnação de Deus, o "Verbo que se faz carne", que se faz corpo.

A partir das relações familiares entre mãe e filho, entre primas e amigas, Francisco também lê a própria família como *escola*, *ambiente* e *sujeito* da comunicação.

Família, primeira escola de comunicação

Ninguém nasce comunicador. Comunicação é algo que nasce a partir da relação com o calor, com o olhar, com o toque materno e humano. É uma arte de vida que se aprende na relação. Para comunicar, é necessário um caminho pedagógico, um ambiente de aprendizagem, que começa na família. Não por acaso, o verbo "aprender" é quase um refrão de toda a mensagem de Francisco. Mas aprender o quê? O significado de "comunicar no amor recebido e dado".

Refletindo sobre o movimento de alegria do menino na barriga de Isabel ao ouvir a saudação de Maria, Francisco indica que a primeira escola de comunicação é o próprio ventre materno. Nele, a relação com a mãe é a primeira experiência comunicativa do bebê. O método pedagógico dessa escola familiar é, justamente, a escuta e o contato corporal.

Francisco não entende a comunicação como uma técnica fria, puramente informacional. Comunicar, segundo o papa, não é uma mera ação de produzir e consumir informação. Também não é uma habilidade que possa ser aprendida autonomamente, nem um "dom de nascença", reservado aos escolhidos. Se assim fosse, isso acabaria privilegiando alguns e excluindo outros: os que teriam o dom não precisariam fazer mais nada, e os que não o teriam nada poderiam fazer a respeito.

Ao contrário, é na relação com a mãe e/ou o pai, é em família que aprendemos a *ser*, graças à comunicação, e aprendemos também a nos comunicar para *crescer* como pessoas em relação.

Ambiente de relação e de convivência

Ao sermos inseridos em uma família, nosso leque de relações se amplia em gênero e geração, escreve Francisco. Passamos a habitar um ambiente de vida mais rico, "um ventre feito de pessoas diferentes, em relação", um espaço onde se aprende a conviver na diferença, diante dos limites próprios e alheios.

Nesse ambiente de relação que é a família, damo-nos conta de que só vivemos e sobrevivemos se estivermos ligados, vinculados, conectados a outros. Compreendemos que "nossas vidas estão entrelaçadas numa trama unitária, que as vozes são múltiplas e cada uma é insubstituível". Unidade na multiplicidade: mãe, pai, esposa, esposo, filha, filho, irmã, irmão... Papéis e funções múltiplos que não escolhemos, mas que constroem relações insubstituíveis. Cada família é única.

Com o crescimento do ser humano, crescem também as dimensões dessa escola comunicacional. Do ventre materno, passamos para o ventre familiar. Um ambiente complexo, que, em primeiro lugar, demanda uma evolução em termos de linguagem: dos corpos para os símbolos. Aprendemos a externalizar o que somos mediante a nossa língua materna, a língua dos nossos antepassados. A família é esse ambiente simbólico do qual recebemos palavras já prontas, à espera de serem reinventadas. "Podemos dar porque recebemos", diz o papa, e esse círculo virtuoso – recíproco e inter-referencial – é o "paradigma de toda comunicação".

Para favorecer essa convivência, o papa apresenta três dinâmicas da comunicação. A primeira delas é a oração, "forma fundamental de comunicação". Cada família – mas também cada comunicador – deve pôr em prática a dimensão religiosa da comunicação, que, segundo Francisco, "é toda impregnada de amor, o amor de Deus que se dá a nós e que nós oferecemos aos outros".

Outra dinâmica é o perdão, que nos ajuda a reatar o vínculo rompido e que, em família, é pedagogia concreta para ensinar os filhos a serem construtores de diálogo e de reconciliação na sociedade.

PARTE III – COMUNICAR O EVANGELHO EM TEMPOS DE REDES

Por fim, a dinâmica da bênção, que "quebra a espiral do mal", do ódio, da violência, da fofoca, da discórdia, do preconceito, do ressentimento. Bem-dizer em vez de *mal-dizer*: esse é o método em família para educar os filhos à fraternidade, ensina Francisco.

Sujeito que comunica

A família não se encerra – e não pode se encerrar – em si mesma. A partir do núcleo familiar, somos inseridos na grande família humana. Francisco deseja para o mundo de hoje uma Igreja "em saída", que "sai da própria comodidade e tem a coragem de alcançar todas as periferias que precisam da luz do Evangelho" (*Evangelii Gaudium*, EG, n. 20).

Sendo "Igreja doméstica", como definiu o Concílio Ecumênico Vaticano II, e pequena Igreja (*ecclēsiola*), a família também deve ser "em saída". E o relato evangélico escolhido por Francisco para esta mensagem – a visita de Maria a Isabel – nos ajuda a refletir sobre essa saída missionária em família.

"Visitar – afirma o papa – supõe abrir as portas, não se fechar no próprio apartamento; sair, ir ao encontro do outro. A própria família é viva se respira, abrindo-se para além de si mesma." Atento à realidade contemporânea, Francisco convida a família a ser um ambiente em relação, aberto. Na sua comunicação com o ambiente social mais amplo, o que pressupõe "abrir as portas", a família pode encontrar um equilíbrio vital, um "respiro", entre a sua conservação e a sua atualização diante dos sinais dos tempos. Dessa forma, Igreja e família "em saída" encarnam as mesmas iniciativas, segundo Francisco: acompanhar, festejar, frutificar (cf. EG, n. 24).

Nesse sentido, além de escola e de ambiente de relações, a família também é um "sujeito que comunica, uma 'comunidade comunicadora'", afirma o papa. Contudo, no âmbito eclesial, muitas vezes, a família é vista apenas como um "objeto" da evangelização, que deve ser guiado pelo episcopado e pelo clero. Especialmente no Brasil, entretanto, inúmeras comunidades eclesiais sobrevivem ao longo dos anos sem uma presença clerical ou religiosa consagrada. Na base, são as famílias o principal sujeito dessa evangelização local. A presença cristã nas estradas da história tem a sua força dinâmica graças aos milhares de casais e de famílias que impulsionam a Igreja a ser realmente uma "família de famílias", como define Francisco.

Por isso, "a comunicação que emerge das comunidades em que as leigas e os leigos são os protagonistas necessita ganhar reconhecimento por parte dos pastores", afirma o Diretório de Comunicação da Igreja no Brasil (DCIB, n. 9). Porque no ecossistema comunicativo das comunidades eclesiais, "a criança, o jovem, a mulher, o pai, a mãe, todos são agentes da comunicação"

(DCIB, n. 131). E o que eu, minha família, nossas relações familiares estamos comunicando ao mundo de hoje?

No âmbito social, falar em família traz consigo inúmeros clichês e estereótipos, que encerram esse conceito nos padrões éticos e estéticos dos comerciais de margarina. Mas Francisco nos desafia a imaginar outras famílias possíveis. Por isso, a mensagem também é um indicador da imagem de família cristã que o papa deseja ver encarnada no século XXI.

Fica claro que, para Francisco, a família não é um modelo abstrato. Também não é "um problema ou uma instituição em crise". O papa a vê como uma "realidade concreta". Há beleza e riqueza no relacionamento "entre o homem e a mulher, entre pais e filhos". Um questionamento aqui poderia ser: mas e as famílias monoparentais? E os divorciados e seus filhos? E as famílias divididas? E os casais homoafetivos? Escutamos, como comunidade cristã, o que essas realidades estão nos comunicando?

Para o papa, a família não é "um terreno onde se combatem batalhas ideológicas", "uma ideologia de alguém contra outro", um estereótipo cultural único e exclusivo. "Não existe a família perfeita – esclarece Francisco –, *mas não é preciso ter medo da imperfeição, da fragilidade, nem mesmo dos conflitos*; é preciso aprender a enfrentá-los de forma construtiva".

O desafio da família – e da Igreja, como família de famílias –, segundo Francisco, é *comunicar de modo inclusivo*, mesmo diante dos limites. É tornar nossas comunidades "mais acolhedoras para com todos, a não excluir ninguém".

Diante de um contexto social marcado pelo individualismo, ser família já é uma grande comunicação: uma boa-nova de que outra sociedade é possível, construída por laços de amor e de gratuidade entre esposos, entre pais e filhos, entre irmãos e irmãs.

Comunicação e família: alguns desdobramentos

Nesse contexto, a relação entre comunicação e família pode ser desdobrada em três aspectos principais: a *comunicação na família*; a *família na comunicação*; e a *família comunicadora*.

Para constituir-se como tal, a família depende de uma comunicação que envolva centralmente o amor e a gratuidade. Diante disso, é importante retomar uma frase dita pelo Papa Francisco na primeira sessão do Sínodo sobre a família, no dia 6 de outubro de 2014. Ao falar da sinodalidade, ou seja, do caminhar juntos de toda a Igreja, o papa dizia que tal espírito é marcado pelo "falar com *parrésia* (com franqueza, clareza) e escutar com humildade". Na relação entre esposos, entre pais e filhos, e entre irmãos e irmãs, também é preciso constituir cada vez mais espaços para uma comunicação profunda e abrangente, para uma *familiaridade sinodal*, que permita que todos/as e cada um/a falem com franqueza e sinceridade, colocando-se também no espírito de humildade para escutar o que o/a outro/a tem a dizer. Assim, a família pode ser realmente "o espaço onde se aprende a conviver na diferença" (EG, n. 66).

Em um segundo nível, temos a *família na comunicação*. Não se trata apenas daquilo que a grande mídia diz e mostra sobre a família. Graças ao avanço tecnológico e às novas formas de relação pessoal e social que vêm se desenvolvendo, cada pessoa pode se tornar, potencialmente, uma mídia dentro do cenário social. Na cultura atual, com um celular nas mãos, temos o ferramentário necessário para produzir, editar e distribuir conteúdos que poderão ter um alcance de nível mundial – e vimos isso em várias manifestações sociais recentes, em que pessoas comuns foram as grandes narradoras dos acontecimentos contemporâneos, indo muito além da ação das grandes mídias corporativas. Além destas, inúmeras outras mídias (às vezes, pessoas comuns ou grupos locais) também têm uma voz muito forte para pautar a sociedade como um todo sobre temas como a família e os relacionamentos.

Portanto, a família na comunicação hoje é uma questão muito mais complexa. Não basta promover uma leitura crítica da mídia, fomentando o debate sobre aquilo que os grandes canais de televisão ou a grande imprensa publicam sobre o conceito de família. Isso é simplificar o cenário contemporâneo, que é muito mais complexo. A noção de família hoje é construída, desconstruída e reconstruída por inúmeros sujeitos sociais em relação com outros sujeitos sociais, conectados em redes que ultrapassam o aqui e o agora, ganhando repercussão em todo o tecido social.

Na cultura midiática de hoje, não há uma força única capaz de moldar o pensamento da sociedade sobre a família. O que temos é um cenário de construção de sentido e de criação cultural repleto de tensões, em que inúmeros sujeitos sociais conectados *fazem algo* com o "ser família", ampliando, aprofundando, estendendo, pulverizando qualquer noção supostamente unívoca de família, dando lugar à manifestação pública de diversas, plurais e heterogêneas experiências familiares.

Diante dessa realidade complexa, "a Igreja é chamada a ser servidora de um diálogo difícil" (EG, n. 74). Por isso, é preciso reafirmar a importância da interculturalidade no anúncio do Evangelho da família, como dizia o instrumento de trabalho do Sínodo de 2014. Sem pré-conceitos nem *aprioris*, mas na escuta humilde dos sinais dos tempos, buscando "ouvir os batimentos deste tempo e perceber o 'odor' dos homens de hoje, até permanecer impregnados com as suas alegrias e esperanças, com as suas tristezas e angústias", afirmou o pontífice na vigília em preparação ao Sínodo, no dia 4 de outubro de 2014. Assim, saberemos propor com credibilidade a boa-nova sobre a família, concluiu Francisco.

Em um terceiro nível, temos o grande desafio de reconhecer e promover a *família comunicadora*. Na linguagem eclesial, muitas vezes, a família é vista como um "objeto" da evangelização, devendo ser guiada pelo clero e pelos religiosos e religiosas. No entanto, especialmente no contexto eclesial de hoje, a família é o principal "sujeito" da comunicação da fé. A escassez de vocações mostra que a vida sacerdotal e consagrada encontra muitas dificuldades para se confrontar com o mundo contemporâneo. Inúmeras comunidades cristãs sobrevivem ao longo dos anos sem uma presença clerical ou religiosa consagrada. Mesmo assim a Igreja caminha e avança pelas estradas da história justamente graças aos milhares de leigos e leigas, casais e famílias, que compõem a imensa maioria dos cristãos do mundo inteiro, fazendo a diferença nas suas realidades locais com o seu trabalho e a sua presença, anunciando a Boa-nova e construindo o Reino de Deus.

Como indicou o papa na vigília de oração pelo Sínodo de 2014, "a família continua sendo escola sem par de humanidade, contributo indispensável para uma sociedade justa e solidária". Diante de um contexto social marcado pelo individualismo e pela ganância do poder e do dinheiro, "ser família" já é um grande Evangelho a ser anunciado. O Evangelho da família é a boa-nova de que outra sociedade é possível, construída por laços de amor e de gratuidade entre esposos, entre pais e filhos, entre irmãos e irmãs.

A Igreja é, sim, uma comunidade de comunidades, mas também é uma *família de famílias*. Se existe Igreja, é porque uma vez houve uma Sagrada Família, que soube acolher amorosamente o Verbo divino no seu próprio lar, cuidá-lo, acompanhá-lo, educá-lo, formá-lo. Se existe Igreja, é porque houve e há inúmeras outras famílias que, inspirando-se naquela família de Nazaré, buscam construir o "sonho de Deus", como disse o papa na missa de abertura do Sínodo, ou seja, "formar um povo santo que lhe pertença e que produza os frutos do Reino de Deus".

Comunicar a família também é colaborar na construção desse sonho, começando pela base e pelo fundamento da sociedade.

UMA OPÇÃO COMUNICACIONAL PELOS POBRES

18

Em 2016, celebrou-se o "jubileu de ouro" do Dia Mundial das Comunicações Sociais, em sua 50ª edição. É uma data celebrada desde o Concílio Ecumênico Vaticano II (1962-1965), sempre no Domingo da Ascensão do Senhor. Desde a primeira mensagem enviada por São Paulo VI, em 1967, os diversos outros pontífices sempre convidaram a Igreja a refletir nessa data sobre uma temática específica no campo da Comunicação, para aprimorar o diálogo eclesial com as culturas e as sociedades de cada época.

O Papa Francisco dedicou o texto desse "jubileu" ao tema *Comunicação e Misericórdia: um encontro fecundo*", no âmbito do Ano Jubilar Extraordinário da Misericórdia. Na mensagem, ele relembra que a misericórdia é o "traço característico de todo o ser e agir" da Igreja. E isso também envolve a comunicação eclesial, que deve ser igualmente misericordiosa, "portadora da força de Deus", graças à qual se constroem uma sociedade, uma cidadania e uma humanidade compartilhadas.

A reflexão sobre a relação Igreja e comunicação é marcada por muitas tendências, que, muitas vezes, levam a uma compreensão limitada dos processos de construção de sentido em sociedade. Em certos momentos, a leitura é meramente *funcionalista* (a comunicação vista apenas em função das necessidades e interesses da Igreja), ou *instrumentalista* (a comunicação como instrumento e método para alcançar os fins eclesiais), ou apenas *tecnicista* (a comunicação como mero uso de tecnologias, sem levar em conta o papel criativo da cultura). Isso leva a interpretações de cunho dualista ou moralista, sem compreender as inter-relações entre a comunicação e os diversos aspectos da vida sociocultural e a complexidade dos fenômenos comunicacionais.

Na mensagem de 2016, embora não escapando totalmente de algumas dessas nuanças, o papa afirma que "aquilo que dizemos e o modo como o dizemos, cada palavra e cada gesto deveria poder expressar a compaixão, a ternura e o perdão de Deus para todos". Essas ações comunicacionais – o gesto

155

e a palavra – são o desdobramento de um processo mais amplo, que sempre nos antecede e que, a partir de nós, prossegue para além de nós, portando consigo nossos rastros, nossas pegadas. A comunicação cristã, de modo especial, conecta um antes ("de Deus") e um depois ("para todos"), sendo a expressão, tradução, ressignificação, encarnação da ternura e do perdão divinos junto à humanidade.

Essa *comunicação misericordiosa* leva, principalmente, a uma *opção comunicacional pelos pobres*, a uma comunicação que "elimine todas as formas de fechamento e desprezo, e expulse todas as formas de violência e discriminação" (MV, n. 23). O convite é a uma comunicação que reconheça os pobres também como agentes da construção de uma sociedade inclusiva e "pontifícia", de uma cidadania responsável e alterizante, e de uma familiaridade próxima e cuidadora. Aprofundemos essas ideias.

Características da "comunicação misericordiosa"

Francisco diz que, por sermos filhos de Deus, "somos chamados a comunicar com todos, sem exclusão". Ao contrário da exclusão, a comunicação tem o poder de "criar pontes, favorecer o encontro e a inclusão, enriquecendo assim a sociedade". Porque, sem comunicação, não há sociedade. Nas palavras do papa, a comunicação, entendida também como encontro e diálogo, é o que supera as divisões. Até mesmo "a rede pode ser bem utilizada para fazer crescer uma sociedade sadia e aberta à partilha", afirma Francisco.

Uma comunicação misericordiosa, portanto, é aquela que contribui para a construção de uma sociedade inclusiva e "pontifícia", edificadora de pontes, onde não haja excluídos.

É nesse contexto que as tecnologias ganham o seu sentido, quando são formas de comunicação plenamente humanas. Por isso, segundo o papa, "em rede, também se constrói uma verdadeira cidadania". Essa cidadania implica uma responsabilidade pelo outro, que, independentemente e para além de toda mediação, "é real, tem a sua dignidade que deve ser respeitada".

É a comunicação que permite que nos reconheçamos como concidadãos, que permite a construção de uma *civitas*, de um ambiente comum. Sem comunicação, não há cidadania: só nos comunicando é que aprendemos a respeitar o outro e a partilhar com ele, em convivência.

Uma comunicação misericordiosa, portanto, é aquela que contribui para a construção de uma cidadania responsável e alterizante, voltada prioritariamente ao outro.

Além disso, "o amor, por sua natureza, é comunicação: leva a se abrir e a não se isolar". O isolamento impede a comunicação, é a sua negação. Segundo

Francisco – e esta é a síntese máxima de sua mensagem – "o encontro entre a comunicação e a misericórdia é fecundo na medida em que gerar uma proximidade que cuida, conforta, cura, acompanha e faz festa".

Emerge aqui a ideia de proximidade, de aceitação recíproca. Por isso, o papa encoraja a todos a "pensar a sociedade humana não como um espaço onde estranhos competem e procuram prevalecer, mas antes como uma casa ou uma família onde a porta está sempre aberta e se procura aceitar uns aos outros".

Uma comunicação misericordiosa, portanto, é aquela que contribui para a construção de uma familiaridade próxima e cuidadora, entre pessoas que se sentem irmãos e irmãs.

Para que isso ocorra, Francisco aponta para a necessidade de alguns evitamentos. Primeiro, é preciso evitar todo "orgulho soberbo do triunfo sobre um inimigo" e toda humilhação daqueles que o mundo considera como perdedores e descartáveis. O estilo da comunicação cristã é o da superação da "lógica que separa nitidamente os pecadores dos justos".

Em segundo lugar, é preciso evitar e sair dos "círculos viciosos de condenações e vinganças que mantêm prisioneiros os indivíduos e as nações, expressando-se através de mensagens de ódio". Em suma, evitar "alimentar as chamas da desconfiança, do medo".

E tudo isso parte de algo fundamental: a escuta. Escutar, afirma o papa, significa "ser capaz de compartilhar questões e dúvidas, caminhar lado a lado, libertar-se de qualquer presunção de onipotência e colocar, humildemente, as próprias capacidades e dons a serviço do bem comum". É prestar atenção, ter desejo de compreender, valorizar, respeitar, guardar a palavra alheia.

Por isso, escutar pode ser até "uma espécie de martírio", pois é preciso morrer à própria autorreferencialidade para reconhecer o outro na sua diferença sagrada como "palavra alheia", que não nos pertence e deve ser guardada e conservada, como um jardim. Como Moisés diante da sarça-ardente, o papa convida a "descalçar as sandálias na 'terra santa' do encontro com o outro". Preferencialmente, do pobre.

Uma comunicação pobre e com o pobre

Como Francisco tem reiterado diversas vezes, o "Outro" por excelência a quem se dirige a missão da Igreja é o pobre, aqueles e aquelas que vivem as mais variadas condições de sofrimento, de opressão, de marginalização, de rejeição, de exclusão, de violência. Eles são a "carne de Cristo", e a predileção por eles é "um elemento requintadamente evangélico", como afirmou o papa na mensagem que instituiu o Dia Mundial dos Pobres, em 2017.

"Quem pretende amar como Jesus amou, deve assumir o seu exemplo, sobretudo quando somos chamados a amar os pobres", disse Francisco na bula de convocação do Jubileu da Misericórdia (*Misericordiae Vultus*, MV, n. 15). No coração do Evangelho, "os pobres são os privilegiados da misericórdia divina".

A própria comunidade cristã, em sua origem, se enraizou na história a partir do serviço aos mais pobres. Muitos séculos depois, a Igreja latino-americana foi profética ao defender a opção preferencial por esse sujeito da história, a partir da Segunda Conferência Geral do Episcopado Latino-Americano em Medellín, Colômbia, em 1968. Francisco também reafirmou essa opção no Ângelus do dia 24 de janeiro de 2015, reflexão que é uma espécie de releitura comunicacional da própria missão da Igreja: "Jesus dirige a Boa-nova a todos, sem excluir ninguém, ou, melhor, privilegiando os mais distantes, os sofredores, os doentes, os descartados da sociedade". A evangelização dos pobres – "levar a eles o alegre anúncio" – é a prioridade da Igreja.

Segundo Francisco, "para os discípulos de Cristo, a pobreza é, antes de mais nada, uma vocação a seguir Jesus pobre". O desafio, então, do ponto de vista comunicacional, é seguir Jesus pobre mediante uma *comunicação pobre*. Mas "pobre" não como falta, perda, ausência. A pobreza, diz o papa, "significa um coração humilde, que sabe acolher a sua condição de criatura limitada e pecadora, vencendo a tentação de onipotência".

Uma comunicação pobre é aquela que *reconhece no pobre a sua riqueza*. Mas não como "público-alvo" nem como "fonte de informação". Ao contrário, como *sujeito ativo* no processo comunicacional, tanto como *receptor privilegiado* da mensagem cristã quanto como *produtor capacitado* a narrar a própria história, as próprias necessidades e os próprios desejos e sonhos.

Daí a necessidade de ir ao encontro dos pobres. Cada comunicador cristão é convidado pelo papa a fixá-los nos olhos, a estender a mão a eles, a abraçá-los, a lhes fazer "sentir o calor do amor que rompe o círculo da solidão", como afirmou na mensagem de 2017. Segundo Francisco, se queremos contribuir para mudar a história, é necessário "escutar o grito dos pobres e comprometermo-nos a erguê-los do seu estado de marginalização". É preciso acolher o clamor do pobre e sintonizar-se com a sua condição.

Se somos todos filhos de Deus e irmãos em humanidade, comunicar tendo em vista preferencialmente o pobre é tornar comum essa fraternidade e solidariedade, e não o seu contrário. Portanto, para narrar a realidade com fidelidade à sua complexidade, é preciso "tocar a carne de Cristo" nos pobres. Eles nos lançam um convite a sairmos das nossas certezas e comodidades. Desse modo, o corpo de Cristo presente no "corpo chagado dos pobres" torna-se a *"lente" ideal para ler e reportar o mundo.*

Optar comunicacionalmente pelo pobre é agir *com ele*, e não "sobre" ele, nem "por" ele, nem "para" ele, muito menos "contra" ele. É fazermo-nos próximos dele, seja ele órfão, viúva ou estrangeiro (e as demais categorias evangélicas). É interpretar e significar o mundo com ele, comunicacionalmente, a partir do seu ponto de vista, da sua experiência concreta de vida. Despojando-nos das nossas supostas riquezas e enriquecendo-nos com a sua pobreza. Pois, junto com os demais aspectos do discipulado de Jesus, a comunicação cristã também encontra, na caridade que se torna partilha, "a prova da sua autenticidade evangélica", diz Francisco.

Desse modo, será possível contribuir com a sua libertação. As comunicadoras e comunicadores cristãos são chamados a "ser instrumentos de Deus a serviço da libertação e promoção dos pobres, para que possam integrar-se plenamente na sociedade" (EG, n. 187). Jesus inaugurou o Reino, "mas confiou-nos, a nós seus discípulos, a tarefa de lhe dar seguimento, com a responsabilidade de dar esperança aos pobres. (...) Disso depende a credibilidade do nosso anúncio e do testemunho dos cristãos", disse o papa na mensagem para o 3º Dia Mundial dos Pobres, em 2019.

Uma comunicação pobre é aquela que *não tem medo nem vergonha de partilhar a própria pobreza*. Mesmo que tenhamos apenas "cinco pães e dois peixes" para compartilhar com "cinco mil homens", sem contar mulheres e crianças (João 6,30-44), o milagre da multiplicação se encontra justamente na partilha do pouco que se tem.

Em uma viagem a Bolonha, Itália, em outubro de 2017, Francisco exclamou: "Como é estranha a matemática de Deus: só se multiplica quando se divide!" Comunicar também é participar dessa matemática, "dividindo" o pouco que temos e somos, para "multiplicar" boas-novas, dando sentido ao mundo. E, preferencialmente, com os pobres, que são os verdadeiros herdeiros do Reino dos Céus (cf. Mateus 5,3).

É a partir deles e com eles que a comunicação cristã, entendida como partilha da fé, "encarna" o Evangelho no hoje da história.

O PÃO PERFUMADO DA BOA COMUNICAÇÃO

19

Na sua mensagem para o Dia Mundial das Comunicações Sociais de 2017, o Papa Francisco elevou a metáfora à "forma misericordiosa" de comunicação, capaz de abrir um "espaço de liberdade" para o outro com quem se comunica. Assim, Francisco promove mais uma "revolução comunicacional" em sentido eclesial, apontando para a necessidade de abandonar toda *autorreferencialidade discursiva* de quem fala a partir de um púlpito alheio à realidade das pessoas. O desafio é buscar um "estilo comunicativo aberto e criativo", pondo a mão na massa da história e da realidade para fazer um "pão perfumado", como metáfora da boa comunicação.

"Comunicar esperança e confiança, no nosso tempo": esse é o tema da mensagem. O texto reflete sobre a frase do Profeta Isaías: *"Não tenhas medo, que Eu estou contigo"* (Isaías 43,5), que serve de título para a reflexão papal. O pontífice situa sua reflexão em um contexto comunicativo marcado, muitas vezes, por "más notícias". Trata-se de um cenário comunicacional que conhecemos muito de perto no Brasil, em que o jornalismo sensacionalista, pautado em boatos e até em mentiras, e a intolerância nas redes sociais digitais vão ganhando cada vez mais espaço.

Nesse sistema comunicativo, "em que vigora a lógica de que uma notícia boa não desperta a atenção e, por conseguinte, não é uma notícia, e em que o drama da dor e o mistério do mal facilmente são espetacularizados", como afirma o papa, podemos anestesiar a consciência ou cair no mau humor, na resignação, na apatia, no desespero.

O convite de Francisco é a "romper o círculo vicioso da angústia e a deter a espiral do medo". Por isso, a mensagem exorta a uma *"comunicação construtiva"*, que rejeita os preconceitos contra o outro, promove uma cultura do encontro e ajuda a olhar para a realidade com confiança.

Depois de, nas mensagens dos anos anteriores, apresentar o Bom Samaritano como ícone da comunicação entendida como proximidade (*"Comunicação ao serviço de uma autêntica cultura do encontro"*, de 2014), a visita de Maria a Isabel como ícone da comunicação em família (*"Comunicar a família:*

ambiente privilegiado do encontro na gratuidade do amor", de 2015), e a misericórdia como traço característico da comunicação cristã (*"Comunicação e Misericórdia: um encontro fecundo"*, de 2016), o pontífice apresenta, em 2017, o ícone da "Boa Notícia por excelência, ou seja, o 'Evangelho de Jesus Cristo, Filho de Deus'".

A partir dessa imagem, ele convida a buscar um *"estilo comunicativo aberto e criativo"*, mediante uma "abordagem propositiva e responsável" dos fatos. Assim, o pontífice convoca e encoraja a todos, no dia a dia, a oferecer relatos "permeados pela *lógica da 'boa notícia'"*.

A boa notícia como metáfora

A fim de revelar essa lógica, Francisco utiliza diversas metáforas. Uma delas são os *óculos* para enxergar a boa notícia onde menos se espera. Segundo o papa, a vida humana não é mera crônica asséptica de eventos, mas é "uma história à espera de ser contada". Portanto, afirma, "tudo depende do olhar com que a enxergamos, dos 'óculos' que decidimos pôr para ver: *mudando as lentes, também a realidade aparece diversa"*. E isso também diz respeito às "lentes" midiáticas que leem a realidade que depois nos é contada em sites, jornais, TVs, rádios: mudar as lentes, muitas vezes, é como mudar de mundo.

Outra metáfora é a *semente*. Uma comunicação cristã, explica o pontífice, é aquela que ocorre na perspectiva da "esperança do Reino de Deus, ou seja, "como um homem que lançou a semente à terra. *Quer esteja a dormir, quer se levante, de noite e de dia, a semente germina e cresce"* (Marcos 4,26-27). "O Reino de Deus", continua o papa, "já está no meio de nós, como uma semente escondida a um olhar superficial e cujo *crescimento acontece no silêncio"*.

Em termos midiáticos, há também aqui, nas entrelinhas, uma advertência: a comunicação cristã, em sua ação pastoral e evangelizadora, *foge de toda e qualquer "autorreferencialidade comunicacional"*. A semente que lançamos não cresce por nossa causa, nem pela qualidade do "lançamento" que fazemos, muito menos pela quantidade de sementes lançadas: a semente germina e cresce *por uma força que nos supera, por uma ação que nos escapa*. E o mais importante: seu crescimento "acontece no silêncio". Qualquer autoexaltação do semeador sobre o crescimento da semente, além de mentirosa, trai o que, de fato e misteriosamente, acontece.

No Ângelus do dia 23 de outubro de 2016, o Papa Francisco falava justamente que vivemos um tempo de missão e, por isso, um tempo de coragem. Mas, especificou, "ter coragem não significa ter garantia de sucesso". A coragem de que o pontífice fala é a coragem "para lutar, não necessariamente para vencer; para anunciar, não necessariamente para converter". É a coragem para lançar sementes – poderíamos acrescentar –, sem a garantia de que irão germinar e crescer. Sem a garantia de que necessariamente colheremos frutos. Em suma, é a coragem para *comunicar*, não para *convencer*, muito menos para *aparecer*.

Há ainda outra metáfora, a principal, que simboliza a própria Boa Notícia por excelência e que orienta toda a mensagem. Trata-se do *pão*. "A mente do homem – diz o papa – está sempre em ação e não pode parar de 'moer' o que recebe, mas cabe a nós decidir o material que lhe fornecemos." Por isso, Francisco dirige sua mensagem como "um encorajamento a todos aqueles que diariamente, seja no âmbito profissional seja nas relações pessoais, 'moem' tantas informações para oferecer um pão perfumado e bom àqueles que se alimentam dos frutos da sua comunicação".

Pensar a comunicação – toda ela, profissional ou não – a partir da imagem do pão nos leva a refletir sobre um processo que é *criativo, tentativo, artesanal, local*. Em uma fornada, não há dois pães iguais; cada um traz as marcas de quem os preparou, da receita utilizada, das mãos que o amassaram, da fôrma que lhes deu forma, do calor recebido do forno. Também não há dois pães com o mesmo sabor, mesmo que tenham sido feitos exatamente com a mesma receita e pelo mesmo padeiro: *o sabor do pão está na relação com aquele que o degusta*.

Em um encontro com os membros do Movimento dos Focolares, em fevereiro de 2017, o Papa Francisco aprofundou essa metáfora. Ele explicou que, em uma época em que não havia geladeiras, para conservar o fermento-mãe do pão, uma vizinha doava à outra um pouco da massa fermentada e, quando tinha de fazer o pão de novo, recebia de volta um pouco dessa massa. Esse gesto de reciprocidade mantinha o fermento vivo e ativo, sem deixá-lo apodrecer, em uma corrente de generosidade em que um pão gerava outro, uma mão ajudava a outra. Assim, disse o papa, "a comunhão não é só divisão, mas também multiplicação dos bens, criação de novo pão, de novos bens, de novo Bem com maiúscula".

O mesmo pode ser dito sobre a comunicação. Comunicar é multiplicar palavras, sons, imagens, para manter vivas as relações interpessoais, na reciprocidade dos laços humanos. É ser *criativamente generoso*, onde parece faltar o "fermento" necessário para o "pão" da comunicação. Como afirma Francisco, até mesmo "qualquer novo drama que aconteça na história do mundo torna-se cenário possível também de uma boa notícia, uma vez que *o amor consegue sempre encontrar o caminho da proximidade* e suscitar corações capazes de se comover, rostos capazes de não se abater, mãos prontas a construir".

Por isso, em perspectiva cristã, toda pessoa que se deixa "guiar pelo Espírito Santo torna-se capaz de discernir em cada evento o que acontece entre Deus e a humanidade", reconhecendo sua presença no "cenário dramático deste mundo". Vendo e lendo a realidade a partir dos "óculos" da Boa Notícia que é Jesus, "*o próprio sofrimento é vivido em um quadro mais amplo*, como parte do seu amor ao Pai e à humanidade".

A metáfora como boa notícia

Ao relacionar a lógica da boa notícia com tais símbolos, o Papa Francisco eleva a própria metáfora como *forma misericordiosa de comunicação*. Segundo ele, a metáfora "deixa ao ouvinte o 'espaço' de liberdade", que, assim, pode acolher a "força humilde do Reino". A metáfora, portanto, é uma forma de linguagem em que o emissor *abre mão do seu poder discursivo*, concedendo ao interlocutor um "espaço de liberdade".

O escritor e linguista italiano Umberto Eco também dizia que um texto deixa ao leitor a iniciativa dessa interpretação. "Todo texto – afirmava ele em seu livro *Lector in fabula* – quer que *alguém o ajude a funcionar*." Assim também as metáforas: a sua eficácia não são tanto um problema daquele que as profere, mas sim daquele que as interpreta, daquele que as faz funcionar a partir de uma conexão de referências existentes na sua própria "enciclopédia pessoal" de saberes, vivências, experiências.

Apostando nessa potencialidade, o próprio pontífice também manifesta uma grande capacidade de *"metaforizar"* a sua comunicação: "cheiro de ovelhas", "Igreja em saída", "periferias existenciais", "Igreja hospital de campanha", e assim por diante. Na mensagem de 2017, o papa recorre ainda a outras metáforas para convocar as pessoas a serem comunicadoras de boas notícias e da Boa Notícia por excelência: alimentar-se do "Evangelho que foi *'reimpresso'* em tantas *edições* nas vidas dos santos", tornar-se "*ícones* do amor de Deus", "*'canais'* vivos" do Reino, "*faróis* na *escuridão* deste mundo, que *iluminam* a *rota* e abrem *sendeiros* novos de confiança e esperança".

É o mesmo que Jesus fazia para falar do Reino, ao usar as parábolas da ovelha perdida, da lâmpada, da moeda, da pérola, da semente de mostarda, entre tantas outras. Isto é, são as próprias imagens, mais do que qualquer conceito teórico, que comunicam a boa notícia. "Compreender as metáforas – confidenciou o pontífice aos jesuítas da revista italiana *La Civiltà Cattolica*, em uma audiência em fevereiro de 2017 – ajuda a tornar o pensamento ágil, intuitivo, flexível, afiado. Quem tem imaginação não se enrijece, tem senso de humor, desfruta sempre da doçura da misericórdia e da liberdade interior."

Em termos teóricos, toda metáfora exige um excedente de interpretação. Ou, como diz o papa na mensagem, uma interpretação "ágil, intuitiva, flexível, afiada". Eco também destacava um valor cognoscitivo a partir das metáforas:

163

elas nos fazem conhecer aspectos novos das coisas, despertando inferências talvez ainda não pensadas sobre elas.

Levando ao extremo, podemos dizer que *uma metáfora não tem sentido pronto, já dado, autoevidente.* Este só vai poder emergir a partir do processo interpretativo de quem a recebe. De um lado, a metáfora, por parte de quem a enuncia, oferece "um sentido outro" sobre a realidade e, assim, "um" sentido para o caminho interpretativo de quem a recebe. Mas, de outro lado, esse sentido sempre se cruza com inúmeros outros caminhos e encruzilhadas de sentidos, de contextos, de culturas em que o receptor se situa, *abrindo a imagem inicial a diversos outros sentidos, reconstruções e ressignificações.*

Assim, uma mesma metáfora terá sentidos diferentes para duas pessoas, em um *movimento indeterminado e infinito de relações, conexões, remissões de sentidos* (e aqui podemos pensar metaforicamente a própria metáfora, como um *"tecido de sentidos"*, que são sempre tecidos a partir de fios de outros tecidos-metáforas ou mesmo costurando vários tecidos-metáforas, como um *patchwork* simbólico, valendo-nos de mais essa "metáfora da metáfora". Aliás, na própria mensagem, o papa fala que Deus está compondo "a *trama* de uma história de salvação", cujo *"fio"* é a esperança, e cujo *"tecedor* só pode ser o Espírito Consolador").

Em suma, *a metáfora é uma obra de artesanato comunicacional,* que demanda um trabalho simbólico a várias mãos e que foge de qualquer uniformidade de sentido. A metáfora explicita a *"incontrolabilidade" dos processos de comunicação,* pois, ao ser recebida, necessariamente, devido à complexidade da interpretação, ganha contornos muito distintos da forma como foi pensada ao ser emitida.

A metáfora escancara o "espaço de liberdade" – retomando a mensagem papal – que toda comunicação deve reconhecer, ao se tratar de uma relação com um Outro, com um "não eu", com uma alteridade.

Só a partir desse reconhecimento, como afirma Francisco, é possível "enxergar e iluminar a boa notícia presente na realidade de cada história e no rosto de cada pessoa".

AS *FAKE NEWS* E O SENTIDO RELACIONAL DA VERDADE

20

Em sua mensagem para o Dia Mundial das Comunicações Sociais de 2018, Francisco contrapõe dois modos de entender e praticar a comunicação. Por um lado, a comunicação é vista a partir do "projeto de Deus", segundo o qual ela é entendida como "uma modalidade essencial para viver a comunhão". Por outro, a partir do "egoísmo orgulhoso", isto é, um "modo distorcido [de usar] a própria faculdade de comunicar", que provoca uma "alteração da verdade", em suma, a "falsidade". É a partir desse segundo olhar que o papa aborda o tema *"'A verdade vos tornará livres' (João 8,32). Fake news e jornalismo de paz"*.

Nos últimos anos, o cenário da comunicação parece caótico, para muitas pessoas. As redes sociais digitais exponenciam a circulação de informações, nem sempre apuradas e verdadeiras, promovendo uma disseminação de notícias falsas. Tudo isso ocorre em um contexto marcado pela chamada crise do jornalismo, com a perda de público, de poder e de credibilidade por parte da "grande mídia". Quando as instituições sociais – como a imprensa e as concessões públicas de rádio e televisão – que deveriam prover a sociedade em geral com informações verídicas caem no mero sensacionalismo, no partidarismo e no "vale-tudo" pela audiência, é justo e necessário que as pessoas busquem outras fontes de informação. A questão, contudo, é como as pessoas, hoje, elegem essas fontes e como julgam essas informações, a partir de quais critérios e segundo quais desejos, interesses e necessidades.

As *fake news*, ou notícias falsas, explica Francisco, fazem parte da "desinformação transmitida online ou nos meios de comunicação tradicionais". De modo geral, elas são analisadas pelo papa tanto no âmbito da "profissão jornalística" quanto principalmente no âmbito da "responsabilidade pessoal de cada um", de cada pessoa, seja quem for. Há, portanto, o reconhecimento de que estamos "no contexto de uma comunicação cada vez mais rápida e dentro de um sistema digital", em que o contexto midiático é um fenômeno complexo, que vai muito além da chamada "grande mídia" e dos jornalistas profissionais, pois envolve, justamente, de modo crescente, "cada um".

Nesse sentido, o eixo central que articula a mensagem papal não é apenas o "esforço comum de prevenir a difusão das notícias falsas", mas sim o próprio tema da verdade. Para Francisco, as *fake news* envolvem "informações infundadas, baseadas em dados inexistentes ou distorcidos". Não se trata de um fenômeno novo, mas hoje, segundo o papa, instaurou-se uma "lógica da desinformação", que torna ainda mais difícil "desvendá-las e erradicá-las". Isso porque as *fake news* circulam principalmente entre pessoas que interagem em "ambientes digitais homogêneos e impermeáveis a perspectivas e opiniões divergentes". Fechadas em bolhas de informação e de relação, muitas vezes, as pessoas correm o risco de se tornar "atores involuntários na difusão de opiniões tendenciosas e infundadas".

Ao caracterizar a falsidade dessas notícias, Francisco apresenta um primeiro ponto central: a "natureza mimética" de tais notícias. Mais adiante na mensagem, o papa fala da mimese (imitação) em seu sentido negativo, isto é, como uma "rastejante e perigosa sedução" que domina a pessoa "com argumentações falsas e aliciantes".

Contudo, do ponto de vista do processo comunicacional, a natureza mimética, a competência humana da imitação, de certo modo, é constitutiva da própria comunicação humana, é o seu fundamento histórico. Se os códigos e as linguagens humanas são comunicacionalmente inventados, a comunicação como tal é construída mediante essa competência "pré-social" e biológica como a imitação/mimese.

Se toda comunicação tem uma "natureza mimética", portanto, a questão em jogo nas *fake news* é justamente aquilo que elas imitam ou deixam de imitar em relação à "notícia imitada", além do modo como se dá essa imitação. Segundo Francisco, a mimese operada pelas *fake news* envolve sua plausibilidade, sua verossimilhança e também sua capciosidade. Ou seja, elas imitam (mimetizam) outras notícias reconhecidas socialmente como fidedignas, mas falsificando seus formatos e conteúdos ou produzindo falsidades.

A invenção operada pelas *fake news* envolve a construção de uma falsidade, ou a desconstrução de uma verdade. Trata-se de artimanhas comunicacionais que, como afirma o papa, permitem "capturar a atenção" das pessoas, apoiando-se em "estereótipos e preconceitos generalizados" para explorar "emoções imediatas e fáceis" como a ansiedade, o desprezo, a ira, a frustração.

PARTE III – COMUNICAR O EVANGELHO EM TEMPOS DE REDES

Combater a falsidade, experimentar a verdade

O desafio, aponta Francisco, é como podemos reconhecer e combater a falsidade das *fake news*. E aqui o pontífice contrapõe o papel das pessoas como "atores involuntários" na difusão de tais notícias e o seu papel como "atores do seu desvendamento". O que diferencia essas duas posturas é um discernimento profundo e cuidadoso que permite desmascarar aquilo que o papa chama de "lógica da serpente".

A referência é ao relato do livro bíblico do Gênesis (3,1-15), que apresenta a serpente como "o mais astuto de todos os animais", ao narrar o pecado original de Adão e Eva. Por isso, Francisco a chama de "artífice da primeira *fake news*" ("De modo nenhum vocês morrerão. Mas Deus sabe que, no dia em que vocês comerem o fruto, os olhos de vocês vão se abrir, e vocês se tornarão como deuses, conhecedores do bem e do mal", cf. Gênesis 3,4), que levou não apenas ao pecado de Adão e Eva, mas também, depois, ao primeiro fratricídio (cf. Gênesis 4), dando origem à espiral do mal que perpassa a história humana.

E como podemos nos defender? "O antídoto mais radical ao vírus da falsidade – afirma Francisco – é deixar-se purificar pela verdade." *E ela tem um "sentido relacional". Isto é, a verdade sempre se encarna em relações.* "O homem descobre sempre mais a verdade – enfatiza o papa – quando a experimenta em si mesmo como fidelidade e fiabilidade de quem o ama. Só isto liberta o homem".

Ele continua: "A verdade não se alcança autenticamente quando é imposta como algo de extrínseco e impessoal; mas brota de relações livres entre as pessoas, na escuta recíproca". Por isso, "o melhor antídoto contra as falsidades não são as estratégias, mas as pessoas: pessoas que, livres da ambição, estão prontas a ouvir e, através da fadiga de um diálogo sincero, deixam emergir a verdade; pessoas que, atraídas pelo bem, se mostram responsáveis no uso da linguagem".

Comunicação de paz

É por isso que o papa também reforça a importância de quem assume a comunicação como profissão, isto é, o jornalista, chamado de "guardião das notícias". E, no centro das notícias, devem estar as pessoas. "Informar é formar, é lidar com a vida das pessoas", sintetiza Francisco. Por isso, um "jornalismo de paz" é aquele que é "feito por pessoas para as pessoas e considerado como serviço a todas as pessoas, especialmente àquelas – e no mundo são a maioria – que não têm voz".

Ao contrário, o que vemos, muitas vezes, é uma comunicação "contra" o outro, para que ele não tenha voz alguma e apenas "me" ouça. E aqui é preciso

167

fazer um grande *mea culpa* como Igreja. Recentemente, vemos uma tendência crescente de transformar até mesmo a reflexão teológica e as relações intraeclesiais em campo aberto para a circulação de inúmeros estereótipos e preconceitos, de aniquilação da diferença e dos diferentes, de manutenção e reforço de certo *status quo* católico.

Indivíduos e grupos católicos em rede, muitas vezes, deixam de lado a missão de anunciar a "boa notícia" (*"good news"*) para inventar e compartilhar apenas *"fake (good) news"*, falsificando o Evangelho e o testemunho cristão com suas práticas de ódio e intolerância. Supostamente agindo pelo "bem da Igreja e a salvação das almas", esses católicos ultrarradicais são verdadeiros "profetas da desventura" e apedrejam simbolicamente tudo e todos que forem "diferentemente católicos", inclusive o papa, se acharem necessário. Assim, fazem exatamente aquilo que Francisco denuncia na mensagem: impõem sua verdade "como algo de extrínseco e impessoal", isolam, dividem e se contrapõem, prejudicando a comunhão.

As redes sociais digitais, habitadas por católicos de catolicidades variadas, transformam-se, assim, não em praças públicas voltadas à convivência entre pessoas diferentes, mas sim em arenas públicas em que só sobrevive quem aniquila o outro a golpes de citações bíblicas e de Catecismo. Tudo isso entre pessoas que, supostamente, deveriam se comunicar como irmãos e irmãs de fé...

Mas Francisco é bem claro: "Uma argumentação impecável pode basear-se em fatos inegáveis, mas, *se for usada para ferir o outro e desacreditá-lo à vista alheia, por mais justa que apareça, não é habitada pela verdade*. A partir dos frutos, podemos distinguir a verdade dos vários enunciados: se suscitam polêmica, fomentam divisões, infundem resignação ou se, em vez disso, levam a uma reflexão consciente e madura, ao diálogo construtivo, a uma profícua atividade".

O sinal do comunicador cristão, nas redes e fora delas, em uma palavra, é a paz. Uma comunicação que, como reza Francisco no fim de sua mensagem, pratica a escuta, e não o rumor; inspira harmonia, e não confusão; leva clareza, e não ambiguidade; leva partilha, e não exclusão; usa sobriedade, e não sensacionalismo; faz interrogativos verdadeiros, e não superficialidade; desperta confiança, e não preconceitos; leva respeito, e não agressividade; e, por fim, leva verdade, e não falsidade.

Formar para a informação, conscientizar para a comunicação

As chamadas redes sociais digitais, como Facebook, Instagram, Twitter, e plataformas como Amazon, Google, Netflix, WhatsApp, são hoje, muitas vezes, a "fonte da informação" sobre a realidade para um número cada vez maior de pessoas, muito mais do que a TV, o rádio e a imprensa. São também o "ambiente de convivência" entre familiares, amigos e colegas de trabalho, por onde mais circulam as informações relevantes para o dia a dia de cada pessoa.

Nesses ambientes, centrados na relação entre pessoas que geralmente já se conhecem, podem se formar com mais facilidade as chamadas "bolhas de informação", em que cada um busca se cercar apenas de fontes e conteúdos que reforcem suas convicções pessoais. A diferença e o diferente, assim, podem desaparecer do horizonte. Impera o "mais do mesmo". E os algoritmos de cada plataforma, por sua vez, reforçam ainda mais essa característica das redes digitais.

Tais empresas controlam quantidades gigantescas de dados sobre os usuários de seus serviços. E, mesmo sem perceberem, as pessoas acabam "trabalhando" voluntariamente para essas plataformas, pois oferecem a elas, gratuita e constantemente, muitas informações sobre suas vidas cotidianas, ao intercambiarem textos, áudios e fotos. Mesmo quando as pessoas apenas "navegam" e "zapeiam" em tais plataformas, seus rastros digitais são continuamente acompanhados por essas empresas, servindo para o aprimoramento de seus serviços e a venda de publicidade.

Hoje, a informação não é mais sinônimo de poder, pois praticamente qualquer pessoa pode ter acesso a elas, em um clicar de botões. O poder está em quem gerencia as informações. Quando entregamos esse poder de gestão sobre nossas informações pessoais a tais conglomerados informacionais e midiáticos, estamos abrindo mão de uma importante parcela de responsabilidade sobre a nossa própria vida.

Por isso, ganha ainda mais importância o papel e a responsabilidade pessoal de cada um e de cada uma no atual ambiente comunicacional. *"Formar para a informação"* tornou-se imperativo. Ou seja, possibilitar que as pessoas possam construir as competências necessárias – desde a infância, por exemplo nas escolas – para lidar com o mundo de informações contemporâneo, sem ficarem sobrecarregadas, desorientadas, inertes ou indiferentes diante dessa realidade tão complexa.

Também é preciso *"conscientizar para a comunicação"*. A começar pelas próprias empresas midiáticas, para que reforcem sua postura ética e evitem a produção e a divulgação de toda e qualquer má informação. Mesmo tendo fins financeiros, o lucro e os interesses corporativos não podem levar a melhor em relação à responsabilidade pública de tais empresas.

Na visão do papa, a notícia é um tesouro que enriquece a toda a sociedade, não apenas uma mercadoria para enriquecer as empresas que a produzem. "Informar é formar, é lidar com a vida das pessoas", afirma o papa. De acordo com Francisco, no centro das notícias devem estar as pessoas. Quando a notícia é vista como riqueza social (e não como mero negócio corporativo), estamos diante de um bom caminho para se redescobrir o valor do jornalismo hoje.

Por outro lado, em nível pessoal, cada pessoa tem a responsabilidade de discernir a veracidade e a falsidade que se espreita em um panorama midiático complexo, para não cair em armadilhas informacionais, nem permitir que outros caiam nelas.

E aqui a Igreja tem um papel pedagógico e formativo muito importante, desde a catequese. Formar para a informação e conscientizar para a comunicação significa ajudar as pessoas a serem prudentes como as serpentes e astutas como as pombas no meio de possíveis "lobos" midiáticos. Esses dois processos, por sua vez, envolvem três saberes: *saber escolher, saber ler* e *saber escrever*.

Saber escolher

Saber escolher é um princípio fundamental quando estamos imersos em uma avalanche de informações. É impossível dar conta – por razões de tempo e de espaço vital – de todos os dados que temos à disposição e de tudo o que recebemos continuamente via textos, áudios, fotos, vídeos. Há muito "joio" misturado nas informações que recebemos e nas fontes de notícias a que recorremos.

Por isso, é importante se perguntar: onde busco e encontro informações? A quem dou ouvidos? Quais são minhas fontes? Qual sua credibilidade e reputação? Daí a necessidade de pesquisar, separar, selecionar, decidir com consciência; em suma, discernir. E o Papa Francisco afirma que o critério para discernir a verdade é "examinar aquilo que favorece a comunhão e promove o bem e aquilo que, ao invés, tende a isolar, dividir e contrapor". Ou seja, "reconhecer o mal que se insinua em uma comunicação que não cria comunhão".

Saber ler

Saber ler, por sua vez, não diz respeito apenas a saber decifrar as letras das palavras de um texto. Ler não é apenas "ficar sabendo" de alguma coisa, como se fosse um gesto passivo. Não é apenas "aprender" algo novo, mas sim *apre--ender e compre-ender*. Por isso, mesmo quem é analfabeto pode saber "ler" o mundo. Ler é interpretar a realidade. É desvendar a informação, removendo os "véus" dos interesses em jogo. Exige reflexão curiosa e crítica sobre aquilo que é dito e mostrado. É ir além da manchete.

Todo "texto" (escrito não apenas em letras, mas também em sons ou imagens) não é propriedade exclusiva de seu autor, mas é reescrito e reconstruído pelo seu leitor, a partir de sua visão de mundo, sua cultura, seus valores, sua realidade local. Em sua mensagem, Francisco destaca a necessidade de "aprender como ler e avaliar o contexto comunicativo".

Ao escolhermos uma fonte de informações, é preciso ir além dos conteúdos presentes em seus textos, áudios, fotos, vídeos. O que e quem estão envolvidos naquilo que estou lendo, vendo, ouvindo? Que fontes são citadas? Está bem escrito? Os dados são confiáveis? É novidade ou notícia "requentada"? Que valores cristãos essa notícia defende, fere ou ignora?

Saber escrever

Por fim, *saber escrever* não diz respeito apenas a ordenar e organizar letras em palavras, e palavras em frases, e frases em textos. Escrever significa "inscrever-se" naquilo que está sendo lido, ouvido, visto. Ou seja, engajar-se com a realidade noticiada, ir além do mero informar-se. E, principalmente, não ser um "divulgador inconsciente de desinformação", como afirma o papa.

Diante de uma informação recebida, que resposta parece apropriada à luz da fé cristã? Devo comentar algo a respeito? Devo compartilhá-la? Com quem? Por quê? E, mais importante, como posso "reescrever", concretamente, com minhas palavras e ações, a realidade noticiada ou os fatos informados? Para isso, segundo o papa, é preciso, antes, "tirar o veneno dos nossos juízos" e "falar dos outros como de irmãos e irmãs", para que "nossas palavras sejam sementes de bem para o mundo".

"Dizer a palavra verdadeira é transformar o mundo", afirmava Paulo Freire. Daí a grande responsabilidade dos cristãos e cristãs no mundo da comunicação, para saber o que dizer e o que calar, como dizer e como calar, quando dizer e quando calar.

REDE, COMUNIDADE, CORPO: SINAIS DA IGREJA EM SAÍDA NO AMBIENTE DIGITAL

21

No dia 24 de janeiro de 2019, dia de São Francisco de Sales, padroeiro dos jornalistas e comunicadores, o Papa Francisco divulgou a sua sexta mensagem para o Dia Mundial das Comunicações Sociais, intitulada *"'Somos membros uns dos outros' (Ef 4,25): das comunidades de redes sociais à comunidade humana"*.

Em sua mensagem, o papa reconhece que "desde quando se tornou possível dispor da internet, a Igreja sempre procurou promover o seu uso a serviço do encontro entre as pessoas e da solidariedade entre todos".

Os gestos pontifícios, ao longo dos últimos anos, são um indicativo interessante. Ainda em 1995, enquanto a internet engatinhava em solo brasileiro, o Vaticano lançava o seu site oficial (vatican.va).

Entre agosto de 1998 e outubro de 1999, o Papa João Paulo II chegou a divulgar um endereço de e-mail pessoal, mas que foi fechado por excesso de e-mails recebidos. Em 2001, em um evento público, na Sala Clementina, no Vaticano, o papa polonês enviou o primeiro "e-mail papal", dirigido a todos os bispos da Oceania, anexando a Exortação Apostólica Pós-sinodal *Ecclesia in Oceania*. Já a sua mensagem para o Dia Mundial das Comunicações Sociais de 2002 foi o primeiro documento pontifício a abordar diretamente a internet, intitulada justamente *"Internet: um novo foro para a proclamação do Evangelho"*.

Bento XVI, por sua vez, foi o primeiro papa a ter uma conta pessoal em uma plataforma sociodigital, o Twitter, com o usuário @*Pontifex* (em vários idiomas), criado em 2012. E escreveu nada menos do que quatro mensagens para o Dia Mundial das Comunicações que, já no título, faziam referência ao ambiente digital: *"Novas tecnologias, novas relações. Promover uma cultura de respeito, de diálogo, de amizade"* (2009), *"O sacerdote e a pastoral no mundo digital: os novos* media *ao serviço da Palavra"* (2010), *"Verdade, anúncio e autenticidade de vida, na era digital"* (2011) e *"Redes Sociais: portais de verdade e de fé; novos espaços de evangelização"* (2013).

Francisco também inovou em muitos aspectos. Ele manteve as contas @ *Pontifex* e, em 2017, foi o líder mundial mais seguido no Twitter (com mais de 33 milhões de seguidores à época), de acordo com o estudo *Twiplomacy*. Em 2014 e 2015, participou de duas videoconferências via Google Hangout, promovidas pela ONG Scholas Ocurrentes, com estudantes do mundo inteiro. Em 2016, criou uma conta pessoal no Instagram, com o nome de usuário @ *Franciscus*, e incentivou o lançamento do projeto *"O Vídeo do Papa"*, que traduz as tradicionais intenções mensais do papa para a linguagem audiovisual do YouTube.

Hoje, portanto, afirma Francisco na mensagem, "o ambiente medial é tão invasivo a ponto de já ser indistinguível da esfera da vida cotidiana" – e também da vida eclesial e religiosa. Isso ficou ainda mais evidente no Ângelus do dia 20 de janeiro de 2019, em que Francisco apresentou ao mundo inteiro a plataforma oficial da Rede Mundial de Oração do Papa, *"Click To Pray"*. "Aqui – afirmou o pontífice – vou inserir as intenções e os pedidos de oração pela missão da Igreja. Convido especialmente vocês, jovens, a baixarem o *app 'Click To Pray'*, continuando a rezar junto comigo."

Em todos esses casos, entrevê-se "o fundamento e a importância do nosso ser-em-relação", como diz Francisco, que vai se manifestando e se traduzindo ao longo do tempo, dentro das lógicas e dinâmicas comunicacionais específicas de cada cultura e de cada patamar tecnológico.

Na mensagem, esse ser-em-relação é abordado pelo papa a partir de três metáforas principais: a *rede*, a *comunidade* e o *corpo*.

A metáfora da rede se destaca na contemporaneidade. Trata-se da "forma organizacional da Era da Informação", como afirma o sociólogo espanhol Manuel Castells. O Papa Francisco a define como uma "multiplicidade de percursos e nós", uma organização que não tem um centro e não é de tipo hierárquico nem vertical. Em vez disso, "a rede funciona graças à coparticipação de todos os elementos". Ou seja, nenhum deles é fundamental, pois cada um depende dos outros, e são as suas inter-relações que determinam a estrutura da própria rede.

A comunidade, rede solidária

A partir de uma dimensão antropológica, Francisco traz à tona ainda outra figura densa de significados: a comunidade. Segundo o papa, esta será mais forte quanto mais for marcada por coesão, solidariedade, confiança e partilha.

Como "rede solidária", a comunidade requer "a escuta recíproca e o diálogo, baseado no uso responsável da linguagem".

E aqui Francisco faz uma diferenciação entre essa noção de comunidade, por ele assim definida, e a chamada *social network community* ("comunidade de redes sociais"). Sua leitura se foca principalmente nos limites da segunda, ressaltando os aspectos "não comunitários" das redes. Francisco afirma que as comunidades em rede frequentemente são apenas "agregados de indivíduos" unidos por laços fracos, o que alimenta "grupos que excluem a heterogeneidade", um "individualismo desenfreado", o *ciberbullying*, o autoisolamento, gerando "eremitas sociais" e "espirais do ódio".

Segundo o papa, a *social web*, em geral, apresenta uma "realidade multiforme e insidiosa", marcada muitas vezes por uma "dinâmica dramática", que pode levar a "uma grave ruptura no tecido relacional da sociedade". Em vez de ajudar na construção de um "nós", o ambiente digital pode se tornar mero espelho para a reafirmação do "eu" ou mera arena para a aniquilação simbólica do "tu" e do "eles". Assim, impossibilita-se qualquer vislumbre de solidariedade em comunidade.

Entretanto, embora sejam limitações reais, o foco apenas nelas pode ignorar que tais lógicas deturpadoras das relações humanas não são exclusividade do ambiente digital, mas também se fazem presentes em outros ambientes relacionais, para além de qualquer mediação tecnológica. Por outro lado, tal leitura pode deixar de perceber outros aspectos propriamente comunitários que emergem em rede.

Isto é, pode-se pressupor que a "verdadeira comunidade" só existiria fora das redes e que, em rede, "no melhor dos casos", como afirma a mensagem, só seria possível construir aproximações de comunidade. Mas uma diferenciação apressada entre as "comunidades de redes sociais" e as "comunidades humanas" pode correr o risco de partir de *aprioris* sociológicos ou teológicos. Assim, explica-se o ambiente digital e as relações em rede dedutivamente, a partir de um conceito de comunidade já pronto, elaborado em outros contextos e a partir de outros fenômenos, o que pode levar a pressupor que a internet e as redes estariam "deturpando" ou "desviando" a "verdadeira" noção de comunidade.

Tudo isso, porém, pode também restringir o olhar e a reflexão, ao operar uma dicotomia entre o ambiente digital e a "vida real", privilegiando esta última, o que já não faz mais sentido em um momento em que estamos quase sempre conectados e não precisamos mais "entrar na internet", pois praticamente quase nunca saímos dela...

As comunidades, hoje, se constituem, se mantêm e também se desfazem na circulação entre várias redes comunicacionais, que atravessam e são atravessadas por redes digitais. Aquela dicotomia pode, ainda, favorecer uma busca de semelhanças e diferenças entre aquilo que acontece na internet e as comunidades já socialmente instituídas e teoricamente definidas, impedindo que se percebam fenômenos novos, que vão muito além da mera proximidade geográfico-territorial ou étnico-cultural.

Mais do que perceber mudanças na noção de comunidade entre um "antes" e um "depois", ou rupturas entre o ambiente online ("comunidades de redes sociais") e o ambiente offline ("comunidades humanas"), seria mais produtivo perceber que o objeto instituído (a comunidade) só se institui e se mantém constituído mediante um constante processo instituinte e constituinte (as relações entre as pessoas), na internet e fora dela, processo este que é principalmente comunicacional (como as próprias conexões em rede, pois o ambiente digital não é "uma rede de fios, mas de pessoas humanas", como afirmou Francisco na mensagem para o Dia Mundial das Comunicações Sociais de 2014).

Hoje, as relações humanas se constituem e se mantêm em um ambiente muito mais complexo, múltiplo e diferenciado daqueles em que tais relações habitualmente ocorriam. Os emergentes decisivos na especificidade das interações digitais são o seu *alcance* e a sua *velocidade*, como afirma o filósofo e sociólogo argentino Eliseo Verón (1935-2014). Trata-se de redes comunicacionais que não se esgotam na *social web* e nas *social networks*.

Nesse sentido, o conceito de "comunidade" só é enquanto está sendo, e só permanece porque muda, parafraseando Paulo Freire. E essa tensão entre uma "estabilidade dinâmica" e uma "dinâmica estável" de uma comunidade, sendo principalmente comunicacional, demanda um olhar específico com tal sensibilidade. Não é possível meramente "aplicar" um conceito já dado de comunidade para entender as modalidades de relação e de interação humanas em rede, mas é preciso tensionar os próprios conceitos a partir daquilo que efetivamente caracteriza tais relações hoje, captando a riqueza dos fenômenos contemporâneos.

Julgar a "natureza das relações na internet" a partir de uma noção elevada de "verdadeira comunidade" e usar a rede apenas como "metáfora" para a ideia de "comunidade solidária" pode levar a ignorar que, também no ambiente digital, o que está em jogo são as pessoas. Se há "lógicas" deturpadoras na rede que não levam à construção de um nós, devido à falta de escuta e de diálogo, estas também se fazem presentes em quaisquer relações humanas em geral, para além de uma dada mediação tecnológica. O que não se pode é crer que uma "verdadeira comunidade" estaria isenta de lapsos, desvios, excessos e irresponsabilidades nos "usos da linguagem", pois estes fazem parte de qualquer processo comunicacional.

Na constante interação entre o online e o offline vivida atualmente – ou, mais propriamente, no caráter onlife da vida contemporânea, como afirma o filósofo italiano Luciano Floridi (em que não importa tanto *quando* estamos conectados, mas sim se chegamos a estar em algum momento desconectados) – é mais produtivo compreender como as relações em rede possibilitam experiências comunitárias e de que nível elas são. Ou seja, que práticas sociais no ambiente digital implicam ou não a construção de um "nós"? Como as plataformas sociodigitais contribuem ou prejudicam a escuta do outro e o diálogo no uso responsável da linguagem? Como se manifesta uma "comunidade solidária" em rede e para além dela?

Comunidades eclesiais digitais?

Hoje, no ambiente católico digital, manifestam-se modos tentativos e articulados de ir ao encontro de uma catolicidade menos heterônoma. Isso revela, muitas vezes, uma falta de espaços de partilha e de debate intraeclesiais em que determinadas questões possam ser levantadas, o que fomenta essa "migração" ao ambiente digital.

Isso se dá especialmente no caso de minorias periféricas eclesiais conectadas em redes, como grupos de católicos divorciados em segunda união, de católicas que praticaram um aborto ou criam sozinhas os seus filhos, de católicos migrantes ou refugiados que se articulam em rede nos países de acolhimento, de católicos LGBT etc.

Em outro contexto semelhante, surgiu no Brasil, nos anos da ditadura militar, um dos principais frutos do Concílio Ecumênico Vaticano II na América Latina: as Comunidades Eclesiais de Base (CEBs). Tratava-se de uma nova experiência de Igreja, de comunidade e de fraternidade, em que emergiu outra forma de ser Igreja. Em tempos de rede, podemos questionar se não estaríamos, hoje, diante da emergência de *comunidades eclesiais digitais* (ou *CEDs*), que atualizariam, em outros "meios" e em outros "ambientes" (agora midiáticos), a mesma busca e necessidade de experiência religiosa, de vínculo interpessoal, de cidadania eclesial, de autonomia para o apostolado leigo.

Não seriam tais formações em rede também "outra forma de ser Igreja", que emergiria a partir da *insuficiência* das experiências comunitárias eclesiais existentes diante dos novos desafios contemporâneos, ou a partir da *inexistência* de ambientes comunitários eclesiais capazes de acolher e integrar as "periféricas existenciais", como no caso das CEBs?

De modo mais específico, alguns ambientes digitais, entendidos como *CEDs*, também permitem, principalmente, que as pessoas se conheçam e se reconheçam, possam ser elas mesmas em suas individualidades, possam dizer a sua palavra e ser acolhidas e se acolher pelo nome próprio, parafraseando o teólogo Leonardo Boff ao falar das CEBs históricas.

Assim, indo além das configurações espaçotemporais da estrutura eclesiástica local, tais ambientes apontam para uma busca de relações *outras* em ambientes *outros*, a partir de uma necessidade de "atualizar" as comunidades tradicionais, de "traduzi-las" às linguagens e às modalidades de comunicação contemporâneas e até de "criar/inventar" experiências inovadoras de vivência e comunicação da fé.

Diante da emergência das *CEDs*, que apontam para um "novo-ainda-não--experimentado" dentre as variações históricas das formas comunitárias da Igreja, é importante que a instituição eclesiástica e suas autoridades busquem – assim como em relação às CEBs históricas – "respeitar o caminho que se inaugurou; não querer logo enquadrar o fenômeno com categorias teológico-pastorais nascidas de outros contextos e de outras experiências eclesiais; colocar-se numa atitude de quem quer ver, compreender e aprender; manter a vigilância crítica para poder discernir verdadeiros de falsos caminhos", como afirma Boff.

Do ponto de vista eclesial, trata-se de compreender as diversas e complexas mediações que organizam hoje a "unidade comunicativa dos fiéis", que, ontem como hoje, caracteriza a Igreja como uma "'comunidade de comunicação' intra-histórica", como afirma o teólogo padre jesuíta alemão Medard Kehl. Assim, a própria noção de comunidade pode ser mais bem-entendida em termos de *rede de relações comunicacionais*, em suas luzes e sombras, que, na internet, envolvem uma maior maleabilidade, heterogeneidade e interconectividade dos vínculos sociais.

"Onde dois ou mais estiverem reunidos em meu nome, Eu estou aí no meio deles" (Mateus 18,20). O "onde" – em rede ou fora dela; nas bases ou na internet – é quase irrelevante: o importante é reunir-se em comunidade no nome de Jesus Cristo, assumindo uma *consciência-vivência cristã e eclesial*.

Da rede-armadilha à rede-encontro

Na mensagem, o diagnóstico de Francisco é preciso ao apontar que, ao deixar de ser "uma oportunidade para promover o encontro com os outros", a rede muitas vezes se converte no seu oposto, em "uma teia de aranha capaz de capturar". Quando isso ocorre, "a identidade funda-se na contraposição ao outro, à pessoa estranha ao grupo: define-se mais a partir daquilo que divide do que daquilo que une, dando espaço à suspeita e à explosão de todo o tipo de preconceito (étnico, sexual, religioso e outros). (...) E, assim, aquela que deveria ser uma janela aberta para o mundo, torna-se uma vitrine onde se exibe o próprio narcisismo".

Essa construção da identidade a partir da destruição da alteridade pode ser vista frequentemente em nossas redes pessoais e especialmente no mundo da política, da religião e da própria Igreja Católica. Na política, o período eleitoral de 2018 foi abundante em casos de desinformação, má-informação, distorção, difamação e calúnias em rede, com o objetivo de aniquilar o adversário transformado em opositor-inimigo. E os mandatos dos representantes políticos ao longo dos últimos anos evidencia que essa tendência ao descrédito do outro e ao *ciberbullying* já faz parte, na prática, infelizmente, das próprias estratégias dos governos, em seus vários níveis.

Mas isso também diz respeito à própria Igreja. Em janeiro de 2019, encontrando-se com os bispos da América Central, reunidos no Panamá para a Jornada Mundial da Juventude, o Papa Francisco afirmou:

> *Preocupa-me ver como a compaixão perdeu centralidade na Igreja, inclusive em grupos católicos – ou está perdendo, para não sermos tão pessimistas. Inclusive nos meios de comunicação social católicos, a compaixão não existe. Existe o cisma, a condenação, a crueldade, a valorização de si mesmo, a denúncia de heresia... Que não se perca a compaixão na nossa Igreja (...). A Igreja de Cristo é a Igreja da compaixão; e isso começa em casa.*

Nesse contexto, sem dúvida, "não basta multiplicar as conexões, para ver crescer também a compreensão recíproca", como afirma o papa na mensagem. O desejo quase ideal (ou até mesmo o sonho) de Francisco é de uma rede livre, aberta e segura para todos, e ele interpela os governos e a própria Igreja em relação a essa tarefa.

Homem novo digital

Nesse contexto, a Sagrada Escritura continua sendo uma grande fonte de inspiração para tentar responder, do ponto de vista cristão, a esses fenômenos comunicacionais muito atuais. No versículo paulino escolhido por Francisco para a mensagem, há pistas importantes para os desafios da comunicação hoje, mesmo que Paulo estivesse falando sobre outras modalidades de comunicação e sobre outras interações que ocorriam na comunidade de Éfeso nos anos 50 d.C.

No trecho da carta de onde o papa extrai o versículo, Paulo compara o estilo de vida dos "pagãos" e o dos primeiros cristãos, que aprenderam com Cristo a viver de outro modo, abandonando o "homem velho" da corrupção e do enga-no. Os cristãos são chamados a viver uma "transformação espiritual da inteligência" e a se revestir do "homem novo" da justiça, da santidade e da verdade (Efésios 4,20-24).

Nesse contexto, Paulo apresenta uma magistral reflexão sobre a importância da comunicação em uma "perspectiva ampla", que, atualizada para o século XXI, vale tanto para o ambiente digital, marcado muitas vezes por *fake news* e redes de violência, quanto para o diálogo e o encontro com o "outro":

> *Vocês estão com raiva? Não pequem; o sol não se ponha sobre o ressentimento de vocês. Não deem ocasião ao diabo. (...) Que nenhuma palavra inconveniente saia da boca de vocês; ao contrário, se for necessário, digam boa palavra, que seja capaz de edificar e fazer o bem aos que ouvem. (...) Afastem de vocês qualquer aspereza, desdém, raiva, gritaria, insulto, e todo tipo de maldade. Sejam bons e compreensivos uns com os outros, perdoando-se mutuamente, assim como Deus perdoou a vocês em Cristo (Efésios 4,25-32; trad. Bíblia Pastoral).*

Nas redes, o "homem novo digital" também abandona e se afasta da mentira, da raiva, do ressentimento, da palavra inconveniente, da aspereza, do desdém, da gritaria, do insulto e de todo tipo de maldade. Não dá ocasião ao "diabólico" – aquilo que divide – e busca sempre o encontro "simbólico" com o outro naquilo que é comum, naquilo que une e congrega, com bondade, compreensão e perdão. Reconhece que, por trás das telas dos computadores, tablets e celulares, por trás dos seus números e dígitos, está uma pessoa humana, alguém que o complementa, um irmão e uma irmã. Está o "próximo".

O homem novo digital age, reage e interage a partir da *caridade*. E, assim, pode construir comunidade, em rede e fora dela.

O corpo, relação de reciprocidade

Para isso, a pergunta proposta pela mensagem deve ressoar constantemente em quem busca construir outras relações possíveis em rede: "Como reencontrar a verdadeira identidade comunitária na consciência da responsabilidade que temos uns para com os outros inclusive na rede online?"

E aqui, como esboço de resposta, surge a terceira metáfora de Francisco: o corpo e seus membros. Ou seja, uma "relação de reciprocidade entre as pessoas, fundada num organismo que as une".

Trata-se de uma atualização daquilo que Paulo escreveu também na Carta aos Efésios: *"Por isso, despi-vos da mentira e diga cada um a verdade ao seu próximo, pois somos membros uns dos outros"* (Efésios 4,25). Segundo o papa, "o fato de sermos membros uns dos outros é a motivação profunda com a qual o Apóstolo exorta a despir-se da mentira e a dizer a verdade: a obrigação de preservar a verdade nasce da exigência de não negar a mútua relação de comunhão".

Quem se recusa egoisticamente a entrar em relação com o outro, a fazer parte e a construir um mesmo corpo (comunidade, Igreja, país etc.) habita a solidão da mentira. Ao contrário, "a verdade revela-se na comunhão" e, sem comunhão, não é possível buscar e encontrar a verdade. A própria identidade pessoal e coletiva "se funda sobre a comunhão e a alteridade", afirma o papa. Não existe um "eu" sem um "tu". Como afirma o filósofo francês Emmanuel Lévinas, "nós" não é o plural de "eu". Na linguagem da tradição africana do *ubuntu*, "eu sou porque nós somos".

Francisco, por sua vez, relê essa "nostalgia" do ser humano de viver em comunhão e de pertencer a uma comunidade a partir da tradição cristã. Essa necessidade, afirma, surge "em virtude de termos sido criados à imagem e semelhança de Deus que é comunhão e comunicação de si", um Deus que se comunica conosco "adaptando-se à nossa linguagem". Ou seja, "da fé num Deus que é Trindade, segue-se que, para ser eu mesmo, preciso do outro. Só sou verdadeiramente humano, verdadeiramente pessoal, se me relaciono com os outros". *Eu sou porque tu és.*

Essa comunhão é mais do que uma mera interação entre indivíduos, mas se trata de uma relação entre pessoas, já que o próprio termo "pessoa" – afirma o papa em um belo jogo de palavras que se perde na tradução ao português – denota o ser humano como "rosto" (*"volto"*), "voltado" (*"ri-volto"*) ao outro, "coenvolvido" (*"co-in-volto"*) com os outros. Ainda segundo Lévinas, "o outro que me olha me afirma".

Por isso, Francisco convoca – "com maior razão" – os cristãos a "manifestarem aquela comunhão que marca a nossa identidade de pessoas de fé", porque "a própria fé é uma relação, um encontro". Ou seja, ela nasce "sob o impulso do amor de Deus", que, por sua vez, leva a pessoa a "comunicar, acolher e compreender o dom do outro e corresponder-lhe".

Complementaridade

A partir dessa evolução metafórica da rede à comunidade e da comunidade ao corpo, o papa restabelece a complementaridade entre "redes e ruas" do ponto de vista das relações humanas. E o faz ressaltando, "também na rede e através da rede, o caráter interpessoal da nossa humanidade".

PARTE III – COMUNICAR O EVANGELHO EM TEMPOS DE REDES

"A imagem do corpo e dos membros recorda-nos que o uso da *social web* é complementar do encontro em carne e osso, vivido através do corpo, do coração, dos olhos, da contemplação, da respiração do outro. Se a rede for usada como prolongamento ou expectativa de tal encontro, então ela não trai a si mesma e permanece como um recurso para a comunhão", afirma Francisco.

Essa complementaridade não está dada de antemão, mas é uma construção pessoal, comunitária e social: em termos digitais, é um *network*, um trabalho em rede. Assim, a rede pode ser construída "não para capturar, mas para libertar, para preservar uma comunhão de pessoas livres". Francisco explicita isso em três grandes "se", revelando a liberdade humana diante de possibilidades em rede que demandam escolhas, decisão, discernimento:

> *Se uma família usa a rede para estar mais conectada, para depois se encontrar à mesa e olhar-se olhos nos olhos, então é um recurso. Se uma comunidade eclesial coordena a sua atividade através da rede, para depois celebrar juntos a Eucaristia, então é um recurso. Se a rede é uma oportunidade para me aproximar de histórias e experiências de beleza ou de sofrimento fisicamente distantes de mim, para rezar juntos e, juntos, buscar o bem na descoberta daquilo que nos une, então é um recurso.*

Aqui, entretanto, reforça-se uma certa leitura utilitarista, instrumental e funcionalista das redes, pautada pelo "uso". Isso permeia toda a mensagem (e até, se poderia dizer, o pensamento comunicacional da Igreja dos últimos tempos) e impede de perceber, efetivamente, as inter-relações complexas (a complementaridade, justamente) entre os fenômenos digitais e socioantropológicos mais amplos.

Pensar a rede apenas como "recurso do nosso tempo" e buscar promover um mero "uso positivo" dela não permitem compreender o ambiente digital em sua complexidade, pois a simplificam e a enquadram como um mero instrumento ou ferramenta à disposição das pessoas.

Se efetivamente podemos falar, como Francisco faz na mensagem, de um "ambiente medial" (a tradução oficial em português de Portugal enfraquece a expressão, ao dizer "ambiente dos *mass-media*"), que é "indistinguível da esfera da vida cotidiana", as redes não podem ser vistas somente como algo ao nosso dispor, ao qual podemos "recorrer" ("recurso") quando necessário – como se fosse uma enxada ou um martelo, que usamos e depois deixamos de lado. Na comunicação contemporânea, trata-se de algo mais amplo, que nos envolve e nos transforma: uma *ambiência*.

181

Os dispositivos digitais (em suas virtualidades e potencialidades, assim como em suas materialidades e tecnicidades) não podem ser vistos como meros utensílios a serviço do humano, porque o próprio humano se constitui – especialmente hoje e principalmente em relação à identidade, como afirma a mensagem –, em sua inter-relação com tais dispositivos. Os processos sociodigitais contemporâneos trazem consigo inclusive novas corporalidades e socialidades que geram mundos-espaço e mundos-tempo inéditos na história humana.

Existe um arriscado hábito, especialmente na reflexão eclesial, de pensar que a influência da tecnologia na vida humana seja somente um problema no "modo de usar". Ao contrário, a tecnologia não é uma "escrava" a serviço do humano, mas é "teleonômica", ou seja, ressignifica e modifica o próprio humano. Como afirma Timothy Lenoir, as linguagens, as mídias e as tecnologias podem ser consideradas como "espécies companheiras" que dependem de nós, mas que também nos moldam, gerando uma "espiral coevolutiva".

No caso do ambiente digital, portanto, as redes não são apenas "fruto" das relações humanas, mas também geram e fomentam relações humanas características da contemporaneidade, que, nesse sentido, também são "fruto" da digitalização. Segundo Manuel Castells, a cultura digital faz surgir novas formas de relação social, que são fruto de uma série de mudanças históricas, mas que não poderiam se desenvolver sem a internet. Bento XVI já alertava para isso na mensagem para o Dia Mundial das Comunicações Sociais de 2013: "As redes sociais são o *fruto da interação humana*, mas, por sua vez, *dão formas novas* às dinâmicas da comunicação que cria relações". Portanto, é essa complexificação e hibridização humano-digital que merece atenção, na indeterminação e imprevisibilidade de tais processos.

Redes transformadas em comunidade

As redes, neste período histórico, estão em profunda inter-relação com a construção de comunidades e com a constituição de um corpo. Rede, comunidade e corpo, hoje, para além das metáforas, se inter-relacionam em um mesmo "multiprocesso retroativo", como afirma o pensador francês Edgar Morin, em que não há corpo sem relações comunitárias, nem comunidade sem comunicação em rede (seja ela digital ou não).

O mais importante, em termos eclesiais, não é tanto "como" construir relações em rede no ambiente digital – dominar estratégias, linguagens, técnicas, tecnologias. Mas sim "por que", "para que" e "com quem" construir tais relações.

Uma possibilidade de resposta foi oferecida por Francisco na carta dirigida aos bispos do Conselho Episcopal Latino-Americano e Caribenho (Celam), por ocasião do jubileu de 300 anos do encontro da imagem de Nossa Senhora Aparecida, ao comentar a história da imagem encontrada no Rio Paraíba: "Maria aparece onde os pescadores lançam as redes (...). E aquela presença tornou-se comunidade, Igreja. *As redes não se encheram de peixes, transformaram-se em comunidade*".

E em outra carta, enviada aos jovens brasileiros no encerramento do projeto "Rota 300", por ocasião do mesmo jubileu, o papa retomou a reflexão e completou:

> *Convido a que vocês também deixem que seus corações sejam transformados pelo encontro com Nossa Mãe Aparecida. Que Ela transforme as "redes" da vida de vocês – redes de amigos, redes sociais, redes materiais e virtuais –, realidades que tantas vezes se encontram dividas, em algo mais significativo: que se convertam numa comunidade! Comunidades missionárias "em saída"! Comunidades que são luz e fermento de uma sociedade mais justa e fraterna. Assim integrados nas suas comunidades, não tenham medo de arriscar-se e comprometer-se na construção de uma nova sociedade, permeando com a força do Evangelho os ambientes sociais, políticos, econômicos e universitários!*

Este é o maior desafio: construir um corpo eclesial que não se baseie apenas em "curtidas", como afirma Francisco, mas sim em um "amém" manifestado com o testemunho de uma vida cristã, especialmente "acolhendo os outros" – nas várias redes das quais fazemos parte.

REFERÊNCIAS

BENTO XVI. "Redes sociais: portais de verdade e de fé; novos espaços de evangelização". Mensagem para o 47° Dia Mundial das Comunicações Sociais. *Vatican.va*, Vaticano, 24 jan. 2013b. Disponível em: <http://goo.gl/C3lCMV>.

_____. Carta Encíclica *Deus Caritas Est* sobre o amor cristão. *Vatican.va*, Vaticano, 25 dez. 2005. Disponível em: <https://bit.ly/2NrlHrA>.

BOFF, Leonardo. *E a Igreja se fez povo. Eclesiogênese:* a Igreja que nasce da fé do povo. Petrópolis: Vozes, 1986.

_____. *Eclesiogênese*: as comunidades eclesiais de base reinventam a Igreja. Petrópolis: Vozes, 1977.

CASTELLS, Manuel. *A galáxia da internet*: reflexões sobre a internet, os negócios e a sociedade. Rio de Janeiro: Jorge Zahar Ed., 2003.

_____. *A sociedade em rede* – A era da informação: economia, sociedade e cultura. Vol. 1. 4. ed. São Paulo: Paz e Terra, 2000.

CERTEAU, Michel de. *A invenção do cotidiano*: 1. Artes de fazer. 19. ed. Petrópolis: Vozes, 2012.

CONCÍLIO ECUMÊNICO VATICANO II. Constituição pastoral *Gaudium et Spes* sobre a Igreja no mundo atual. *Vatican.va*, Vaticano, 7 dez. 1965. Disponível em: <https://bit.ly/34s8qGf>.

CONFERÊNCIA NACIONAL DOS BISPOS DO BRASIL. *Diretório de Comunicação da Igreja no Brasil*. Brasília: Edições CNBB, 2014.

CONSELHO EPISCOPAL LATINO-AMERICANO. *Documento final da V Conferência Geral do Episcopado Latino-Americano e do Caribe (Documento de Aparecida)*. 4. ed. São Paulo/Brasília: Paulus/Paulinas/CNBB, 2007.

ECO, Umberto. *Lector in fabula*: a cooperação interpretativa nos textos narrativos. 2. ed. São Paulo: Perspectiva, 1986.

FAGGIOLI, Massimo. "Cibermilícias católicas e as novas censuras". *IHU On-Line*, São Leopoldo, 19 set. 2017. Disponível em: <http://www.ihu.unisinos.br/571820>.

FRANCISCO. Exortação apostólica pós-sinodal *Christus vivit* aos jovens e a todo o povo de Deus. *Vatican.va*, Cidade do Vaticano, 25 mar. 2019a. Disponível em: <https://bit.ly/2uGBoIR>. Acesso em: 25 out. 2019.

_____. "'Somos membros uns dos outros' (Ef 4,25): das comunidades de redes sociais à comunidade humana". Mensagem para o 52º Dia Mundial das Comunicações Sociais. *Vatican.va*, Cidade do Vaticano, 2 jun. 2019b. Disponível em: <https://bit.ly/2CIJwWB>. Acesso em: 25 out. 2019.

_____. Exortação Apostólica *Gaudete et exsultate* sobre o chamado à santidade no mundo atual. *Vatican.va*, Cidade do Vaticano, 19 mar. 2018a. Disponível em: <https://bit.ly/2N8YN8a>. Acesso em: 25 out. 2019.

_____. "'A verdade vos tornará livres' (Jo 8,32). *Fake news* e jornalismo de paz". Mensagem para o 50º Dia Mundial das Comunicações Sociais. *Vatican.va*, Cidade do Vaticano, 13 mai. 2018b. Disponível em: <https://bit.ly/2F640bm>. Acesso em: 25 out. 2019.

_____. Exortação apostólica pós-sinodal *Amoris Lætitia* sobre o amor na família. *Vatican.va*, Vaticano, 19 mar. 2016a. Disponível em: <https://goo.gl/Iq0JCe>.

_____. "Comunicação e Misericórdia: um encontro fecundo". Mensagem para o 50º Dia Mundial das Comunicações Sociais. *Vatican.va*, Cidade do Vaticano, 8 mai. 2016b. Disponível em: <https://bit.ly/1ViAPqF>. Acesso em: 25 out. 2019.

_____. Carta encíclica *Laudato Si'* sobre o cuidado da casa comum. *Vatican.va*, Cidade do Vaticano, 24 mai. 2015a. Disponível em: <https://bit.ly/1Lhax37>.

_____. "Comunicar a família: ambiente privilegiado do encontro na gratuidade do amor". Mensagem para o 49º Dia Mundial das Comunicações Sociais. *Vatican.va*, Cidade do Vaticano, 17 mai. 2015b. Disponível em: <https://bit.ly/364J8zc>.

_____. Bula *Misericordiae Vultus* de proclamação do Jubileu Extraordinário da Misericórdia. *Vatican.va*, Cidade do Vaticano, 11 abr. 2015c. Disponível em: <https://bit.ly/324dVZY>.

_____. "Comunicação ao serviço de uma autêntica cultura do encontro". Mensagem para o 48º Dia Mundial das Comunicações Sociais. *Vatican.va*, Cidade do Vaticano, 1 jun. 2014. Disponível em: <htTPS://BIT.LY/1HNJ6HU>.

_____. Carta encíclica *Lumen Fidei* sobre a fé. *Vatican.va*, Vaticano, 29 jun. 2013a. Disponível em: <https://bit.ly/331k5v8>.

_____. Mensagem por ocasião do 30º aniversário do Centro Televisivo Vaticano. *Vatican.va*, Vaticano, 18 out. 2013e. Disponível em: <https://bit.ly/2PBsDVU>.

FLORIDI, Luciano (org.). *The Onlife Manifesto*: Being Human in a Hyperconnected Era. Oxford: Springer Open, 2009.

FLUSSER, Vilém. *O mundo codificado*: por uma filosofia do *design* e da comunicação. São Paulo: Cosac Naify, 2007.

FREIRE, Paulo. *Extensão ou comunicação*. 15. ed. São Paulo: Paz e Terra, 2011.

_____. *Pedagogia do oprimido*. 17. ed. Rio de Janeiro: Paz e Terra, 1987.

HORSFIELD, Peter. *From Jesus to the Internet*: A History of Christianity and Media. West Sussex: Wiley Blackwell, 2015.

KEHL, Medard. *A Igreja: uma eclesiologia católica*. São Paulo: Edições Loyola, 1997.

LÉVINAS, Emmanuel. *Entre nós*: ensaios sobre a alteridade. 5. ed. Petrópolis: Vozes, 2004.

_____. *Totalidade e infinito*. Lisboa: Edições 70, 1988.

REFERÊNCIAS

MARTÍN-BARBERO, Jesús. *Dos meios às mediações*. Rio de Janeiro: UFRJ, 1997.

MENDONÇA, José Tolentino. *A mística do instante*: o tempo e a promessa. São Paulo: Paulinas, 2014.

MORIN, Edgar. *O método 1*: a natureza da natureza. 2. ed. Porto Alegre: Sulina, 2008.

_____. Exortação apostólica *Evangelii Gaudium* sobre o anúncio do Evangelho no mundo atual. *Vatican.va*, Vaticano, 24 nov. 2013b. Disponível em: <http://goo.gl/FCZf87>.

_____. Discurso aos participantes na Assembleia Plenária do Pontifício Conselho para as Comunicações Sociais. *Vatican.va*, Vaticano, 21 set. 2013c. Disponível em: <https://goo.gl/oKykv3>.

_____. Entrevista exclusiva do Papa Francisco às revistas dos jesuítas (concedida a Antonio Spadaro, SJ). *Brotéria*, Lisboa, v. 177, n. 2/3, p. 113-144, ago./set. 2013d. Disponível em: <https://goo.gl/hpJ8Ff >.

_____. *Introdução ao pensamento complexo*. 5. ed. Lisboa: Instituto Piaget Editora, 2008a.

_____. *O método 3*: o conhecimento do conhecimento. 2. ed. Porto Alegre: Sulina, 1999.

PONTIFÍCIO CONSELHO PARA AS COMUNICAÇÕES SOCIAIS. "Igreja e internet". *Vatican.va*, Vaticano, 22 fev. 2002. Disponível em <https://bit.ly/34jWk1M>.

SBARDELOTTO, Moisés. *E o Verbo se fez rede*: religiosidades em reconstrução no ambiente digital. São Paulo: Paulinas, 2017.

_____. *E o Verbo se fez bit*: a comunicação e a experiência religiosas na internet. Aparecida: Santuário, 2012.

SÍNODO DOS BISPOS. "Os desafios pastorais sobre a família no contexto da evangelização". Documento preparatório para a III Assembleia Geral Extraordinária do Sínodo dos Bispos. *Vatican.va*, Vaticano, 2013. Disponível em: <http://goo.gl/9dQRMV>.

_____. "A vocação e a missão da família na Igreja e no mundo contemporâneo". Relatório final do Sínodo dos Bispos ao Santo Padre Francisco. *Vatican.va*, Vaticano, 2015. Disponível em: <http://goo.gl/UHX8H7>.

VERÓN, Eliseo. *La semiosis social 2*: ideas, momentos, interpretantes. Buenos Aires: Paidós, 2013.

_____. "Prólogo: La mediatización, ayer y hoy". In: CARLÓN, Mario; FAUSTO NETO, Antonio (orgs). *Las políticas de los internautas*: nuevas formas de participación. Buenos Aires: La Crujía, 2012.

WÉNIN, André. "O feminino no Gênesis: a partir de Gn 2,18-25". *Cadernos Teologia Pública*, São Leopoldo, ano XI, n. 87, vol. 11, 2014. Disponível em: <https://bit.ly/2NGcGec>.

CULTURAL

Administração
Antropologia
Biografias
Comunicação
Dinâmicas e Jogos
Ecologia e Meio Ambiente
Educação e Pedagogia
Filosofia
História
Letras e Literatura
Obras de referência
Política
Psicologia
Saúde e Nutrição
Serviço Social e Trabalho
Sociologia

CATEQUÉTICO PASTORAL

Catequese
Geral
Crisma
Primeira Eucaristia

Pastoral
Geral
Sacramental
Familiar
Social
Ensino Religioso Escolar

TEOLÓGICO ESPIRITUAL

Biografias
Devocionários
Espiritualidade e Mística
Espiritualidade Mariana
Franciscanismo
Autoconhecimento
Liturgia
Obras de referência
Sagrada Escritura e Livros Apócrifos

Teologia
Bíblica
Histórica
Prática
Sistemática

REVISTAS

Concilium
Estudos Bíblicos
Grande Sinal
REB (Revista Eclesiástica Brasileira)

VOZES NOBILIS

Uma linha editorial especial, com importantes autores, alto valor agregado e qualidade superior.

VOZES DE BOLSO

Obras clássicas de Ciências Humanas em formato de bolso.

PRODUTOS SAZONAIS

Folhinha do Sagrado Coração de Jesus
Calendário de mesa do Sagrado Coração de Jesus
Agenda do Sagrado Coração de Jesus
Almanaque Santo Antônio
Agendinha
Diário Vozes
Meditações para o dia a dia
Encontro diário com Deus
Guia Litúrgico

CADASTRE-SE
www.vozes.com.br

EDITORA VOZES LTDA.
Rua Frei Luís, 100 – Centro – Cep 25689-900 – Petrópolis, RJ
Tel.: (24) 2233-9000 – Fax: (24) 2231-4676 – E-mail: vendas@vozes.com.br

UNIDADES NO BRASIL: Belo Horizonte, MG – Brasília, DF – Campinas, SP – Cuiabá, MT
Curitiba, PR – Fortaleza, CE – Goiânia, GO – Juiz de Fora, MG
Manaus, AM – Petrópolis, RJ – Porto Alegre, RS – Recife, PE – Rio de Janeiro, RJ
Salvador, BA – São Paulo, SP